Conversas com
minha professora

Catherine L'Ecuyer

Conversas com
minha professora

Dúvidas e certezas sobre a educação

Fons Sapientiae

São Paulo, 2022

Título original: *Conversaciones con mi maestra. Dudas y certezas sobre la educación.*
Barcelona, Espasa, 2021.

Autor: Catherine L'Ecuyer

Copyright © 2022 – Distribuidora Loyola de livros.

FUNDADOR: Jair Canizela (*1941-†2016)
DIRETOR GERAL: Vitor Tavares
DIRETOR EDITORIAL: Rogério Reis Bispo
CAPA E DIAGRAMAÇÃO: Claudio Tito Braghini Junior
TRADUÇÃO: Mauricio Pagotto Marsola
REVISÃO: Daisy Daniel

Este livro segue as regras da Nova Ortografia da Língua Portuguesa.

Dados Internacionais de Catalogação na Publicação (CIP)
(Câmara Brasileira do Livro, SP, Brasil)

L'Ecuyer, Catherine
Conversas com minha professora : dúvidas e certezas sobre a educação / Catherine L'Ecuyer ; tradução Mauricio Pagotto Marcola. -- 1. ed. -- São Paulo : Edições Fons Sapientiae, 2022.

Título original: Conversaciones con mi maestra. Dudas y certezas sobre la educación
ISBN 978-65-86085-22-8

1. Aprendizagem - Metodologia 2. Educação 3. Pedagogia I. Título.

22-115222   CDD-370

Índices para catálogo sistemático:
1. Educação 370
Aline Graziele Benitez - Bibliotecária - CRB-1/3129

Edições *Fons Sapientiae* é um selo da
Distribuidora Loyola de Livros
Rua Lopes Coutinho, 74 – Belenzinho
03054-010 São Paulo – SP
www.fonssapientiae.com.br
T 55 11 3322 0100
F 55 11 4097 6487

Todos os direitos reservados. Nenhuma parte desta obra pode ser reproduzida ou transmitida por qualquer forma ou quaisquer meios (eletrônico ou mecânico, incluindo fotocópias e gravação) ou arquivada em qualquer sistema ou banco de dados sem permissão escrita.

É proibido [ler Shakespeare], compreende? [...].
Mas, por que é proibido? – perguntou o Selvagem [...].
O Interventor balançou os ombros.
Porque é antigo; essa é a razão principal. Aqui as coisas antigas não nos são úteis.
Mesmo que sejam belas?
Especialmente quando são belas. A beleza exerce uma atração, e não queremos que as pessoas se sintam atraídas por coisas antigas.
Queremos que gostem das novas.

Aldous Huxley. *Admirável mundo novo* (1932).

Esta narrativa é uma obra de ficção.
Qualquer semelhança com a realidade
é mera coincidência.

Sumário

Prólogo..11

1 O despertar de Cacilda 17
2 A inquietude de Matias pelo saber 21
3 Uma manhã no jardim de Cacilda 25
4 Com José, no bar da esquina 39
5 Às margens do Rio dos Salgueiros 45
6 Um pouco de chá e leite quente 59
7 Falando baixo pelos corredores estreitos da
   livraria do bairro 73
8 Uma tarde perseguindo marmotas 79
9 Com um troféu entre os dentes....................93
10 Recuperando o tablet com água na altura
   dos joelhos..107
11 Comendo guloseimas em um banco
   da faculdade 121
12 Uma viagem que começa em Estagira 125
13 Ensinando onomatopeias em sala de aula....149
14 Como a letra "entra"? 153
15 No hospital, com a perna engessada...........163

16 Uma viagem à França 167
17 Na rua Plâtrière 183
18 Na sala dos professores 199
19 Primeira escala na Europa, há 150 anos 203
20 Segunda escala na Europa, há 150 anos 217
21 Uma mudança de escola à vista 237
22 Pepe desenha uma bicicleta 239
23 Ontolo- quê? 243
24 Como a luz que salta da centelha 267
25 José volta para casa 285
26 Aprender a pregar um botão na escola 289
27 O Sputnik 307
28 Os hieróglifos egípcios 319
29 Aniversário no interior 339
30 O gosto de Matias pela pesquisa 349
31 A letra... "dançando entra"? 351
32 Decifrando a tristeza de Pepe 359
33 O mistério do aquário 383
34 Onde estão os peixes? 387
35 A profecia que se cumpre 407

Agradecimentos 423
Bibliografia 425

Prólogo

A pulsão entre o desejo de saber e a experiência vivida

Matias, o protagonista deste livro que o leitor tem em mãos, é um futuro professor inquieto por saber, comprometido com o ensino. Não tem clareza sobre até que ponto o professor pode educar. Pergunta se o ambiente condiciona a criança e suas decisões, se o professor é capaz de exercer uma influência positiva sobre ele, de motivá-lo como ser humano, de contribuir para que seja um tipo de pessoa ou outro. Matias irá procurar Cacilda, uma professora que deu aulas na universidade sobre Teoria da Educação, ainda que não tenha terminado o curso porque foi jubilado, mas suas aulas foram um estímulo impensável. Poucas coisas são tão decisivas na vida das pessoas quanto a escolha da escola ou da universidade de seus filhos. Nem a família, nem o ambiente são seguramente tão determinantes para a futura personalidade. Os educadores devem ser capazes de despertar inquietações intelectuais em seus alunos, de motivá-los nos valores sociais, de lhes fornecer instrumentos para serem pessoas melhores. "Para se entender o presente da educação, é preciso entender o passado", adverte a professora no diálogo entre ambos. Mediante suas conversas verão como as correntes filosóficas de cada momento estiveram na origem dos métodos educativos. A história explica-se, portanto, em grande medida pelas influências que as escolas receberam dessas correntes.

Como dizia Sócrates no *Fedro*: "só há uma maneira de começar para os que pretendem não se equivocar em suas deliberações. Convém saber do que trata a deliberação. Caso contrário, nos equivocaremos necessariamente". De fato, a vida do filósofo foi coerente com seu pensamento e pretendeu sempre buscar a verdade em cada pessoa com a qual se relacionou. Indagou as pessoas que encontrou em seu caminho, incomodou-as com perguntas e obrigou-lhes a olhar para o seu próprio interior. Platão relatou acerca de seu mestre que todos de quem Sócrates se aproximava era submetido a uma profunda interrogação para retirar o melhor de seu interlocutor e para aprender com as contradições alheias. Esse método, que chamou de maiêutica, era um diálogo pelo qual a pessoa interpelada descobria as verdades por si mesma. Sócrates imaginava a mente humana como invadida por uma grande quantidade de ervas daninhas sob as quais se ocultavam a verdade, a justa avaliação dos comportamentos, o sentido último das coisas. A obra de Catherine L'Ecuyer inspira-se nessa metodologia socrática para construir seu relato. Com frequência os protagonistas conversam caminhando como os discípulos do sábio ateniense, enquanto contemplam a realidade a seu redor.

A autora nos introduz nas propostas educativas atuais a partir da amizade entre Matias, um aluno do curso de Pedagogia, e Cacilda, uma mestra e professora universitária recém-aposentada. É o diálogo entre a vontade de saber, a teoria e a experiência vivida. Mais do que nunca, os métodos educativos estão em contínua revisão, com um fascínio pela ciência e pela tecnologia, que muitas vezes esquece a filosofia e a leitura dos clássicos. Poucas vezes um ensaio romanceado foi um tratado sobre métodos educativos. L'Ecuyer tem a habilidade de colocar as dúvidas que assaltam não apenas aos pedagogos e aos pais, mas também aos políticos, em momentos como os que vivemos, de grandes mudanças e transformações. Em certa ocasião, Matias pergunta à professora o que pensa sobre o debate; se os conhecimentos são importantes ou não: os que defendem a educação tradicional asseguram que os conhecimentos são importantes, os que defendem a Nova Educação sustentam que não são porque tudo pode ser encontrado na internet. Uns são partidários de inculcar saberes e outros de "aprender a aprender". Cacilda, como fazia Sócrates com seus interlocutores, fará o jovem mestre refletir para que encontre o caminho adequado. Matias compreenderá que o pensamento crítico é o resultado da dúvida sadia a partir de conhecimentos sólidos prévios e da busca. Inclusive para encontrar algo em uma biblioteca de vinte mil livros ou no oceano da internet será preciso saber reconhecer o que é e o que não é relevante. A Wikipédia não é a Enciclopédia Britânica, assim como o rigor parte de uma aprendizagem prévia para poder contextualizar as opiniões e contrastar as fontes para se certificar da verdade.

O manuscrito realça o rol do mestre, mas também a capacidade de compreensão do aluno que é, definitivamente, o protagonista da educação. É o aluno quem faz seu ou não o conhecimento que seu mentor lhe transmite. Cacilda se remete a George Orwell nesse ponto: "Podem te forçar a dizer algo, mas não há modo de te fazerem crer nisso. Dentro de ti nunca poderão entrar". Em outras palavras: se não há reconhecimento interior e pessoal da verdade, não há aprendizado. Todos temos algo como um mestre interior – o termo é de Agostinho de Hipona, filósofo realista dos séculos IV e V –, que nos ajuda a compreender o que nos é proposto. Montessori vai além, sabendo valorizar a disciplina nesse mestre interior. O diálogo entre professora e aluno sobre uma pedagoga controvertida como Maria Montessori, que volta a ter atualidade educativa como terceira via entre o condutivismo e o *laissez-faire*, entre a importância da razão e a dos sentimentos, entre a aprendizagem ativa e a passiva, resulta muito estimulante. Cacilda assim explica a teoria montessoriana a seu jovem amigo: "A disciplina não se consegue em grupo, mas com base em uma atividade pessoal exigente e com propósito. Não que a dimensão social não seja importante, mas só o aluno capaz de disciplina pessoal é capaz de conviver em sociedade". A ideia de auto-aperfeiçoamento que Montessori propõe já estava presente em Aristóteles: somos o que fazemos.

No transcurso das conversas entre Matias e Cacilda não só surge o afeto, mas a admiração, na medida em que a obra se desenrola. Não apenas do jovem por sua professora, por causa de sua função de guia, mas também da pedagoga para com o jovem mestre ao descobrir que em seu crescimento pessoal aprendeu a identificar as perguntas adequadas e oportunas. Pensei na relação entre o general Xenofonte e Sócrates: após se conhecerem, o filósofo diz ao militar em um beco estreito que o seguisse se quisesse ser um homem virtuoso. Durante dois anos não pode deixar de caminhar com ele em todos os momentos por amor à sabedoria. Também Matias sente essa satisfação por suas descobertas junto à sua mentora e ela se mostra orgulhosa dos progressos de seu aluno.

Catherine L'Ecuyer escreveu uma obra que não somente permite conhecer a influência das correntes filosóficas nos métodos educativos ao longo dos séculos, mas também desconstruir mitos educativos muito difundidos em nossos dias. Mas é sobretudo uma bússola que pode ser muito útil aos pais, tantas vezes perdidos no labirinto de propostas educativas na hora de escolher o colégio dos filhos ou de avaliar as diretrizes educativas. Não se trata de um manual, ainda que possa funcionar nesse sentido. Trata-se, sobretudo, de um escrito inteligente sobre o saber, a aprendizagem e o conhecimento. Capaz de colocar questões como, por exemplo: por que as crianças de hoje em dia não conseguem prestar atenção mais do que quinze minutos seguidos quando pedimos? As crianças prestam menos atenção porque estão superestimula-

Conversas com
minha professora

das ou é preciso estimulá-las porque não prestam atenção? Os leitores encontram perguntas e respostas a questões de nosso tempo. A autora, em seus diálogos socráticos, nos introduz, ademais, no percurso da educação para nos recordar que é o primeiro capítulo da grande história do mundo.

Màrius Carol,
jornalista e escritor.

1
O despertar de Cacilda

Cacilda abre os olhos. Vê de lado o raio de luz que entra pelas cortinas mal fechadas de seu quarto e volta a fechá-los. Semiconsciente do dia que se apresenta, evita despertar, tenta dormir mais um pouco. Mas não consegue, não é algo que tenha feito ao longo de seus sessenta e cinco anos de vida. Imóvel em sua cama, contempla as partículas de poeira que flutuam na parte iluminada do quarto; nunca havia dado conta de que havia tantas.

"Um dia diferente... ou novo", pensa. Mas não se trata do tipo de novidade que apetece, surpreende ou assombra. Não é a novidade que interrompe a monotonia da rotina. É uma novidade estranha, que chegou para ficar e com a qual tem agora que começar a conviver. Sente vertigem e insegurança, volta a fechar os olhos, tenta refugiar-se em uma recordação genérica. Tampouco sente melancolia, pois não está habituada a se deixar levar por seus sentimentos. A mera ideia de se levantar transmite a sensação de caos, como se estivesse dando um salto no infinito, sem propósito.

"Hoje, pela primeira vez em quarenta anos, ninguém me espera", reflete, enrolada nos lençóis. Com um gesto brusco, não usual para ela, afasta-os e levanta com determinação.

Fracassa em sua tentativa de desligar o torvelinho de emoções novas que a envolve. Ao se dar conta de que se despede de uma etapa tão longa, sente um nó na garganta.

"Quando penso que alguns têm pressa em se aposentar...". Veste o roupão e caminha para a cozinha. Resvala, sem querer, a mão em um ramo de flores posto em um vaso de água turva e deixa cair várias pétalas no tapete atrás de si.

O ruído e o aroma dos grãos de café moídos lhe devolvem por um instante a sensação de rotina que a havia acompanhado durante quase toda sua vida. Hoje, não tem pressa. Ao derramar o leite com um elegante movimento memorizado de cima para baixo, fica ensimesmada recordando o lanche da véspera que lhe haviam preparado trinta e dois jovens de uns vinte anos. Quando volta a si, olha o ramo de flores e vê as pétalas caídas.

"O tempo passa tão depressa", sussurra com o olhar cravado nelas.

Os alunos se despediam de um semestre universitário com ela, enquanto ela se despedia de uma vida inteira a serviço do ensino. Não estavam conscientes de tudo que ela deixava para trás. O ensino havia sido toda sua vida. E continuava sendo.

"Demasiado jovens para sabê-lo. Quão despreocupada e inconsciente é a juventude", pensa com inveja. "Como as flores, que murcham com o tempo".

Estica o braço e recolhe as pétalas do tapete. Guarda-as no bolso de seu roupão e começa a contar. "Quarenta anos por trinta alunos são mil e duzentos alunos que passaram por minhas aulas no ensino secundário, mais os da universidade... Quanto serão? Cinco diretores, sete coordenadores, dois decanos, três edifícios, dez ministros da Educação".

De repente se dá conta: "Que dia é hoje? Sábado... Mas onde estou com a cabeça? Tenho uma visita às dez!", exclama enquanto olha para seu relógio bebendo o café com um pouco de leite de uma só vez. "Chega em vinte e cinco minutos e ainda estou de camisola".

2
A inquietude de Matias pelo saber

Matias folheia seus fichários e os ordena por temas enquanto seus olhos brilhantes e nervosos oscilam entre a janela e o relógio, que marca nove e quinze. Fecha a pasta e se penteia com a mão direita alisando os cachos de seus cabelos morenos. Alisa as rugas de sua camiseta vermelha e pega o casaco no armário.

– Aonde você vai? – pergunta-lhe José, seu colega de quarto de olhos saltados e cabelos engomados para trás.

– Tenho um encontro às dez com uma professora da universidade, tenho que ir agora.

– Mas, Matias, é sábado, o que você vai fazer na universidade em um sábado de manhã? – fala enquanto guarda o café da manhã.

– Não, não. É uma professora que não está mais na universidade. Pedi ajuda para ela em janeiro para um trabalho que devo entregar antes de terminar o curso. Sobre a Nova Educação. Como ela acaba de se aposentar, ofereceu-me para ir à sua casa para responder às minhas dúvidas. Ela me deu aulas de Teoria da Educação. Mas, ao se aposentar, deixou o curso na metade. Você nem imagina como era a sua aula. É uma perda para a universidade que alguém assim a deixe, de fato.

— Teoria da Educação? O que é isso?
— É uma disciplina eletiva. Trata das correntes filosóficas e educativas que fundamentam os métodos educativos.
— Do quê? — pergunta José franzindo a testa.
— Bem, ajuda a entender de onde vêm os métodos educativos, o que pretendem, por que e para que existem, coisas assim. Ela diz que se não se entende quais as correntes educativas, e em que consistem, não se pode compreender bem os métodos educativos de hoje em dia, e que, para entender o presente da educação, é preciso compreender o passado.

José faz cara de tédio. Matias percebe, mas não se surpreende. Conhece José desde a infância e sabe que é um tanto pragmático. Mas continua falando, como se estivesse meditando em voz alta.

— Pergunto-me quantos pais estão conscientes de todas essas coisas quando escolhem um colégio para seus filhos. Bem, os que podem escolher.

— Ufa — suspira José —. São muitas perguntas para mim. Já sabes que sou mais prático. Se funciona, me serve, caso contrário, não. Na verdade, é o professor quem sabe se funciona, não um teórico que vem lhe dizer como conduzir sua aula. O que conta não é a teoria, é a vivência. Além disso, como dizem, "cada mestre tem seu manual".

Fez-se um silêncio durante o qual ambos meditam sobre a tese exposta por José. Matias pensa em seus pais, que foram sempre muito críticos com o colégio que frequentou. Certo dia, Matias lhes perguntou por que continuava nesse colégio, apesar da evidente discrepância entre a linha educativa do colégio e a de seus pais. Disseram-lhe que não havia alternativa disponível. A família de Matias vivia em um povoado a uma hora da cidade mais próxima, de modo que a oferta educativa era limitada. A distância da cidade era precisamente a razão pela qual Matias havia decidido, com a contribuição dos escassos recursos de seus pais, dividir com José, seu amigo de infância, um quarto perto da universidade onde estudava Pedagogia.

Aparece Pavlov, o cachorro de Matias, que lhe acaricia o pescoço. Como o silêncio perdura, José tenta quebrá-lo e pergunta com ironia:

– Você pede a uma professora aposentada para que te fale da Nova Educação? É como pedir a meu avô para te ensinar a navegar na internet – insinua José inclinando a cabeça com uma sobrancelha levantada – Não seria melhor falar desse tema com professores mais jovens, que estão a par das últimas novidades?

– Você não acredita, mas ela tem uma visão global e muitos anos de experiência. Começou na escola primária. Deu aulas de Filosofia durante quinze anos a adolescentes de quatorze anos na escola secundaria e a alunos de nossa idade na universidade.

– Sim, mas a filosofia é o mundo das ideias, está desconectada da prática educativa. Além disso, tudo mudou tanto. O *Flipped Classroom* (aula invertida), as inteligências múltiplas, o trabalho com projetos e cooperativo, o estímulo precoce, o "aprender a aprender", o *Learning by doing* (aprender fazendo) etc., nada disso existia há trinta anos. Veja se uma pessoa tão mais velha estaria a par disso tudo.

— Não sei. Mas se você soubesse como suas aulas eram interessantes, também viria conversar com ela.

— Muito obrigado, mas tenho outros planos. Devo estudar para segunda-feira e não tenho tempo para nada do que não seja o que vai cair na prova.

— Tudo bem. Logo nos veremos para almoçar – exclama Matias balançando a mão para Pavlov, depois para José, antes de fechar a porta do quarto.

3
Uma manhã no jardim de Cacilda

A educabilidade em Herbart
A criança é completamente moldável?
A semente da educação já está na criança?

Matias tira um papel do bolso e confirma se o endereço está correto antes de tocar a campainha. Pouco depois de escutar um ruído estridente, vê pelo vidro da porta uma silhueta esbelta se aproximar, com o cabelo amarrado. A porta se abre e Matias se demonstra tímido com aquela que foi sua professora durante vários meses.

– Matias, tudo bem?

– Muito bem!, obrigado – responde o jovem aluno.

– Que pontual! Bem-vindo, entre – diz-lhe Cacilda com seu melhor sorriso.

– Obrigado por me receber em um sábado, senhora Cacilda.

– De nada, estou feliz por te ver. Se estiver de acordo, podemos ir conversar no jardim, é mais agradável. E pode me chamar de Cacilda, não sou tão velha.

– Sim – responde Matias, sem saber se ri ou não, pois sua prudência lhe sugere que a idade de uma mulher não é um tema sobre o qual se deve rir.

Cacilda abre uma porta corrediça de madeira e acompanha Matias a um jardim muito bem cuidado.
– Sente-se – diz Cacilda mostrando uma cadeira vermelha.
Matias se senta e observa extasiado as margaridas, as hortênsias e os gladíolos que os rodeiam. Justamente quando repara na ausência de sua anfitriã ouve barulhos de panela na cozinha. Cacilda chega com uma bandeja com dois copos, uma jarra de limonada, açúcar e um prato de biscoitos de gengibre. Coloca-os sobre a mesa, junto a seu jovem convidado.
– Bem, Matias, o que me diz?
– Como a senhora sabe, estou realizando um trabalho sobre a Nova Educação para a disciplina da professora Marin e tenho muitas dúvidas. Falta-me o contexto para entender o que leio. De fato, quanto mais leio, menos compreendo. Aristóteles, Herbart, Rousseau, Piaget, Montessori, Decroly, Dewey... Há tantas correntes que não dou conta. Não consigo relacionar essas correntes com os métodos atuais. Não entendo qual é a relevância de tudo isso para o dia a dia de meu trabalho como professor.
Cacilda ouve, pensativa, e pergunta:
– Você fez estágios, Matias?
– Sim, estou fazendo neste ano, pela primeira vez.
– Qual seria o papel do professor?
– Educar, claro – responde Matias.
– E o que você quer dizer com educar?
Volta-se a produzir um longo silêncio, que ocasiona um momento de reflexão.

— Bem... inculcar, transmitir, instruir, acompanhar? Na verdade, não sei ao certo.

— Por que tem dúvidas?

— Bem, pode-se tentar transmitir algo ao aluno, mas algumas vezes se consegue, outras não. Depende do aluno e suponho que dependerá também do professor.

— E por que você crê que nem sempre é possível conseguir os resultados desejados? — interroga Cacilda.

— Bem, por exemplo, meus pais tiveram três filhos, três meninos. Nos educaram da mesma maneira, mas somos muito diferentes. Inclusive somos completamente diferentes. Não apenas na personalidade, mas também nos interesses, capacidades, ambições etc. Isso talvez se deva à genética?

— Devemos perguntar a Herbart.

— Quem é Herbart, um biólogo?

— Não, Johann Friedrich Herbart era filósofo, psicólogo e pedagogo, viveu de 1776 a 1841. Era alemão e escreveu muito sobre educação. É conhecido por formular uma questão interessantíssima, da educabilidade.

— Educabilidade?

Sim, é uma questão que se encontra no ponto de partida da educação.

— Por que é o ponto de partida? — pergunta Matias, perplexo.

— Porque responde à pergunta: É possível educar?

— O que Herbart sustenta? — interpela Matias, ansioso por resolver em um instante um problema centenário.

— Herbart explica que a resposta a essa pergunta sempre oscilou ao longo da história da educação entre dois pólos.
— Entre quais? — pergunta Matias, impaciente.
— De um lado, está a ideia de que o aluno é completamente modelável e, de outro, a ideia de que tem em si a semente da aprendizagem.
— Completamente modelável? — indaga Matias.
— Sim, para se entender essa ideia, pense no ser humano como moldável, ou como uma folha de papel em branco sobre a qual o professor escreve com um pincel para obter um ser humano no papel. Do ponto de vista educativo, o professor fará dele o que quiser, sem que o aluno resista. É o mecanicismo.
— Mecanicismo? — insiste Matias, intrigado.
— É uma perspectiva que considera o sujeito como incapaz de movimento ou de desejo próprio, ou capaz disso, mas sem que sua ação tenha um fim; age sem motivos, de forma mecânica. Segundo essa perspectiva, move-se para o sujeito a partir de fora. Mecanicismo, por analogia, diz respeito à máquina, cuja atividade está programada. Para a educação mecanicista, essa máquina seria a criança e o programador, o educador.
— Não creio que seja possível programar a criança conforme quisermos. Que se pergunte isso aos professores que tentam impor disciplina nas aulas — diz Matias —. E o outro extremo, qual é?
— De outro lado, há a ideia de que a semente da educação já se encontra na criança. É a ideia do indeterminismo

ou do naturalismo. Segundo essa postura, o aluno tem uma liberdade absoluta para se construir a si mesmo sem a intervenção do professor, nem há contexto prévio que lhe condicione a decidir de uma forma ou de outra. O mestre não pode, nem deveria tentar educar, pois a educação acontece sozinha e o único árbitro da educação é a própria criança. Ela constrói seu próprio caminho educativo porque tem inscrita em seu interior a semente do aprendizado.

Ambos se calam e se olham nos olhos, como se interrogando, mas sem palavras. Matias toma notas.

– Desde sempre, as teorias pedagógicas oscilaram entre esses dois pólos. O que sua experiência educativa lhe diz até agora, Matias? O aluno é programável? Em outras palavras, o educador pode modelá-lo a seu bel prazer? Ou, pelo contrário, o aluno já tem a semente do aprendizado?

A timidez se desfaz e Matias se atreve a responder refletindo em voz alta:

– De um lado, o ambiente influi muito em nossa forma de ser, em nossas decisões.

– Sim – responde Cacilda –. Mas uma coisa é influenciar e outra não ter liberdade para poder decidir. Somos completamente manipulados pelo ambiente, pelo que nos circunda? O que diz tua experiência até agora?

– Bem, não tenho muita experiência, estou fazendo meus primeiros estágios. Mas vi o suficiente para saber que a possibilidade de modelar o aluno é limitada. Custa muito conseguir que os alunos se concentrem em uma direção, que se importem, que se interessem pelo que se explica em sala de aula.

Matias se cala e espera um esclarecimento por parte de Cacilda. Nunca havia feito tais questões antes e prefere escutar a opinar. Está preparado para tomar notas.

— Pensando bem, em nenhum desses dois polos há livre-arbítrio. Ah, perdão, pressuponho que você saiba a que me refiro quando falo de livre-arbítrio.

— Creio que quer dizer "fazer o que te der na cabeça".

— Não totalmente. É a ideia de que podemos decidir, tomar nossas próprias decisões. Aristóteles, quatro séculos antes de Cristo, já dizia que somos responsáveis por nossas decisões porque são nossas, não dependem apenas do ambiente ou dos outros, nem são condicionadas pela força do destino ou pelo acaso. *O livre-arbítrio é uma liberdade com conhecimentos, capaz e reflexiva.*

— E porque dizes que nesses dois polos opostos não há livre-arbítrio, que não somos livres?

— Explico. Suponhamos que fossemos infinitamente moldáveis. Então não teríamos livre-arbítrio porque é o ambiente, o contexto, que nos molda, não nossas decisões. Suponhamos, agora, pelo contrário, que há um indeterminismo absoluto, então tampouco haveria livre-arbítrio.

— Por quê? Se há indeterminismo, posso tomar todas as decisões que quiser, então sou livre, não? – pergunta Matias com curiosidade.

– A palavra liberdade é muito ampla e é preciso especificar muito bem a que te referes quando a usas. Pode significar "fazer o que te der na cabeça", ou "querer fazer o que fazes", ou "escolher em um leque infinito de possibilidades", ou "ser capaz de escolher o melhor" etc. Depende de sua concepção sobre o ser humano e o mundo. De fato, há formas de se compreender a liberdade, como o indeterminismo, que são incompatíveis com o livre-arbítrio.

– Por quê? Não entendo. Se minha escolha não está determinada por eventos prévios e posso tomar todas as decisões possíveis, sou mais livre, não?

– O indeterminismo defende que não se está determinado por acontecimentos prévios. Vê as circunstâncias e os acontecimentos prévios como impedimentos para a liberdade. Ora, o livre-arbítrio consiste em decidir. Mas não se decide no vazio. Se sua vida é uma folha de papel em branco e não sabes nada, sua decisão não é livre, pois não é informada. Para se poder exercer o livre-arbítrio, afirmaria Aristóteles, deve-se conhecer bem as opções, suas implicações e suas consequências. Se alguém escolhe algo sem saber, porque falta contexto, informação, conhecimento, não é livre, age por impulso ou por acaso.

– Não compreendo, sinto muito, a senhora pode dar um exemplo? – pede Matias.

– Sim, perdão. Você veio para cá de ônibus ou de metrô?

– De ônibus.

— Para decidir se vai de ônibus ou de metrô é preciso calcular o tempo que leva para chegar em cada caso, olhar pela janela para ver se chove etc. Se você sabe, pelas notícias, que há greve de ônibus, é possível que prefira vir de metrô. Se vier de metrô custa o dobro, talvez ache melhor vir de ônibus. Se você tem experiências ruins com um ônibus porque sempre chega atrasado, talvez prefira usar o metrô. A decisão será tomada com base em informações prévias, todos os fatores serão pesados antes de se tomar uma decisão. Portanto, a decisão será influenciada em certa medida por acontecimentos prévios. Por isso, o indeterminismo puro e o livre-arbítrio não são compatíveis. Decidir "sobre nada" é, em termos práticos, o mesmo que jogar uma moeda para tirar a sorte. O livre-arbítrio não intervém.

— Para que uma decisão seja livre, é preciso conhecer bem as alternativas, claro — constata Matias.

— Isso, se você não tem experiência, não conhece o contexto, as implicações ou as consequências de cada decisão, pode escolher, mas não será livremente.

— Será feito às cegas — especifica Matias.

— Sim, às cegas porque literalmente não está vendo o que vai escolher. Por isso, *o conhecimento proporciona liberdade*. Bem, se for um conhecimento relevante para sua tomada de decisão, claro.

"Nossa, não entendo mais. Então dizer que sou completamente livre na medida em que nada me condiciona...

Sempre considerei que fosse assim", reflete Matias. Anota suas conclusões no caderno.

— Você sabe que há correntes que defendem a tese de que o livre-arbítrio é uma utopia, que não podemos tomar decisões racionais porque somos escravos de nosso entorno ou de nossas circunstâncias, das sensações que recebemos do ambiente ou dos estímulos externos? Para essas teorias, o livre-arbítrio é uma ilusão.

Matias considera essa tese. A ideia de não ser livre, mas uma mera marionete que se move em função do entorno e das sensações recebidas por ele não o convence.

Cacilda aproveita a pausa, levanta-se, pega uma tesoura, corta alguns gladíolos amarelos e vermelhos e os põe em um recipiente cheio de água, ao lado dos biscoitos.

— Quer provar uma limonada caseira, Matias?

— Sim, obrigado — responde Matias, que deixa seu caderno de notas para servir a limonada em ambos os copos.

— Talvez esteja muito amarga, por isso trouxe açúcar. Gosto de saborear o limão sem açúcar. Hoje há tanto açúcar na comida que tudo parece muito artificial. No final, não se saboreia os matizes do que comemos.

Matias estranha o detalhe, pois tinha a ideia de que Cacilda fosse uma pessoa mais racional e pragmática. Toma um gole e seu rosto se enruga ao perceber o amargor do suco. Sem os sabores do açúcar no copo, meche com uma colher e o toma de uma só vez. Faz uma careta ao notar que os cristais de açúcar estão entre seus dentes. Cacilda acha divertido e sorri.

— Tenho uma dúvida – diz Matias. Penso que não estamos determinados. Mas alguém pode ser influenciado por acontecimentos prévios sem ser necessária e completamente condicionado por eles, certo?

— Você acaba de identificar um matiz chave e de se distanciar dos dois polos expostos por Herbart. Agora você está em um campo mais equilibrado. Acaba de identificar, como Herbart, uma barreira que a educação nunca deve ultrapassar: a liberdade do aluno, que é consequência de sua capacidade de conhecer e de sua vontade de escolher. O livre-arbítrio é consequência da capacidade de conhecer e da vontade de escolher. Os acontecimentos prévios são fatores que influenciam nessas decisões, mas somos nós que decidimos, sempre e quando tivermos vontade para fazê-lo. É assim que, *grosso modo*, Herbart resolve a questão da educabilidade: *Somos influenciados, mas não somos determinados.*

Matias escreve a frase em seu caderno. Olha suas notas e tem uma dúvida.

— Há algo que não se encaixa. No polo do naturalismo, se a semente já está na criança, qual então é o papel do educador?

— Boa pergunta. De fato, Herbart expressa que o polo extremo do indeterminismo, ou do naturalismo, exclui-se a si mesmo do âmbito da pedagogia.

— Por quê? – pergunta Matias.

— Porque reconhece de forma explícita que não se pode influir na educação. Se a criança tem em si a semente da educação, não precisa de educador. Uma educação que não pode influenciar a criança, segundo Herbart, não é educação.

– Talvez seja algo parecido com a jardinagem?

– Sim, bem notado. A metáfora do naturalismo é a semente – diz Cacilda apontando para os gladíolos –. Algo que cresce sozinho, uma semente ou um bulbo que tem tudo para se desenvolver bem sem acompanhamento externo. Uma criança que se educa a si mesma, sem a ajuda da educação, é como uma planta que cresce de forma autônoma. Essa postura se enquadra perfeitamente no indeterminismo. Se tudo que somos se encontra em uma semente, o papel da educação se reduz a... nada. Correto, Matias?

Matias para de escrever e observa os gladíolos cortados, as hortênsias e as petúnias do jardim de Cacilda e pensa nas horas de cuidado que a professora deve ter dedicado a elas.

– Mas nem as flores crescem sozinhas, é preciso haver jardineiros nos jardins, não? – pergunta Matias –. É preciso regar, retirar as ervas daninhas, podar, proteger do sol... Essa metáfora não me parece correta.

– Depende do jardim, claro. Há jardins mais selvagens que outros, e há jardineiros mais despreocupados que outros – responde rindo –. E se não se arranca a cizânia no tempo certo, certamente podem sufocar as flores.

Cacilda percebe que Matias parece estar perdido e que se desconectou da conversa. Percebe que as metáforas que não estão bem contextualizadas podem não dizer nada, ou querer dizer qualquer coisa e em seguida observa:

– As metáforas são imperfeitas, Matias. Essa metáfora do jardim para explicar o naturalismo, ainda que a tenha usado há pouco, não me convence porque é simplista, não explica bem o que é essa corrente. Presta-se à confusão. A educação não é uma ciência exata. É uma arte.

– Dona Cacilda, gostaria de continuar conversando, mas acabo de ver as horas e sinto dizer que tenho que ir. Combinei de almoçar com José, meu colega de quarto. Estuda na faculdade comigo. Que interessante a conversa! Sinto ter de ir.

– Se quiser voltar amanhã à tarde, será um prazer. Como você sabe, estou aposentada e agora tenho mais tempo do que nunca. Se você quiser, podemos fazer um passeio pelo rio que fica a cinco minutos daqui.

– Perfeito! Então nos vemos amanhã, por volta das quatro da tarde. Obrigado por este momento de conversa tão agradável – Matias se alegra enquanto aproxima a mão de um biscoito de gengibre.

Quando está a ponto de pegá-lo, se detém como movido por um despertar interior e, afinal, o deixa onde estava, sem tocá-lo.

"Ia pegar o biscoito porque tenho fome e me apetece comê-lo", pensa Matias. "Mas não o farei". Matias descobre seu livre-arbítrio. Decide, livremente, que o biscoito hoje não faz parte de seu menu.

Cacilda compreende o gesto.

– Mas não comeste nada, deixas todos os biscoitos! Vou te embrulhar alguns para a sobremesa.

– Não, obrigado, senhora Cacilda – responde enquanto caminha para a porta do jardim que o conduz para a rua –. Se não houver problema, posso comer amanhã se ainda tiver.
– Espere! Esqueceste algo – diz Cacilda pegando o caderno de notas no qual Matias escrevia durante a conversa. Nele está o esboço de um esquema.

EDUCABILIDADE = Podemos educar?

	Um extremo: DETERMINISMO	Somos influenciados, mas não determinados	Outro extremo: INDETERMINISMO
O que diz Herbart?			
O que isso quer dizer?	Criança não complentamente moldável ↓ MECANICISMO	" "	A criança traz em si a semente da aprendizagem: ↓ NATURALISMO
Livre-arbítrio	Não. Ambiente = determina tudo o que acontece na criança	Sim. Aluno = responsável por seus atos	Não. Liberdade = gerar muitas alternativas e não se comprometer com nenhuma
Papel do professor	O professor pode obter uma criança "sob demanda" porque o aluno é como argila, é passivo	Pode influenciar	O professor não pode influenciar o aluno (a criança se educa a si mesma)

4
Com José, no bar da esquina

Todos os sábados em que não iam visitar suas respectivas famílias no interior, José e Matias ficavam no bar da esquina para comer juntos e comentar os acontecimentos da semana. Era um bar animado dirigido por dois irmãos. A comida era caseira, pelo que agradeciam os universitários que viviam longe de seus lares.

– Perdão, José, estou um pouco atrasado – diz Matias sem fôlego ao sentar-se à mesa na qual seu amigo esperava.

– Calma. Como foi? Você conseguiu obter as informações de que precisava para elaborar seu trabalho?

– A verdade é que não falamos disso.

– Não? E sobre o que conversaram então?

– Sobre muitas outras coisas, como, por exemplo, se os alunos são ou não moldáveis.

– Moldáveis? O que você quer dizer com isso? – pergunta José enquanto procura o garçom com o olhar.

– Se a educação depende totalmente dos educadores, se podemos moldar os alunos a nosso bel prazer.

– Claro que são moldáveis – afirma José, sem pensar. Bem, se você emprega os métodos corretos, eles funcionam.

– O que quer dizer "funcionam"?

— Bem, que na etapa infantil devem ser estimulados ao máximo para que realizem todo seu potencial. As crianças são como uma folha de papel em branco, podemos fazer com que sejam A ou B. Se não são estimuladas, não aprendem, ou aprendem menos que os outros, se é que você me compreende. Por isso o estímulo precoce é tão importante. É essencial.

— Sem estímulos externos as crianças não aprendem?

José fica calado, pensando. Ouve-se um barulho ao fundo.

Interrompe sua reflexão e desbloqueia a tela de seu celular com um gesto automático. Parece-lhe curioso não ter recebido mensagens há mais de meia hora, seu olhar oscila entre o aplicativo do *Instagram* e do *Twitter* para confirmar a ausência de novidades em seu perfil. Continua.

— A educação baseada na neurociência também ajuda muito. Se você sabe como o cérebro funciona, será muito mais fácil obter os resultados esperados, pois dá ao cérebro aquilo de que necessita para aprender. Creio que sim, o cérebro dos alunos é moldável, se forem aplicados os métodos adequados, claro.

Acredita que temos livre-arbítrio, José?

Livre o quê? Que é isso?

— Acredita que somos livres, que podemos tomar decisões e ser responsáveis por elas?

— Creio que somos livres quando não nos impõem nada. Somos livres quando temos muitas alternativas para escolher. Isto é, se quero ficar navegando nas redes sociais durante horas, ou ver um filme, pois sou livre para fazê-lo se as circunstâncias não me impedem. Se devo estudar, não sou livre para fazer outra coisa.

José volta a olhar o *Instagram*, ansioso para encontrar alguma novidade, enquanto continua falando.

– Sou livre se posso fazer o que quero, se tenho todas as opções abertas. Por exemplo, hoje devo estudar, então não sou livre, pois tenho que estudar de qualquer forma. Não posso fazer outra coisa.

Matias o interrompe:

– Então a criança moldada por estímulo precoce é livre?

José para de mexer no celular, olha fixamente para seu amigo e lhe responde:

– Ei, você está um pouco chato hoje, o que está acontecendo?

– Só estou perguntando, pergunto a mim mesmo, desculpe. Na verdade, não sei. Saí dessa reunião com muitas perguntas e me sinto mais desperto e vivo do que nunca. Tenho a sensação de ter despertado para um mundo novo. Sobre o que é sua prova de segunda-feira?

– Tenho uma prova sobre as novas tecnologias aplicadas à educação. Veja, é outro método que funciona se for bem usado. Quando as novas tecnologias não funcionam em sala de aula, sempre é culpa do professor porque não sabe como usá-las de forma adequada. Se forem bem usadas, funcionam. Com as novas tecnologias na aula, o aluno é protagonista de sua aprendizagem. Por isso a tecnologia é tão importante, pois

lhe permite descobrir por si mesmo as coisas, sem precisar de professor.
— Sem a ajuda do jardineiro..., bem, queria dizer professor.
— Não, não. Sem ter que fazer uma aula para isso. O professor pode estar presente, mas é melhor que não intervenha em demasia. As aulas, nas quais os professores explicam as coisas e os alunos ouvem, são coisa do passado, Matias. E causaram muito dano, pois nelas os alunos são passivos, não aprendem nem se interessam por nada. Hoje, a educação se move por meio de métodos ativos, métodos que fazem com que as crianças sejam protagonistas de sua aprendizagem, aprendem fazendo atividades, se movimentam. E quando a pessoa se movimenta, não há tédio e ela aprende.
— Protagonistas de sua educação, então diz que são moldáveis — especifica Matias com um tom meio mordaz.
— Escute, amigo, você está muito intenso hoje, fazendo perguntas demais, isso não é uma aula de pensamentos educativos, estamos comendo. Aliás, você ainda não pediu. O que vai comer?
— Mais vale fazer perguntas, José, o que está em jogo não é apenas o que você e eu pensamos. O que está em jogo é toda uma geração de seres humanos, que se educam com você e comigo. Bem, com você se moldam, não se educam — diz Matias brincando.
— Muito engraçado — responde José com ironia —. Pelo que estou vendo, essa mulher está enchendo sua cabeça de coisas.

Mas a amizade entre ambos era muito antiga e já muito forte para que um comentário como esse importasse a Matias.
— Oi, André, tudo bem? — diz Matias ao dono do restaurante que se aproxima da mesa.
— Bem, bem e vocês?
— Qual é o prato do dia? — pergunta Matias.
O dono lhe responde, apontando para uma lousa:
— Salada russa, empanada galega e biscoitos de gengibre — lê Matias —. Biscoitos de gengibre? — exclama, determinado a exercer seu livre-arbítrio apesar das circunstâncias.
— Se não gosta de biscoitos, temos sorvete de maracujá também — propõe André.
— Sorvete de maracujá então, obrigado.

5
Às margens do Rio dos Salgueiros

A caixa preta do behaviorismo
Os cachorros de Pávlov

No dia seguinte, Matias volta à casa de Cacilda, que o leva às margens de um rio situado a poucos minutos de sua casa. O sol está esplêndido, mas enganoso. Venta. Cacilda leva mantas em uma sacola, caso seja necessário.

A caminho, decidido a confrontar as ideias de José com as de sua professora, Matias pergunta sem preâmbulo:

– Cacilda, por que as aulas não funcionam?

– Matias, o que para você quer dizer que um método educativo "funciona".

Matias se dá conta de que não acertou ao usar as mesmas palavras que José. De fato, sente frustração, pois, há poucas horas, ele mesmo havia desafiado seu amigo, perguntando-lhe a que se referia quando dizia que um método "funcionava". Mas se quiser comparar a visão de José com a de Cacilda, deve se arriscar ao ridículo. De um lado, está preocupado com o que a professora irá pensar. De outro, ela não julga, só conversa com benevolência e isso o tranquiliza. Decidido a tirar mais proveito da conversação do que se preocupar com o que Cacilda pensará a seu respeito, entrega-se sem reservas ao jogo dialético e pergunta:

— Ora, o que funciona é que dá resultados, não?

— Que resultados? Desde sempre, todos os pedagogos tentaram encontrar o "método perfeito", um corpo de técnicas, de metodologias, de materiais que permitem obter resultados. Mas um método, em si, não é uma panaceia. Quando você diz que dá resultados, como se medem esses resultados? Qual é o propósito do método? Funciona ou não, e com base em que critérios? — pergunta Cacilda com uma certa doçura que lhe dá um ar de mistério.

Faz-se um longo silêncio. Matias fica nervoso porque, em suas conversas cotidianas, não está acostumado com a ausência de palavras. Agradam-lhe as respostas claras e concisas. Está em harmonia com Cacilda, passaria horas conversando com ela, mas não sabia que a questão da educação se prestaria a tanto. "Se é um tema tão complexo, talvez seja porque o ser humano também é", pensa. As explicações de Cacilda lançam luz sobre o que ele não entende. Mas, para responder a uma pergunta simples, é preciso passar por muitos outros temas. Continuam seu passeio até que ambos param. Olham o rio debaixo de um salgueiro cujos ramos acariciam seus ombros.

— Este é o rio. É bonito, não? Chamam-no de Rio dos Salgueiros porque há muitas dessas árvores em suas margens. Olhe, há patos! Agora fogem porque nos viram.

Os patos entram na água, se remexem e nadam com rapidez até a outra margem do rio. Há libélulas que voam próximas da água, emitindo seu zumbido peculiar.

– Sim, é bonito – constata Matias, cuja atenção oscila entre a curiosidade por encontrar uma resposta à pergunta de Cacilda e o assombro diante de uma paisagem tão formosa.

– Olhe, Matias, há muitas correntes na educação. Se não sabe que corrente escolher, alguém cai na primeira que encontra e ela pode conduzi-lo a um lugar onde talvez não tenha querido ir.

"Terei que gostar das metáforas", conforma-se Matias, que sente a impaciência de costume.

Cacilda, que intui o incômodo de seu jovem aluno, tenta se explicar melhor.

– Quando dizemos que um método funciona, depende do que temos em mente como meta, como resultados educativos. Dependerá da visão que temos do ser humano. "Funcionar" pode ser entendido de uma forma ou de outra, conforme a corrente educativa na qual nos encontramos.

– Bem, de momento, vejo tudo isso como muito abstrato – responde Matias.

– Sim, perdão. Para ir ao concreto, falemos agora de uma dessas correntes – diz Cacilda ante do olhar perdido de Matias. O mecanicismo.

Ambos se sentaram à beira do rio. Matias logo se esquece das correntes educativas de Cacilda e sente, em sua alma de menino, a necessidade irresistível de pegar um galho para levantar os nenúfares que se encontram a seu alcance nas águas paradas, a fim de encontrar sapos debaixo das plantas aquáticas. Mas ao lembrar vagamente que os nenúfares são uma espécie protegida, desiste.

Cacilda observa que Matias fixa sua atenção nos nenúfares e decide fazer uma pausa em sua explicação, pois sabe que a boa educação é a que lança as sementes oportunas, no momento adequado.

Uma brisa suave sobe *in crescendo*, o vento sopra sobre a franja crespa de Matias. Cacilda tira as mantas da sacola e dá uma delas a Matias, que a pega de maneira automática sem desdobrá-la. A franja tampa seus olhos e o tira de seu sonho.

– O que é o mecanicismo? Não me lembro.

– É uma perspectiva que considera o sujeito como incapaz de movimento ou de desejo próprios. Segundo essa perspectiva, só se pode mover o sujeito de fora.

– O que isso quer dizer na prática educativa, por exemplo? – pergunta Matias.

– Para o mecanicismo, a criança é moldável.

– É um dos polos de Herbart! – exclama Matias.

– Sim – ratifica Cacilda – A meta é obter uma criança moldada, calada e obediente, que decora tudo de forma mecânica e que repete tudo como um papagaio sem o compreender. "É verdade porque digo que é", afirma o educador mecanicista. A meta não é transmitir um conhecimento que o aluno fará seu, mas enchê-lo de informação.

– Qual a diferença entre conhecimentos e informação?

— Só há conhecimento se há contexto. A informação são dados sem contexto. Se você é da corrente mecanicista, então privilegia os métodos que assumem que o aluno é perfeitamente moldável. Você assume também que o aluno não é capaz de desejar conhecer e que depende quase exclusivamente do educador ou dos estímulos externos para aprender. O condicionamento do behaviorismo, por exemplo, é um método mecanicista.

— O que é behaviorismo? O que é condicionamento?

— O behaviorismo é adestramento. O condicionamento é o método empregado pelo behaviorismo: se a criança acerta, recebe uma recompensa, caso contrário, não.

— O behaviorismo é a teoria de Watson, não? – precisa Matias. Estudamos com a senhora Marin.

— Sim, John Watson é considerado o pai do behaviorismo. Watson é um psicólogo norte-americano que viveu de 1878 a 1958. Vejamos se recordo aquela sua frase famosa...

> Dai-me uma dezena de crianças sadias, bem formadas, para que as eduque, e me comprometo a escolher uma delas ao acaso e adestrá-la para que se converta em um especialista de qualquer tipo que se quiser.

... Watson propõe que se pode obter, por força da educação, que uma criança se converta em médico, artista, administrador e inclusive em mendigo ou ladrão. E explica que poderá fazê-lo apesar das disposições internas ou inatas da criança.

— Ou seja, para Watson, não importam os talentos, dons e atitudes — diz Matias.

— Não. Pouco depois, em 1904, nasce Frederic Skinner, também psicólogo norte-americano. Seguiu o caminho de Watson, fazendo experiências que confirmavam as teses behavioristas. Mas o behaviorismo começa muito antes desses autores, com Pávlov e seus cachorros. Pávlov foi um fisiólogo russo que viveu de 1849 a 1936.

— Ah, sim! Lembro-me dessa história — exclama Matias. Quando não arrumávamos nossa cama, minha mãe sempre nos dizia: "ouçam, meninos, não façam que tenha que lembrar todos os dias que devem arrumar a cama, por favor, vocês não são cachorros de Pávlov". Era uma frase tão famosa em casa, que decidi dar esse nome a meu cachorro — explica rindo.

— Pois é, um nome muito divertido para um...

— ... um *husky* siberiano, é um cachorro maravilhoso — Matias interrompe. Pávlov ficaria contente se estivesse aqui agora. Bem, melhor não, os nenúfares já estariam despedaçados. Mas agora não me recordo o que dizias sobre Pávlov.

— Pávlov desenvolveu a hipótese do reflexo condicionado ao observar como alguns cachorros salivavam quando lhes oferecia comida. Durante semanas, soou um metrônomo exatamente antes de lhes dar comida e, ao final de um determinado período, percebeu que os cachorros salivavam apenas ao escutar o metrônomo porque o associavam à comida. O que Pávlov queria demonstrar era que as respostas não são inatas, mas adquiridas.

— O que isso quer dizer? — pergunta Matias, que anota as ideias no caderno.

— Queria demonstrar que esses reflexos não são naturais, que são aprendidos. Isso demonstra que podemos adestrar os cachorros com base em estímulos, tendo esses reflexos. Pávlov introduz a ideia da relação "estímulo-resposta".

— Na relação com meu cachorro, creio que isso faz sentido. Quando ouve de longe o ruído da porta do armário de sua comida, já sabe que chegou a hora de comer.

— Sim, mas a questão é se podemos transpor os resultados desse experimento para o âmbito da educação das pessoas.

— Sim — diz Matias reflexivo. — Não é a mesma coisa adestrar um animal e educar uma pessoa.

— *As pessoas não são adestradas, são educadas.* Mas há correntes da psicologia ou da educação que não fazem distinção entre adestrar e educar. O behaviorismo, por exemplo. Segundo essa visão da pessoa, a criança é um ente passivo que apenas reage ao condicionamento. Não possui um desejo inato de conhecer.

— É completamente moldável.

— Isso — responde Cacilda, orgulhosa de seu jovem aluno —. É como uma caixa preta.

— Por que uma caixa preta?

— É uma metáfora do behaviorismo, que somente se interessa pelo que entra e o que sai da caixa. Não lhe interessa o que há dentro: os gostos, os talentos, as predisposições, a vontade, a inteligência, os sentimentos etc. *A única coisa que importa para o educador behaviorista* é compreender o que deve entrar na caixa para produzir determinados resultados. Não lhe interessa o que acontece dentro da caixa. *O reforço (obter um* output *concreto por meio de um* input *concreto) é um conceito central do behaviorismo.*

— Para modelar.

— Sim, para controlar seu comportamento. Para condicionar, se reforça um comportamento concreto. Por exemplo, dar uma recompensa porque alguém dá respostas corretas, dar pontos por acertar em um jogo educativo *on-line*, ou fazer um elogio por se comportar de uma determinada forma. O elogio, às vezes, pode ser um simples reforço positivo.

— Mas, o que há de mau em reforçar de modo positivo um comportamento? — pergunta Matias.

— Bem... Se a criança faz algo para ficar bem com o educador, ou para ter uma recompensa em troca, quando o educador ou a recompensa desaparecerem, deixará de fazer. O que a criança faz é bom, mas não é um comportamento interiorizado, tornado seu. Lembre-se, somente interessa para o behaviorismo o resultado, não as motivações internas.

— É uma mentalidade educativa terrivelmente mecânica — assevera Matias —. O reforço pode ser positivo ou negativo, não?

— Sim — responde Cacilda — o castigo seria um exemplo de reforço negativo. Em todos os casos, fomentamos um comportamento para que volte a ocorrer ou não. Impõe-se pela força.

— Mas toda a educação se baseia nisso, Cacilda! Quando nos dizem que, se nos comportamos mal, os reis magos nos trarão carvão[1], isso não é behaviorismo?

— Bem, sim – diz Cacilda sorrindo –. Mas quanto aos reis trazerem carvão... Esse tipo de ameaça não educa e duvido que adestre. Não posso imaginar que um menino se comporte bem por medo de receber carvão. Vale mil vezes mais o exemplo de seus pais, de seus irmãos, de seus professores e de seus colegas de escola, tem mil vezes mais influência sobre ele o que ele vê todos os dias no mundo que o rodeia e nas telas.

Matias recorda-se de uma conversa que teve com crianças de cinco anos no pátio do colégio onde faz estágio. Pensa nos conteúdos violentos que algumas crianças pequenas veem nos videogames e nos *tablets*. Pedem videogames violentos todos os anos. de presente aos reis magos.[1] E se imagina os pais dessas crianças as ameaçando com carvão. Dá-se conta do paradoxo. Comporta-se bem para ganhar um instrumento com conteúdo violento. "Como estamos longe de entender o que quer dizer educar. Pobres crianças", reflete Matias.

Cacilda nota a indignação no rosto de Matias. Continua sua explicação.

— Mas, atenção, se você diz a uma criança que se distancie do radiador quente, pois se queimaria se o tocasse,

---

1 "Pedir aos reis magos": referência ao costume de pedir presentes no dia da Epifania, equivalente ao costume de pedir presentes ao Papai Noel (NdT).

isso não é behaviorismo. E se lhe diz que uma condição prévia para poder ir ao parque é passar protetor solar para não se queimar, tampouco é behaviorismo. É preciso não confundir o behaviorismo com as consequências naturais de nossas ações. Somos responsáveis por nossas ações, e quando nos enganamos, há consequências. Advertir acerca dessas consequências, anunciá-las de antemão, não é o mesmo que condicionar o comportamento. Somos livres em nossas ações, mas não das consequências dessas ações. A criança não se educa apenas com base no queimar-se. Se não há educador, não há educação. Lembra-se do que Herbart dizia?

— Sim. O polo extremo do naturalismo defende a ideia de que a criança contém tudo em si para desenvolver-se por si mesma sem a necessidade de um educador. Para o naturalismo, educar não faz diferença.

— Isso — reforça Cacilda —. A educabilidade, segundo Herbart, é o ponto de partida da pedagogia. Uma educação que não pode influenciar a criança não é educação. O naturalismo exclui-se a si mesmo do âmbito da educação.

— Mas quando a senhora fala das consequências de que os educadores advertem, não soa também um pouco de reforço por meio de um castigo? Penso no caso do carvão. Dizer a uma criança que os reis lhe trarão carvão é um castigo anunciado de antemão. Qual é a diferença entre isso e as consequências de que os educadores falam?

Certo, às vezes a linha divisória não é clara, tens razão. Pode depender do espírito com o qual as consequências são enunciadas também. Devem ser anunciadas antes. Em seguida, é preciso demarcar limites razoáveis sem ditar em cada momento tudo o que a criança deve fazer. É como o caso das leis. As leis não são mapas do que deves fazer e dizer a cada momento. Imagine uma lei que te dissesse como deves falar. As leis marcam certos limites. E quanto mais conciso o código penal, melhor. Veja, vamos dar um exemplo. Se há uma regra na universidade que diz que um aluno que cola na prova recebe zero, isso não pode ser entendido como behaviorismo. É uma regra estabelecida e conhecida de antemão. E tem sentido. Gostarias que o cirurgião que te opera da vista ou que retira um tumor tenha colado durante toda sua carreira?

Matias balança a cabeça de lado a lado. Cacilda continua:

– É uma regra lógica, necessária e razoável. Esse aluno decidirá se quer ou não respeitá-la e assumirá as consequências de sua decisão: poder continuar sua carreira. A decisão é sua, escolhida livremente. É capaz de decidir por si mesmo, de impactar sobre os acontecimentos e de assumir a responsabilidade por seus atos.

– Porque tem livre-arbítrio. Mas estou certo de que há alguns alunos que não colam por mero medo do castigo – acrescenta Matias.

– Certamente. Mas são esses alunos que têm uma mentalidade behaviorista. O behaviorismo está neles, não necessariamente na norma. A esses alunos pouco importa estarem preparados, saber o que necessitam para serem bons profissionais, não estudam por desejo de aprender, mas apenas para serem aprovados. Estudarão somente o que cai na prova. Não os verás às margens do rio dos salgueiros ouvindo uma senhora, por exemplo – diz rindo.

– Bem, às vezes é preciso ser tolo para não colar, como diz meu amigo José, pois as carteiras estão muito próximas umas das outras.

– Bem, Matias, é preciso ser tolo para não colar ou é preciso ser muito bom para não colar, apesar da proximidade das carteiras?

Embora pouco suscetível, Matias começa a se irritar com o tom moralista de Cacilda. "Pior é que ela tem razão", pensa.

O vento já está forte e nuvens ameaçadoras enchem os céus vindas do norte.

– Acho que vai chover – diz Matias olhando o céu.

Cacilda concorda. Ambos se levantam, guardam os cobertores sem falar e voltam andando a passo acelerado para casa.

– Na verdade – continua Cacilda –, colar é um sintoma de behaviorismo.

De repente, ao associar o plágio ao behaviorismo, Cacilda já não lhe parece tão moralista. Matias pergunta pela lógica de sua afirmação.

– Se o aluno não tem desejo de conhecer – assevera Cacilda –, não precisa compreender e a única coisa que lhe importa é fazer parecer ter produzido resultados acadêmicos sobre o que cai na prova. Para o behaviorismo, o que importa nesta caixa preta? O que importa se decorou, colou ou trapaceou? Se aquele que finaliza o exame está aprovado, tudo bem. De qualquer forma, o behaviorismo é um atalho fácil; poderia me atrever inclusive a dizer que é um atalho pouco inteligente usado por educadores com pouca imaginação e recursos.

– Um atalho fácil? Por quê?

– Porque o educador behaviorista não tem que questionar a variável complexa da liberdade.

– Porque a ele não acredita no livre-arbítrio, certo? – duvida Matias.

– Correto. Tampouco lhe interessa a atitude, as intenções e as aspirações do aluno, ele fica com as reações visíveis aos estímulos. Age como os algoritmos. O behaviorismo defende educar as manifestações externas, descuida do que realmente é importante: o que move a pessoa –. E continua sua explicação: - Para o behaviorista, não se considera o desejo do aluno de conhecer, tudo é programável a partir do exterior. É uma visão muito parcial do ser humano. Por isso, não consegue obter os resultados desejados a médio e longo prazo, *porque o ser humano, ao ser profundamente livre, rebela-se diante de qualquer tentativa de modelar ou de ser manipulado.* Assim, os sistemas behavioristas acabam criando pessoas submissas e medrosas.

Começam a cair gotas do céu, ambos aceleram novamente o passo para chegar em casa antes que a tempestade comece. Cacilda faz uma longa pausa em sua explicação porque precisa tomar fôlego; não está acostumada a andar tão rápido.

6
Um pouco de chá e leite quente

La letra con sangre entra?
Instrução direta vs. aprendizado por descoberta

Uma vez em casa, Cacilda oferece novamente a manta a Matias e vai pegar uma toalha. Envolve-se em um xale de lã cinza e brinca:

— Qualquer um diria que nos banhamos no rio.

Matias enxuga-se e estende a manta sobre assento e o braço do sofá antes de se sentar. Pega seu caderno de notas e escreve algumas ideias de que não quer se esquecer. Cacilda prossegue:

— Antes te dizia que os sistemas behavioristas podem produzir pessoas submissas e medrosas, pessoas crédulas ou manipuláveis.

— Por que isso acontece? — pergunta o jovem aluno.

— Porque os educadores behavioristas pensam que a hierarquia é fonte de conhecimento, transmitindo a seus alunos a ideia de que "é assim porque digo que é", pedindo-lhes que façam atos de fé em matérias que são do âmbito da razão e da compreensão durante grande parte de sua escolarização. Portanto, os alunos educados no behaviorismo não estão habituados a pensar por si mesmos, a indagar, a ir aos fatos, às evidências. Creem em qualquer coisa com facilidade.

"Por isso aderem às teorias da conspiração e às *fake news*", pensa Matias.

— Mas o contrário também pode acontecer — continua Cacilda —, se a hierarquia for fonte de conhecimento, então do behaviorismo ao autoritarismo e ao abuso de poder há apenas um passo. Portanto, os sistemas behavioristas são suscetíveis de produzir pessoas rebeldes diante desse autoritarismo. Pessoas insubmissas que suspeitam sistematicamente do poder. Em definitivo, de um lado, gera pessoas excessivamente crédulas e manipuláveis, de outro, pessoas demasiado incrédulas e cínicas que suspeitam de tudo. Vou fazer um pouco de chá, você quer algo?

— Sim, leite quente, por favor, obrigado — responde Matias enquanto esfrega as mãos.

Matias recorda as imagens das notícias de outrora sobre ruas revoltas com atos de violência e de vandalismo em muitas cidades do mundo. "Dizem que é o populismo", pensa. Logo se pergunta se o populismo não seria outra forma de behaviorismo. "Claro, se não há opiniões pessoais, a pessoa é programada pela narrativa oficial da coletividade com a qual se identifica. Não pensa por si mesma. É curioso, afinal, sob o verniz do protesto e da bandeira da liberdade pode ser que haja menos liberdade do que pensamos". Ao se questionar se Cacilda estaria a par do que ocorre nas redes sociais e nas ruas, olha ao redor procurando uma televisão em sua sala de estar, mas não encontra. "Talvez nem veja TV".

Enquanto Matias divaga com o olhar ausente, Cacilda volta com a chaleira cheia, uma xícara vazia e outra com leite quente. Senta-se e oferece a xícara cheia a Matias. Como se tivesse lembrado de algo, levanta-se e dirige-se a uma das enormes estantes de livros que estão no corredor que vai da sala a seu quarto. Depois de ter procurado entre os volumes ordenados de uma das estantes altas, volta com um deles e se senta no sofá, sob o peso do livro. Passa seus dedos ágeis pelas páginas amareladas e exclama:

– Está aqui! Olhe, Matias, o que você diria que isso representa? – pergunta Cacilda, mostrando a foto de um quadro.

La letra con sangre entra, Francisco de Goya.

– Um professor que açoita as nádegas de um aluno em uma classe abarrotada.

— Sim, é uma obra muito famosa. Chama-se *La letra con sangre entra* (*A letra com sangue entra*), pintada por Francisco de Goya, em torno a 1780. A educação da palmatória, como a chamava Maritain.

— Quem é Maritain?

— Jacques Maritain foi um filósofo francês que viveu de 1882 a 1973. Escreveu muito sobre filosofia da educação. Destaca que a educação com a palmatória é uma má educação porque perverte a própria natureza da obra educativa. Posso te mostrar uma citação de Maritain, espere um pouco.

Cacilda desaparece de novo e volta com outro livro. Abre na página que havia marcado e lê algumas linhas levemente sublinhadas:

> Uma simples proibição do indevido é menos eficaz do que a luz pela qual se ilumina o espírito da criança acerca do bem que se perderia com essa ação. A verdadeira arte consiste em fazer que a criança se dê conta de seus próprios recursos e capacidades para alcançar a beleza do agir bem.

Na verdade, a obra de Goya é uma crítica ao sistema educacional da época, ao mecanicismo.

— À aula dada pelo professor?

— Interessante associação, Matias. Por que você associa a aula dada pelo professor à educação mecanicista?

— Bem, não sei — responde Matias reflexivo, tentando recordar a lógica de José, resoluto a partir de agora a filtrar as afirmações de seu amigo —. Sim, o mestre fala o tempo todo e os alunos escutam de forma passiva, não aprendem nada, ou não aprendem tanto – modera –. Não é melhor fomentar métodos de aprendizado ativo? Métodos que lhes permitam ser protagonistas de seu aprendizado?

– Esse é um dos males da modernidade, esperar encontrar respostas certas formulando perguntas equivocadas.

– Não compreendo – contesta Matias coçando a cabeça.

– Você diz que a aula dada pelo professor é necessariamente passiva. Quem assegura isso?

– Todo mundo o afirma.

– Quem é todo mundo? Veja, Matias, lembra-se daquele estudioso norte-americano que veio à universidade em maio para o congresso sobre educação organizado pela Faculdade de Pedagogia?

– Sim, lembro-me muito bem. Desconstruiu a aula dada pelo professor, criticando-a. Recebeu muitos aplausos, de fato, foi ovacionado. Foi o conferencista mais valorizado do dia.

– O que aplaudiram? – pergunta Cacilda.

– Sua explicação.

– Aplaudiram sua própria aula – pontua Cacilda –. Uma hora falando diante de uma audiência calada que escutava uma aula professoral que abordava a deficiência da aula dada por um professor. E todo mundo aplaudiu. Até o decano da faculdade. E todo o grupo de professores, bem, quase todo. Os professores de Filosofia não aplaudiram.

– Certamente – confirma Matias enquanto sorri para ela –. Recordo ter uma sensação estranha ao escutá-lo. A sensação de que estava tentando vender seu peixe. Mas não sabia como traduzir essa minha impressão. Mencionou também várias coisas interessantes.

– Você deve ir mais além, Matias. O que é uma aula dada por um professor?

– É uma aula na qual se explica algo...

– ... De forma magistral – sublinha –. Sim, de modo magistral, deveria ser interessante, não é verdade?

– Mas há aulas que são um tédio, que são cansativas, que não chamam a atenção da audiência.

Então essas aulas não são magistrais – ratifica Cacilda com um tom amável enquanto derrama o chá em sua xícara.

– Bem, mas não seria melhor se os alunos descobrissem as coisas por si mesmos?

Agora entramos no *quid* da questão, Matias. Tomás de Aquino assegurava que há duas maneiras de se aprender. A primeira é o aprendizado. O que aprendes por meio da explicação de um mestre, por instrução direta. Isso pode ocorrer em uma aula ou mediante a explicação pessoal do professor.

– Por exemplo? – pergunta Matias.

– Quando o professor explica aos alunos como multiplicar números decimais, quando explica uma regra gramatical, quando explica o processo da fotossíntese ou a lei da gravidade.

– Certo – diz Matias.

– A segunda maneira de aprender é por meio da descoberta, pela ação do aprendiz. Um exemplo disso seria a observação do que ocorre quando deixo cair algo no chão. A aprendizagem por descoberta ocorre também quando um aluno recebe uma explicação e escuta com atenção. Ou quando, após uma explicação, relaciona conceitos entre si, faz um experimento para pôr a explicação em prática, aprofunda ou investiga acerca do tema por sua própria conta. Tomás de Aquino sustentava que aprender pela descoberta é mais perfeito do que aprender pela explicação de outra pessoa. Sabe por quê?

— Porque o que se descobre por si mesmo permanece para sempre — sugere Matias.

— Sim, é um modo mais perfeito de conhecer. Deixa uma marca para sempre porque é um conhecimento interiorizado. O aluno é realmente protagonista de seu aprendizado. E não aprende apenas para tirar nota ou para ficar bem com seu professor, mas o faz pelo puro prazer de aprender. Isso é maravilhoso.

Matias comprova que o prazer de aprender é o que sente em suas longas conversas com Cacilda. É a primeira vez que se relaciona com prazer com o aprendizado.

Cacilda aproxima seus lábios da xícara, mas franze as sobrancelhas e a testa quando percebe como está quente. Deixa a xícara na mesa e continua:

— O que é a instrução direta? Como a senhora a definiria? — Matias pergunta.

— É o ensino explícito da matéria aos alunos, mediante uma aula ou uma demonstração. Se a aprendizagem por descoberta é importante, então não resta nenhuma importância na instrução direta. De fato, crê que cada aluno pode e deve descobrir a lei da gravidade por si mesmo? Crê que cada criança pode, como Pitágoras, descobrir o teorema de Pitágoras? Então teríamos o teorema de Cacilda ou de Matias – diz enquanto sorri.

– Sim – responde Matias –. Quando eu era pequeno, observava as coisas que caíam no chão e sempre me perguntava por que caíam. Certo dia, vi uma reportagem sobre os exercícios espaciais e lembro como os astronautas flutuavam no ar. Mas é verdade que não tinha recursos para conseguir calcular a fórmula da gravidade, ou para formular teoremas, pois não conhecia as regras básicas da Física ou da Matemática.

– Claro, a observação, o assombro, o desejo de conhecer, tudo isso é o preâmbulo para se interessar por aprender coisas complexas. Uma criança sem desejo de conhecer, que nunca fez uma pergunta sobre os fenômenos naturais, terá pouco interesse pelas ciências, sendo que a instrução direta lhe respingue como a água sobre as plumas dos patos do Rio dos salgueiros. Por isso é tão importante levar as crianças ao bosque, ao rio, às montanhas... A natureza é uma fonte de assombro para elas. Mas esse desejo de conhecer não é suficiente se não o nutrimos de conhecimentos concretos que façam sentido. Nem que você se chame Isaac Newton ou Pitágoras. Eles também foram guiados em seu aprendizado antes de chegar a suas descobertas.

— Dizem que "somos anões em ombros de gigantes" – afirma Matias reflexivo.

— Sim, há milhões de horas por trás de uma descoberta dessa magnitude. O desejo de conhecer é a sede de conhecimentos. Se não há conhecimentos, esse desejo é um salto no vazio, no nada. De qualquer forma, Matias, a instrução direta e a descoberta não são formas antagônicas de aprendizado, a educação sempre é e deve ser uma mescla das duas. Inclusive, para falar com propriedade, é preciso especificar bem sobre que tipo de aprendizado estamos falando. Há dois tipos de descoberta: a descoberta pura e a descoberta guiada.

Descoberta pura ou guiada. A senhora pode me dar exemplos de cada uma? – diz Matias.

Sim. O trabalho mediante projetos, que hoje se faz muito nos colégios, consiste em propor aos alunos o aprofundamento acerca de um tema relacionado a seus interesses. Se o professor manda o aluno para casa para fazer uma apresentação no *PowerPoint* sobre os planetas, por exemplo, e não explica nada na aula acerca sobre o tema, isso é aprendizado por descoberta pura.

Porque a criança acabará consultando o Google – responde Matias.

Sim. Sem direção, sem pauta, sem fontes... Sem contexto, sem critério de busca. Desde o início, o método de descoberta pura não tem sentido em uma mente imatura, sem conhecimentos prévios. A criança acabará fazendo um recorta e cola.

– Nossa, esse método é muito usado no ensino primário.

– Eu sei. Mas se o professor explica o tema antes, pedindo aos alunos que façam um trabalho sobre esse tema, aplicando os conhecimentos recebidos em aula, ou recorrendo a fontes corretas e confiáveis, então se poderia considerar que há uma combinação entre instrução direta e descoberta guiada.

– E a aprendizagem cooperativa?

– Do mesmo modo, ajuda a consolidar a aprendizagem enquanto se trabalha com os outros. Mas deve haver uma pauta e uma explicação prévia. Em todo caso, um jovem aluno não está preparado para investigar um tema abstrato por si mesmo. Esses métodos são mais adequados para o ensino médio ou a graduação.

– Então não servem para aquela idade? – pergunta Matias.

– O aprendizado por descoberta é bom para abrir o apetite para a instrução direta ou para aplicar o conhecimento adquirido por meio dela. Por exemplo, é muito mais interessante aprender a lei da gravidade após ter visto os astronautas flutuarem em uma nave espacial. E é melhor entender o fenômeno de um eclipse se antes da explicação se observou esse fenômeno. Mas um professor não pode pedir a uma criança que invente algo do nada.

– O que quer dizer com "inventar algo do nada"?

– Você não pode pedir a um aluno que desenhe uma cadeira se ele não tem noções básicas de física, conhecimento das propriedades dos materiais etc. Não se pode pedir a um aluno que aprenda por si só a dividir se antes não lhe foi ensinado o conceito de quantidade, ou que ele descubra um teorema se não tiver boas noções prévias de matemática.

Diante do silêncio que se fez após sua explicação, Cacilda estica o braço, volta a pegar o livro de Maritain e lê:

> Uma educação que transfira à criança a responsabilidade de adquirir informações sobre aquilo que ela não sabe que ignora; que se contente em contemplar o desenvolvimento dos instintos da criança, e que faça do professor um assistente fraco e supérfluo, é simplesmente um fracasso da educação e da responsabilidade dos adultos para com a juventude.

– Então, a aquisição de conhecimentos não pode se basear somente na aprendizagem por pura descoberta? – pergunta Matias curioso.

– Não. E os estudos o confirmam. A aprendizagem pura funciona em mentes preparadas, que podem conduzir por si mesmas sua descoberta a partir de critérios adquiridos *a priori*, mas não é adequada para jovens aprendizes. *Como uma criança pode ensinar a si mesma aquilo que não conhece? Como pode construir seu conhecimento do nada, abandonando a si mesmo?* O ideal é combinar a instrução direta com a aprendizado por descoberta guiada.

– Dê-me um exemplo disso, por favor – pede Matias, decidido a ir a fundo na questão.

– Sim, claro. Imagine que falemos do teorema de Pitágoras. A criança não pode aprender isso por si se não tem noções prévias de matemática. Mesmo tendo essas noções, será difícil. Se lhe explicamos a teoria do teorema, pode ser que entenda. Mas não compreenderá tudo a menos que resolva vários problemas aplicando essa teoria. E só consegue resolver esses problemas junto ao professor, de forma dirigida, nunca por si mesma, sua compreensão será limitada. Precisa aplicar ela mesmo esses conceitos em problemas que resolve sozinha. E, depois, se não consegue resolver os problemas, ou se os resolve mal, precisará de alguém que, a partir de seu erro, volte a explicar a cadeia dos passos a fim de que ela mesma entenda onde se enganou.

– Isso é combinar instrução direta com aprendizado por descoberta guiada – resume Matias.

– Sim, e o melhor aprendizado por descoberta é o que está estruturado, que conta com um guia de trabalho. O aprendizado por descoberta guiada ajuda a aterrissar a teoria, a levá-la à prática.

– Aterrissar a teoria? – pergunta o jovem aluno.

– Sim, a compreender como se pode aplicar os conceitos em um experimento concreto. Em contrapartida, os métodos de aprendizado por descoberta menos estruturados que permitem à criança desenhar seus próprios experimentos não ajudam a criança.

– Por que não ajudam a criança?

– Porque assumem que a criança pode redescobrir o que Newton ou Pitágoras descobriram! – Cacilda ri –.

Sejamos realistas, isso não é possível se não há uma base de instrução direta.

— O aprendizado por descoberta pura pressupõe que a semente que está na criança cresce por si mesma — corrobora Matias pensativo. É o polo extremo do naturalismo de Herbart!

— É isso. Contudo, na descoberta guiada, há algumas pautas, um ambiente preparado, um material posto pelo educador, uma diretriz.

Cacilda se levanta com a xícara, toma um pouco de chá e se aproxima da janela da sala de estar para olhar o céu nublado.

— Educar é uma arte, Matias. Às vezes é preciso se deixar fazer sozinho, outras vezes é preciso conduzir, outras vezes intervir mais, é um equilíbrio. *A luta entre os defensores do aprendizado por descoberta guiada e os da instrução direta cria um falso dilema.* É preciso adaptar a forma de ensinar ao contexto, escolhendo a mais adequada em cada momento. Educar é totalmente uma arte. Assim, você será um artista, Matias.

— Sim — constata Matias.

Após olhar seu relógio e comprovar pela janela que havia parado de chover, Matias se levanta e dobra a toalha úmida com a qual secou os ombros e o cabelo.

— Cacilda, vejo que é tarde. Devo aproveitar que parou de chover para ir embora. Que pena. Poderíamos continuar a conversar outro dia sobre as outras correntes educativas? Seria possível? Comprometo-me a recolher as folhas no jardim, como agradecimento. Serei seu jardineiro!

— Tenho muito tempo para fazer isso, Matias; agora que estou aposentada, desfruto como nunca da jardinagem. Ademais, ainda não sou tão velha e gosto de fazer isso, mantém-me em forma. Não se preocupe. Será um prazer te explicar mais sobre todos esses temas que tanto me apaixonam. Por que, na próxima vez, você não vem com Pávlov? Se quiser, venha no sábado à tarde, e voltaremos ao rio, se o clima estiver um pouco melhor. O que você acha?

— Perfeito, obrigado por tudo! Até sábado então.

7
Falando baixo pelos corredores estreitos da livraria do bairro

– Os *Contos de fadas* de Andersen? – sussurra a atendente da livraria, com os óculos na ponta do nariz – Sim, tenho. Siga-me, por favor.

Matias a acompanha por um corredor estreito, esquivando-se das pernas dos clientes que desfrutam de suas leituras sentados. Essa livraria de bairro tinha fama de convidar à leitura, com suas tentadoras poltronas, sua luz cálida e seu ambiente tranquilo. As estantes, cuidadosamente ordenadas por tema e por autor, rodeiam uma escada estreita em forma de caracol, que leva à seção de literatura infantil.

José e Ana, sua namorada, olham as novidades nas mesas da entrada, enquanto Matias volta com o presente de aniversário de seu irmão, Pepe, debaixo do braço.

Ana, que é professora infantil, dirige-se para a estante de Educação e de *Parenting* (Parentalidade). Inclina a cabeça para ler os títulos em vertical que se encontram na lombada dos livros.

Matias se aproxima e pergunta para Ana em voz baixa:
– O que você pensa sobre a aula dada por um professor?

Ana gira a cabeça, desconcertada, e responde:
— A aula dada por um professor? Não sei, nunca me perguntei. Trata-se de fazer um discurso diante dos alunos? Trabalho com educação infantil. Nessa fase, creio que esse tipo de aula não tem sentido.
— E a instrução direta?
— Não sei, o que é instrução direta? Colocar as crianças em grupo e ensinar-lhes coisas com discursos? A verdade é que não é algo muito habitual em educação infantil. Não fazemos isso em meu colégio. Deixamos que explorem com liberdade.
— Que método é usado na escola em que você trabalha?
— Não nos detemos em um método específico, fazemos um pouco de tudo. De manhã, passamos "*bits* de inteligência" para estimular a inteligência dos alunos. Depois, trabalhamos com "cantos".
— O que são "cantos"?
— Dividimos as crianças em quatro grupos. Há dois cantos de jogos simbólicos (um de fantasias e outro de cozinha), um canto de leitura e outro de desenho. Depois dessa atividade, trabalhamos os focos de interesse, as crianças decidem quais temas querem trabalhar. Logo chega a hora da merenda, depois vão para o pátio. E, à tarde, trabalham com *tablets* para estimular suas competências digitais. Para aprenderem as vogais, usamos um aplicativo que lhes dá pontos quando acertam. Depois dançamos com música clássica. Somos admiradores das inteligências múltiplas, pois

é preciso cuidar de todos os aspectos, inclusive da cinestesia. Então, uma vez por semana, fazemos programação de computadores com eles.

– Xiih...!! – sussurra a vendedora com o dedo em riste.

Matias assente com a cabeça para demonstrar-lhe que compreendeu.

– E no final do dia – continua Ana – como estão muito cansados e agitados, colocamos um vídeo em inglês e trabalhamos a educação emocional. Há circuito de psicomotricidade três vezes por semana.

– O que são *bits* de inteligência?

– Mostramos a eles cartões com imagens. Às vezes com obras de arte conhecidas, outra com tipos de moluscos e outras com pontos com quantidades.

– Pontos com quantidades?

– Sim, a quantidade é de 68, por exemplo, pois é um cartão com 68 pontos de cor roxa.

– Mas eles contam?

– Não, não, dizemos "68". E eles veem que há 68 pontos, mas são dois segundos, não têm tempo de contá-los. Então mostramos outro cartão com 28 pontos e dizemos "28". Mais uma vez, outro. É para que as crianças tenham uma ideia do que quer dizer 68, 28 etc.

– Voltando aos trabalhos em grupo. Eles escolhem os grupos?

– Não, dividimos em quatro e cada subgrupo vai para um canto durante quinze minutos. Depois de quinze minutos, dizemos "trocar", e então se troca de canto por rotação. Vão para o outro canto na ordem preestabelecida. Isso é para que descubram livremente, em seu ritmo. Assim, as crianças se interessam mais pelas coisas, pois não é algo imposto.

— E o circuito de psicomotricidade?

— A criança passa por um circuito. Arrasta-se no solo em túneis, então rasteja, depois faz braquiação, em seguida corre.

— Qual é o objetivo disso? — questiona Matias.

— Ajuda na organização neurológica. Parece que não, mas passar por todas as etapas do circuito melhora a leitura e equilibra os hemisférios..., os padrões cruzados ajudam na lateralidade. Não sei explicar isso em detalhe, mas, veja, nesses livros há explicações.

Ana move o dedo pelas lombadas dispostas em ordem alfabética, procurando a letra "D".

— D... Doman... Aqui está! Este livro explica tudo. *Como multiplicar a inteligência de seu bebê*; *Sim, seu bebê é um gênio*, e há outros livros do mesmo autor. Tanto os *bits* como os circuitos de psicomotricidade fazem parte do que se conhece como estímulo precoce. Se você olha aquelas listas dos melhores colégios de nosso país, a maioria dos que estão nelas alguma vez usou ou usa esse método. Ele estimula ao máximo a inteligência da criança, sendo importante fazer isso nos três primeiros anos, que é quando o cérebro da criança é plástico, moldável.

— Moldável... A criança é moldável? — pergunta Matias recordando Herbart.

– Sim, isso diz a neurociência. Tudo ocorre entre zero e três anos, sabia? Os neurônios se multiplicam e conectam no cérebro, de modo que se deve aproveitar essa oportunidade que não se repete e estimular a criança ao máximo. Para isso, existe o estímulo precoce. É um método que relaciona a neurociência com a educação. É super inovador. É usado em muitos colégios que estão nos *rankings* dos melhores colégios.

– Por que é inovador?

– É algo que vem dos Estados Unidos, é a última novidade.

Matias fica com vontade de saber mais a respeito e pensa que Ana lhe contou tudo que sabia sobre o tema. "Será que Cacilda sabe alguma coisa a respeito de um método tão novo? Perguntarei para ela no sábado que vem", pensa.

José se aproxima com um livro nas mãos.

– Veja o que vou levar para casa, o *Emílio*, de Rousseau.

– *Emílio*! Uau! – exclama Matias –. Nesse ritmo você poderá conversar com Cacilda.

– Xiih...! insiste a vendedora.

– Bem – responde José, que finge não ouvir a advertência –, você conversa com ela e nunca leu Rousseau.

– Quem é Cacilda? – pergunta Ana enquanto olha para ambos com um gesto rápido.

– Uma professora que está complicando enormemente o trabalho de ele entender a educação – sussurra José com ironia.

– Creio que estamos atrapalhando. Vamos pagar no caixa e vamos embora – repreende Matias.

8
Uma tarde perseguindo marmotas

O estímulo precoce de Doman
A educação sensorial de Montessori
A plasticidade cerebral e o mito dos três primeiros anos

Matias se pergunta como os gregos podiam filosofar enquanto caminhavam. Custa-lhe muito prestar atenção e se concentrar enquanto anda. Prevendo isso, para que a conversa às margens do Rio dos salgueiros fosse mais cômoda e proveitosa, havia trazido algumas cadeiras dobráveis. Uma vez sentados, enquanto Pávlov está entretido perseguindo marmotas, Matias começa a falar:

– Cacilda, ontem estive com uma amiga, Ana, que é namorada de José. Dizia-me que a aula dada pelo professor não tem sentido na etapa infantil.

– Ana tem razão, não tem sentido. Quando eu te falava da aula do professor, falava da etapa da educação abstrata, não da etapa infantil. Se você está lembrado, mencionamos que para as etapas de aprendizado mais avançadas deve haver uma combinação de métodos de instrução direta (além disso, não falamos necessariamente de aulas dadas pelo professor) com métodos de descoberta guiada. Mas, atenção – diz Cacilda levantando o indicador para cima em um gesto de advertência –, *um dos grandes erros que são cometidos na educação é transferir o que é próprio e adequado de uma etapa para outras.*

– Claro – Matias aponta a frase em seu caderno e recorda alguma noção parecida aprendida em suas aulas na universidade –, *os métodos devem se adequar às características da criança em cada etapa de seu desenvolvimento.*

– Exatamente. Na etapa da educação infantil, as crianças aprendem por meio das relações interpessoais e das experiências sensoriais – pontua Cacilda – Não pelas explicações abstratas!

– Isso – diz Matias enquanto visualiza em sua mente uma criança de três anos –. Ainda não têm capacidade de abstração. Por exemplo, não me imagino explicando a uma criança pequena o que é o conceito de liberdade, ou de esforço, ou a multiplicação.

– É assim. Portanto, se um professor faz um discurso abstrato a uma criança de dois, três ou cinco anos, ela não entenderá. E uma aula desse tipo é algo abstrato. Mas, atenção! – modera Cacilda – a instrução direta não tem razão de ser por meio de uma aula expositiva, não deve ser algo abstrato. Pode ser uma demonstração que se percebe pelos sentidos. Há outros métodos de instrução direta que podem ser aplicados na etapa infantil.

– Quais?

– Poderíamos perguntar isso a Maria Montessori, uma médica italiana que viveu de 1870 a 1952.

— Uma mulher médica nessa época? – pergunta Matias.

— Sim, e desenvolveu um método que tem seu nome. Como muitos de seus contemporâneos, Montessori era radicalmente contra a educação mecanicista de sua época. Mas se destacou entre todos defendendo a instrução direta, inclusive na etapa infantil. Ela foi muito cuidadosa em não associar aprendizado por instrução direta com educação mecanicista.

— E como o faz?

— Seu material é projetado com um propósito inteligente e controla o erro. Para ser mais específico, não é o material em si o que corrige, é a criança que é capaz de detectar o erro porque o material é projetado para que a criança possa reconhecê-lo por si mesma.

— E como ela reconhece o erro? – insiste Matias.

— Se a criança não realiza de forma correta a atividade que o material lhe propõe, as peças não encaixam, quando a criança junta mal as peças, não se vê harmonia entre elas. Ao se dar conta de que não encaixam ou de que não fica esteticamente bem – o que apela para sua sensibilidade e sua capacidade de perceber a beleza –, a criança se dá conta de que não fez o exercício bem. E o repete até alcançar a perfeição.

— A senhora pode me dar um exemplo? Não consigo visualizar – insiste Matias.

— Sim. Uma das atividades que as crianças mais novas fazem em uma aula Montessori consiste em tocar sinos que devem ser ordenados do grave ao agudo. Se não ordenam bem, as notas não irão do grave ao agudo quando a criança as tocar, dando-se, então, conta de seu erro. Isso é uma combinação entre aprendizado por instrução direta e por descoberta guiada.

— Por que a senhora diz que é por instrução direta, se não há aula expositiva?

— Matias, é importante desvincular as duas coisas. A instrução direta quer dizer que há uma direção dada pelo educador. Essa direção se transmite de muitas maneiras, não necessariamente com uma explicação abstrata.

— E como se faz não sendo por uma explicação? Como a criança sabe como usar o material?

— Nesse caso, isso é feito por uma demonstração. O professor Montessori mostra à criança como deve realizar o exercício antes de se iniciar em cada material, fazendo ele mesmo o exercício em silêncio diante da criança. Essas demonstrações são chamadas de "apresentações". A criança repete o que viu o professor fazer diante dela. Depois, quando está preparada para usar os materiais, é ela quem decide com qual material quer trabalhar e o usa segundo a demonstração. É aprendizado por descoberta guiada. O material é projetado pelo educador para realizar um propósito inteligente e não pode ser usado de outro modo. Por exemplo, não se pode usar os sinos para fazer barulho, ou usar as tabuinhas de contar para construir um castelo. No caso dos sinos, a finalidade é educar a sensibilidade auditiva, a capacidade de perceber os sons e organizá-los. De um lado, o material tem um propósito inteligente formulado pelo educador; de outro, há uma demonstração sobre como usá-lo para alcançar o objetivo.

— Mas a explicação é abstrata, não?

— Não é uma explicação, é uma apresentação na qual o professor realiza o exercício diante da criança e descreve, em ordem, os passos sequenciados. É instrução direta, mas não podemos chamá-la de aula expositiva. A criança escolhe a atividade que quer realizar a partir de todos os materiais que lhe são oferecidos. Nessa etapa, poderíamos falar de descoberta guiada, porque o faz por si mesma e em seu ritmo. É guiada porque o material é o que é, o modo de ser utilizado foi interiorizado e o material corrige o erro.

— Entendi – diz Matias satisfeito.

— Montessori não abria mão da importância da educação sensorial como preparação para a educação intelectual. Em seu método, as atividades realizadas antes dos sete anos apelam para os sentidos, enquanto a educação intelectual, mais abstrata, começa em torno dos seis ou sete anos.

— A educação sensorial de Montessori é o mesmo que o estímulo precoce? – Matias pergunta curioso.

— Não! Não se encontra a palavra "estímulo" nos escritos de Montessori. Ela fala da educação sensorial e o enfoque é completamente diverso. Para ela, *a educação sensorial não tem como objetivo proporcionar estímulos sensoriais às crianças, mas educar sua sensibilidade.* São duas coisas completamente diferentes. Estimular consiste em proporcionar uma grande quantidade de estímulos. Quanto mais, melhor. Educar a sensibilidade, ao contrário, é ajudar a criança a ordenar as sensações, a refinar sua capacidade de percepção sensorial.

Para isso, é preciso proporcionar uma quantidade mínima de estímulos para não embotar os sentidos.

Matias se lembra da conversa com Ana e aproveita para interrogar Cacilda sobre o estímulo precoce.

— O que é estímulo precoce? A senhora conhece esse método inovador?

— Inovador? Quem te disse que é inovador? É quase tão antigo quanto o filme *Bem-vindo, Sr. Marshall.* Você conhece?

— Sim, meus pais são amantes de cinema em preto e branco, vi faz tempo. É dos anos cinquenta, creio. Um pequeno povoado se deixa impressionar pela chegada do comitê que estava elaborando o Plano Marshall. O prefeito decide educar o povo até limites inimagináveis para preparar uma recepção que impressione os norte-americanos, com a esperança de receber grandes benefícios em troca.

— No final — explica Cacilda sorrindo —, o comboio passa ao largo, apressado. Ninguém para e não há festa. Os habitantes voltam para suas casas desiludidos e devem pagar os gastos da festa que nunca aconteceu. Todo o esforço e o gasto de todo o povoado foi para nada, pois as promessas do bom prefeito ao povo eram imaginárias. O estímulo precoce tem algo parecido com isso.

— Por quê?

— Vejamos como posso te explicar sobre o estímulo precoce. Bem, começarei pelo início. Conheces a teoria da recapitulação? — pergunta Cacilda.

— Não — responde Matias com um monossílabo.

— É a ideia de que o cérebro das crianças se desenvolve segundo o padrão da teoria da evolução. O cérebro humano passaria, desde o ventre materno, por certas etapas sequenciais de peixe, réptil, mamífero e, finalmente, humano.

— As etapas descritas pela teoria da evolução de Darwin.

— Sim. Mas são duas teorias distintas. Não as confundamos. A teoria da evolução concebe que as espécies têm um certo parentesco. Não falo dessa teoria, falo da ideia de que um ser humano passaria por etapas da evolução desde o momento da fecundação até chegar à idade adulta. Não falamos aqui de história da evolução das espécies, mas de que cada ser humano passaria por cada uma dessas espécies de forma individual em seu próprio desenvolvimento.

— O que isso quer dizer em concreto, qual é a relação entre essa ideia e o estímulo precoce?

— Segundo essa teoria, o cérebro passaria, desde a fecundação até a idade adulta, por uma organização cerebral concreta. Primeiramente teríamos um cérebro de peixe, depois passaríamos a um de réptil, depois a um de mamífero e terminaríamos com o de um ser humano. Essa organização surgiria, mas por meio de movimentos repetidos: arrastar-se (para passar de peixe a réptil), engatinhar (para passar de réptil a mamífero) e a braquiação (para passar de mamífero a humano).

— Mas como se dá o passo de uma fase a outra?

— Por meio de exercícios de padrão cruzado, que permitem, segundo essa teoria, um equilíbrio completo. Dizem que esses exercícios possibilitam equilibrar os hemisférios do cérebro da criança.

Matias lembra-se da explicação de Ana e pergunta:

— O que se diz dessa teoria?

— Atualmente, a biologia considera essas ideias completamente obsoletas. A teoria é considerada como falsa. O estímulo precoce é a aplicação educativa dessa teoria.

— Não compreendo. Como essas ideias antigas e obsoletas chegam à educação? — pergunta Matias impressionado.

— Você conhece Glenn Doman? Já ouviu falar de Carl Delacato?

— Ana me falou de Doman — responde Matias.

— Não são médicos, mas decidiram que essa teoria era a solução para cuidar de crianças com danos cerebrais ou com outras deficiências, como, por exemplo, dificuldades no aprendizado, síndrome de Down, paralisia cerebral ou autismo.

— Decidiram? Com que autoridade? — insiste Matias.

— Com nenhuma autoridade. Bem, nenhuma que fosse científica. O fizeram com um bom marketing. Na década de cinquenta, Doman e Delacato fundaram uma empresa: o Instituto de Desenvolvimento do Potencial Humano, nos Estados Unidos. Começaram a vender seu método com a promessa de cura ou melhora dos danos cerebrais a milhares de pais desesperados com crianças que padeciam dessa condição. Inspirados pela teoria da organização cerebral, Doman chega à conclusão de que a melhor forma de tratar uma lesão cerebral é retroceder a funções mais primárias e praticá-las.

— Retroceder à fase cerebral de peixe? — Matias se surpreende.

— Sim, ou à fase cerebral de réptil. Defendem que as células danificadas implicadas nas lesões cerebrais podem ser reparadas por meio de movimentos musculares repetidos de forma sistemática ao longo do tempo. Em outras palavras, se a criança tem um dano cerebral, é porque, segundo eles, teria ficado detida em uma determinada fase, sem poder se organizar neurologicamente bem para a próxima. A repetição de movimentos musculares no estímulo precoce tem como objetivo forçar a passagem de uma fase a outra. Por exemplo, fazer movimentos como peixes a fim de se arrastar como os repteis para depois engatinhar e se mover balançando como alguns mamíferos para, enfim, andar como um ser humano. O que acha, Matias?

— Soa a efeito placebo ou a pensamento mágico.

— Sim, como as promessas imaginárias que o prefeito do povoado em *Bem-vindo, Sr. Marshall* — relaciona Cacilda com um sorriso.

— Além disso, não sei por qual razão, tudo isso me soa como behaviorismo.

— Certo. Quando Doman fala de movimentos musculares repetidos, inclui os movimentos involuntários. Ou seja, se uma pessoa pega as pernas da criança e a move de modo forçado em uma forma concreta, considera-se que esses movimentos reorganizam seu cérebro para facilitar sua passagem para a fase seguinte.

— Que incrível! – diz Matias enquanto balança a cabeça.

— Então se considera que a criança que não passa por uma fase não se desenvolverá bem, pois se detém, por assim dizer, nessa fase. Eles sustentam que uma criança que não engatinha, por exemplo, será mal organizada neurologicamente e, portanto, poderá ter problemas no aprendizado. Desse modo, aconselham a se retroceder para a fase em que engatinhava, inclusive com doze ou quinze anos, para poder "reorganizar seu sistema neurológico". No fundo, tudo isso está repleto de behaviorismo porque *o estímulo precoce pressupõe que o movimento não se desenvolve naturalmente, mas que deve ser estimulado* e o behaviorismo também emprega esses termos. O aprendizado e o desenvolvimento só ocorreriam por meio de estímulos...

— ... porque o ser humano seria completamente moldável – destaca Matias ao recordar a conversa com Ana –. Ana comentou outro dia que o cérebro da criança é plástico. Isso é correto? É behaviorismo?

— Não é behaviorismo. A plasticidade cerebral é um fato conhecido e reconhecido em neurociência. Ana tem razão. Podemos aprender graças à plasticidade do cérebro. Se você não tivesse plasticidade cerebral, agora não estaria me ouvindo, não poderia aprender nada.

— Mas é correto dizer que tudo ocorre do zero aos três anos e que temos que estimular muito as crianças durante essa etapa porque seu cérebro é plástico?

— Não, isso é um neuromito – responde Cacilda –. É o mito dos três primeiros anos. Afirmar que o cérebro é plástico não é o mesmo que dizer que tudo ocorre de zero a três anos. O cérebro é plástico durante toda a vida, não somente na infância.

— O que é um neuromito?

— *Um neuromito é uma má interpretação da neurociência aplicada à educação*. A ideia de que tudo ocorre antes dos três anos não tem base científica e está atualmente desacreditada nas neurociências. Há uma boa razão pela qual esse mito se consolidou na educação infantil. De fato, é um mito muito popular nos adeptos do estímulo precoce.

— Por quê?

— Nos primeiros três anos multiplicam-se os neurônios e as conexões sinápticas. As conexões sinápticas são as conexões entre os neurônios.

— Então? Se os neurônios e as conexões sinápticas se multiplicam do zero aos três anos, isso não quer dizer que as crianças aprendem melhor durante esse período?

— De modo intuitivo podemos pensar que uma coisa leva a outra. Mas não é assim. Essa multiplicação ocorre de forma natural, há uma parte inata, genética. É necessário o ambiente para que ocorra, mas não um ambiente que superestimule. Com um ambiente normal e uma quantidade mínima de estímulos esse desenvolvimento ocorre de forma natural.

— Por que a crença de que superestimular é a chave para o desenvolvimento sadio é tão difundida? — insiste Matias.

— Provém de experimentos que foram feitos com ratos. Os que estavam em uma caixa com túneis e rodas tinham melhor desempenho do que os que careciam drasticamente de estímulos em uma caixa escura.

— Daí se conclui que o estímulo é bom e desejável.
— Você vê a falácia dessa lógica? — pergunta Cacilda.
Matias detém-se pensativo.
— Bem, as crianças não são ratos.
— Certo, Matias, mas pense que quase toda a psicologia humana foi investigada a partir de experiências com ratos. Que outra falácia você vê nessa conclusão?
— Que crianças não são educadas em caixas escuras. E os ratos não vivem em caixas com túneis e rodas. Vivem na rua ou na natureza, onde há naturalmente mais estímulos do que em um circuito fechado na caixa de um laboratório.
— Exato. Comparemos um ambiente de estímulos com uma situação de carência drástica de estímulos. Isso não nos pode levar à conclusão de que "quanto mais estímulos, melhor" para as crianças. É um salto que não é lógico. As crianças têm o suficiente para desenvolver-se bem em um ambiente normal, com uma quantidade mínima de estímulos. O excesso de estímulos pode ser tão prejudicial quanto a carência drástica de estímulos. Foram feitos outros estudos superestimulando ratinhos com luzes e sons. Chegou-se à conclusão de que a superestimulação os levava a um déficit cognitivo, a uma redução da memória de curto prazo e que os ratos se comportavam de forma impulsiva. Tinham menos medo do risco.
— Vejamos se compreendo bem — argumenta Matias —. Quando uma criança é superestimulada, fica sobrecarregada,

embotada, e deixa de sentir. Estímulos em demasia reduzem a sensibilidade e dificultam a reflexão. Em contrapartida, a educação sensorial proposta por Montessori leva a uma melhor sensibilidade para apreciar as nuanças da realidade.

— É um bom resumo.

De repente, ouve-se um barulho e aparecem duas famílias. Cinco crianças pequenas correm para a água, mas nenhuma se atreve a se molhar. Uma delas pega um galho do chão e começa a despedaçar os nenúfares a golpes diante do olhar indignado de Matias. Pávlov deixa de perseguir as marmotas e se dirige para as crianças, mas Matias o chama com energia e autoridade para evitar um susto nos pequenos. Os pais tiram um *tablet* e um celular de sua mochila e as crianças se aglutinam em volta do aparelho.

Vamos andar um pouco pelo rio – propõe Cacilda.

9
Com um troféu entre os dentes

Períodos críticos vs. períodos sensíveis
das crianças de Aveyron
O mito do enriquecimento
A mentalidade científica aplicada à educação

Matias e Cacilda andam por uma zona plana próxima ao rio. Olham a cascata que cai em paralelo a eles e que se quebra ruidosamente sobre as pedras erodidas pelo tempo. Contemplam a paisagem, simples, mas majestosa. Pávlov alterna-se entre a terra e a água para se refrescar. Sacode-se com energia a alguns metros de Cacilda, como se tivesse cuidado para não a molhar.

– Você sabe o que é um período crítico, Matias?

– Creio que é uma janela de oportunidades que não se repete.

– É isso, uma janela de oportunidades que se abre, mas logo se fecha para sempre. Por exemplo, se você cobre os olhos de um gato durante seus primeiros meses, ele não poderá desenvolver bem sua visão. Isso indica que há um período crítico nos gatos para o desenvolvimento dos órgãos da visão. Pois bem, a neurociência confirma que *os períodos críticos só existem no âmbito do desenvolvimento. Não existem em relação ao aprendizado.*

– E o exemplo dos idiomas? Não é mais fácil aprender um idioma quando pequeno? – pergunta Matías interessado.

– Isso é uma questão de aprendizado, não de desenvolvimento. Portanto, não se trata de período crítico. Se você não aprendeu inglês quando criança, pode ser mais difícil falar com uma boa pronúncia, mas você sempre pode aprender esse idioma mais tarde. *Os períodos mais favoráveis para determinado aprendizado são chamados de períodos sensíveis, não críticos.* Repito, não existem períodos críticos de aprendizagem. O mito dos primeiros três anos baseia-se na falsa crença de que existem períodos críticos para o aprendizado. Você sabia que Montessori foi um dos primeiros pedagogos a cair na armadilha do mito dos períodos críticos? Bem, não caiu completamente e, em seguida, corrigiu. Mas essa história é fascinante, porque nos ajuda a entender as nuances de todas essas questões. E ajuda a entender a diferença entre períodos críticos e sensíveis.

– Ah sim? pergunta Matías, surpreso.

– É uma história que marca sua passagem da medicina à educação. Em 1897, ela foi voluntária na clínica psiquiátrica da Universidade de Roma. Um dia, visitando crianças com deficiência mental, acontece algo que a marcará para sempre.

– O que aconteceu?

– Uma enfermeira reclamou com indignação que as crianças se jogavam ao chão depois de comer para tocar nas migalhas no chão. Montessori vê que o quarto tem apenas camas e quatro paredes, e nada mais que as crianças possam tocar, cheirar ou olhar. Então percebe que a mente dessas crianças estava ociosa e o que elas buscavam não era comida, mas experiências sensoriais.

— Porque não eram estimulados, responde Matías.

Ou melhor, porque estavam numa drástica situação de privacidade. Se você se recorda, uma situação mínima de estímulos em um ambiente normal, não o mesmo que uma falta drástica de experiências sensoriais.

— Certo.

— Assim, começa a procurar literatura sobre as causas das doenças mentais que pudessem explicar sua intuição." É então que encontra os escritos de dois autores que marcam profundamente o seu pensamento e o que foi depois o seu método: Jean-Marc Itard e seu discípulo, Édouard Séguin, dois educadores franceses de surdos-mudos nascidos respectivamente em 1774 e em 1812. Esses autores sugerem que a deficiência mental tem sua origem na educação inadequada dos sentidos, em particular, na falta de experiências sensoriais. Com o que se sabe hoje, essa conclusão é muito radical e simplista. Mas você sabe por que eles chegaram a ela?

— Não, responde Matías.

— Você conhece o menino de Aveyron?

— Parece-me familiar, não é uma criança abandonada, descoberta na

floresta e vivendo com os lobos?

— Sim, eles o chamavam de Victor. Foi descoberto perto de uma floresta na França, por volta de 1800. Como ele não falava, o governo francês confiou sua educação a Itard, um renomado educador de surdos-mudos.

— E o que aconteceu com Victor? —Matias está curioso.

— Itard observa e documenta em seu caderno todo o progresso de Victor ao longo de cinco anos. Ele explica que Victor caminha na neve sem sentir dor; ele está tão acostumado com as condições extremas da floresta que mal sente o frio. Itard tenta ensinar Victor a falar, mas em geral os resultados não são bons.

— E quanto a Victor? Aprende a falar no final? Matias pergunta com insistência.

— Não. Itard não alcança resultados significativos e Victor nunca aprende a falar. Em suas notas, Itard conclui que a aquisição da linguagem é impossível para Victor, devido à falta de oportunidades de desenvolvimento sensorial para o aprendizado da linguagem durante sua infância. Como Victor viveu rodeado de animais durante seus primeiros anos, ele nunca tinha ouvido outros seres humanos falarem...

— ... então Itard conclui que o período crítico de aquisição da linguagem passou, interrompe Matias.

— Correto. E esse evento leva Montessori a concluir que muitos dos problemas de desenvolvimento ou aprendizagem surgem porque a criança não recebe o que precisa durante seus períodos críticos. Ela diz explicitamente, em um de seus primeiros trabalhos, que as funções principais são fixadas dos três aos seis anos. Tomemos o exemplo da linguagem. Montessori confunde desenvolvimento com aprendizagem.

– Mas não entendo. Não foi isso que aconteceu com Victor? Nunca falou porque não recebeu estímulo adequado durante o período crítico de aprendizagem de uma língua?

– Foi o que pensaram Itard, Séguin e Montessori. Mas hoje sabemos mais. Alguns neurologistas têm sérias razões para pensar que Victor era autista e que essa condição foi a razão pela qual seus pais o abandonaram.

– É por isso que ele não melhorou com os cuidados de Itard, diz Matias.

– Sim. Além disso, agora sabemos que não existem períodos críticos para a aprendizagem. Bem, pelo menos não conhecemos nenhum deles ainda. Você pode imaginar fazer experiências para isso? Teríamos que provocar situações de deficiências extremas nas crianças: colocar uma criança em uma caixa escura ou vendá-la desde a infância.

— Seria imoral fazer isso, esclarece Matias.

– Sim. Em qualquer caso, a história de Victor deixou uma marca na mente de Montessori e deu origem à teoria montessoriana dos períodos sensíveis.

– Mas Montessori diz "sensível", ela não diz "crítico", explica Matias.

– Chama de sensível porque é inspirado em Hugo de Vries, o botânico que descobriu as leis fundamentais da genética. Assim como de Vries, Montessori define o sensível como crítico, pois afirma que depois desse período o aprendizado é impossível.

– Claro, de Vries estava se referindo ao desenvolvimento das plantas, não ao aprendizado, diz Matias.

– Exatamente! Cacilda exclama. No final da vida, Montessori suavizou sua postura e afirmou que uma segunda língua pode ser aprendida ao longo da vida, mas que é mais fácil aprendê-la bem e com bom sotaque desde a infância. Ela abandona a definição de um período crítico e se inclina para a definição de um período sensível. Em qualquer caso, Montessori foi uma pioneira. Ela foi a primeira a falar de períodos delicados no campo educacional. E isso é uma grande conquista. Confundir desenvolvimento com aprendizagem não é um erro perdoável e menos ainda em uma pessoa com formação médica, pois, afinal, ambos estão relacionados. Para aprender a ler é necessário ter o órgão da visão bem desenvolvido. Para poder tocar música, você deve ter afinado seus ouvidos. Entre o desenvolvimento e o aprendizado, às vezes a linha é confusa.

– – Que interessante. Existem outros neuromitos como este na educação? Interroga Matias.

– Sim. Existem muitos. O mito dos primeiros três anos está relacionado a outro mito muito difundido, o do enriquecimento. Se acreditarmos que tudo se desenvolve de zero a três anos, então é natural concluir que o ambiente da criança deve ser enriquecido ao máximo nesse período, e que "quanto mais, melhor". Mas o cérebro não tem capacidade infinita de aprender, é preciso dosar o que é ensinado.

— E se for estimulado ao máximo, o que acontece?

— Bem, isso tem seu preço. É simples. Desatenção, mais erros, tédio, distrações, impulsividade... Quando a criança se acostuma com ritmos acelerados que vão além do que consegue assimilar, torna-se dependente de estímulos externos. Acostuma-se com uma velocidade que não existe no mundo real, no cotidiano. É incapaz de prestar atenção à lentidão, porque ela a aborrece.

De repente, ouve-se uma briga entre as crianças, duas delas arrancam o *tablet* das mãos da outra. Pávlov deixa de se interessar por marmotas e ergue os olhos para as crianças. Os pais intervêm e decidem dar-lhes outro dispositivo eletrônico para resolver a disputa.

Cacilda tenta retomar o assunto e continua:

— Em relação ao estímulo precoce, Doman e Delacato afirmaram que as crianças com lesões cerebrais melhoraram.

— Então, interpreta Matias, eles estavam certos?

— Não. Eles disseram isso com base em seus próprios estudos, que não tinham um grupo de controle.

— O que é um grupo de controle? Desculpe-me por fazer tantas perguntas, desculpa-se Matias.

— Faça todas as perguntas quiser, isso não me incomoda em nada. Mas diga-me, Matias, há quantos anos você estuda?

— Estou no meu segundo ano.

— O que me intriga é que ninguém jamais lhe explicou o que é um grupo de controle. Para interpretar os estudos, deve-se saber o que é um grupo de controle, uma amostra representativa etc. Vou te explicar agora. Como você mede a eficácia de uma vacina, por exemplo?

– Um grupo de pessoas é inoculado e observa-se se estão infectados.

– Correto. Mas é importante ter dois grupos para poder comparar a eficácia da vacina: um grupo para o qual a vacina é administrada e outro com as mesmas características que não é. O grupo que não é vacinado é o grupo de controle. Então a eficácia de ambos os grupos é comparada. Caso contrário, a eficácia pode ser atribuída a outros fatores, como o desaparecimento do vírus ou a existência de uma nova variante.

– Mas duas pessoas não podem ser comparadas e se chegar a conclusões válidas?

– É mais rigoroso comparar grupos de pessoas com características semelhantes e com o maior número possível. Quando o número é suficiente do ponto de vista estatístico, dizemos que a amostra é representativa. Quanto maior o grupo, mais consistentes são as conclusões do estudo. No caso de Doman, ele estava convencido de que seu método funcionava e então o vendeu aos pais. Devido à popularidade do método, vários estudos com grupos de controle foram realizados para testar sua eficácia. Nenhum desses estudos corroborou a Doman.

– E por que as pessoas continuavam lhe dando atenção?

– Porque Doman fez estudos sem um grupo de controle. Como as crianças com lesões cerebrais tendem a melhorar por conta própria, ele atribuiu isso ao seu método e continuou a afirmar que ele funcionava. Mas isso é trapaça, porque os estudos do grupo de controle não atribuíram a melhoria ao método.

— Que estudos?

— Aqueles feitos por pesquisadores independentes, com grupo de controle. Entendeu? Cacilda reforça a pergunta para ver se Matias a está acompanhando.

— Sim, perfeitamente. E como os pais viram que seus filhos melhoraram um pouco, atribuíram essas melhorias ao método e ficaram maravilhados.

— Isso, eles achavam que a melhora se devia aos exercícios e não queriam parar de fazê-los, dispostos a pagar grandes quantias por isso.

— Mas isso é uma fraude, certo? Matias pergunta indignado.

— A mentalidade científica distingue a intenção do povo da questão que é objeto da investigação. A intenção segue uma direção, a evidência segue outra. Portanto, quando falo sobre estímulo precoce, não me refiro a Doman. É possível que Doman e Delacato estivessem convencidos do bem que estavam fazendo. Não consigo imaginar duas pessoas lidando com crianças e pais desesperados com uma mentalidade de golpista. O que faltou foi a mentalidade científica. *Os métodos educacionais ou terapêuticos devem ser baseados em evidências, não em ocorrências ou boas intenções.*

— Mas ninguém relatou isso?

— Desde 1967, várias associações médicas ao redor do mundo denunciaram esse método, algumas até falavam em fraude, considerando que a empresa de Doman estava cobrando dos pais desesperados em troca de um método não endossado pelas evidências e baseado em uma teoria óbvia. Entre eles, a *American Academy of Neurology* e a *American Academy of Pediatrics* emitiram várias advertências oficiais muito severas contra o método. Esses avisos permanecem em vigor.

— É incrível —, suspira Matias.

— É verdade que em alguns casos existem exercícios que podem ajudar crianças com dificuldades de aprendizagem ou que, por exemplo, apresentam baixo tônus muscular, mas isso faz parte do que se chama de estímulo precoce. É outra coisa, e certamente não se baseia em uma teoria desatualizada como a teoria da recapitulação. Em qualquer caso, o estímulo precoce ajuda quando há um problema de desenvolvimento, não se destina a ser uma técnica de aprendizagem acelerada em crianças saudáveis.

— Quanto às crianças saudáveis... Como esse método chegou às salas de aula? — pergunta Matias.

— Bem, Doman e sua irmã aplicaram o mesmo método a crianças saudáveis e publicaram uma série de livros sobre isso, que você pode encontrar nas livrarias. Segundo eles, se a organização neurológica for feita de maneira correta em crianças saudáveis, potencializa-se sua inteligência.

— Sim, conheço esses livros, mas não os li.

— Se o que Doman e Delacato venderam aos pais de crianças com lesão cerebral foi uma melhoria do seu estado, o que esses livros estão vendendo a pais de crianças saudáveis é uma espécie de procura da criança inteligente ou da "criança genial". Eles propõem exercícios que devem ser feitos todos os dias em casa. Há toda uma geração de crianças que passou os primeiros anos de suas vidas procurando por fragmentos de inteligência.

— Ana me falou sobre fragmentos de inteligência, lembra Matias.

— Imagine passar, com certo ritmo, cartões com imagens diante do olhar da criança e nomear cada imagem.

— E o que se consegue com isso?

— Na melhor das hipóteses, nada e, na pior das hipóteses, entediar as crianças e prejudicar sua memória de trabalho.

— Memória de trabalho?, pergunta Matias.

— Sim, é a capacidade de reter informações ou tarefas pendentes para serem realizadas ou resolvidas. Quando fazemos várias coisas ao mesmo tempo, na verdade só realizamos uma tarefa de cada vez, as outras estão na memória de trabalho. Quando temos uma memória de trabalho colapsada, não temos a mente livre para nos interessar por experiências sensoriais menos rápidas ou ruidosas, ou para refletir e alcançar pensamentos criativos ou mais complexos. Na década de 1990, muitos pais colocaram seus filhos na escola desde muito pequenos porque os pais dos alunos do jardim de infância que usavam esse método lhes diziam: "É um investimento melhor do que um mestrado". Pais que, à força de confiar mais em um especialista que não conhece seus filhos do que em sua própria intuição de pai ou mãe, se desconectaram do essencial de que uma criança precisa: amor, afeto e segurança.

— Claro, porque esse método está focado no estímulo..., diz Matias.

— ... E isso faz com que a dimensão cognitiva ocupe, durante a primeira infância, uma importância exagerada na cabeça de muitos educadores, deixando a dimensão afetiva em segundo plano, diz Cacilda. E hoje vemos os resultados dessa confusão de prioridades. A criança pequena precisa de amor, segurança, atenção dos pais, e ela a pede de todas as formas possíveis, e, às vezes, se não sabemos reconhecer aquele grito da natureza, dizemos que a criança se comporta mal.

— Em troca da atenção dos pais, ela recebe um *tablet* para se comportar melhor, diz Matias, e os filhos ficam olhando em silêncio para o *tablet*.

— Ou então recebem para não se comportarem mal. É o comprimido ou o carvão. Às vezes um pouco de falta de noção.

— Enfim, professora, de forma alguma me agradam as expressões "se comportar bem" ou "se comportar mal", são expressões gerais e vazias que não significam nada.

— São formas de falar que denotam uma atitude comportamental, concordo com você. Eles se referem a manifestações externas, ao que sai da caixa preta. Como Montessori mencionou, *o bem não pode ser confundido com imobilidade e a atividade com o mal*. A criança precisa se mover, tocar nas coisas, investigar. Molhar-se no rio, sujar-se, aterrorizar as marmotas jogando água em suas tocas... Olhe para Pávlov, ele está ocupado cavando a terra atrás de uma marmota imprudente. Parece que seu cachorro é o único que está se divertindo, sugere Cacilda enquanto olha rio acima, onde as cinco crianças estão fascinadas com suas telas.

Pávlov ergue o focinho, como se sentisse que estão falando sobre ele. O sol está forte, o calor está forte, Cacilda e Matias se viram para voltar à sombra da árvore onde as cadeiras foram deixadas. As cigarras cantam em coro.

– Voltando a Montessori, insiste Matias. Ela não estava defendendo o mito do enriquecimento?

– Bem, não. Montessori reagiu muito mal quando conheceu pais que usaram seu método para obter um aprendizado acelerado. Também garante que o ambiente não é determinante, apenas um meio para o desenvolvimento, e que o interesse e o desejo interno da criança são o verdadeiro motor do aprendizado. É uma posição diferente da de Skinner, que defende um ambiente de controle. Ela fala de um ambiente preparado e sem controle. Seu ambiente influencia no respeito à liberdade, enquanto o behaviorismo controla e treina sem respeitá-la.

Matias reflete. Cada método educacional é imaginado como um *iceberg*, com uma pequena ponta visível, abaixo da qual está uma parte submersa, um bloco rígido, dez vezes maior que a ponta. "A parte submersa é a explicação da origem do método, da corrente que o sustenta. O que você encontra ao mergulhar em águas frias", pensa.

Matias revê o caminho percorrido até agora. Quando começou a falar com Cacilda, estava inquieto e aberto, mas admite que vinha com preconceitos e ideias. Pergunta-se por que nunca teve a chance de refletir sobre essas ideias e de ouvir alguém questioná-las com razão. Ele se sente com sorte, mas também um pouco solitário. "Com quem mais eu poderia falar sobre tudo isso de agora em diante?", diz para si mesmo.

De repente, Pávlov se aproxima dos dois, como se portasse um troféu, com uma marmota entre os dentes.

— Pávlov, o que você fez! Pobre marmota, por favor, deixe-a, manda Matias.

— Caçar marmotas é tão natural para Pávlov quanto brincar e fazer experiências em contato com a realidade é para uma criança — Cacilda esclarece enquanto observa as crianças que ainda estão absortas com seus *tablets*.

10
Recuperando o tablet com água na altura dos joelhos

O efeito homogeneizador das classificações (*rankings*).
Os gurus da educação ou a importância
da divulgação científica.
Pesa mais a vivência ou a teoria?

— Voltemos ao estímulo precoce. Por que um método desacreditado por toda a comunidade científica é considerado uma inovação pedagógica há mais de cinquenta anos? — pergunta Matias.
— É uma mescla de muitos fatores. Os pais buscam o melhor para seus filhos e poucos conhecem toda a história e as complexidades desse método. E se uma escola vende para eles como o melhor, eles se inscrevem para o bem de seus filhos.
— E as escolas? — pergunta Matias.
— Muitas escolas têm boa fé e realmente acreditam que é um método inovador, porque algum consultor educacional vendeu para elas, e porque é dos Estados Unidos ...
— ... como o comboio de boas-vindas do senhor Marshall, interrompe Matias.

— Sim, e talvez também porque é a forma de atrair os pais para conseguir mais mensalidades para sobreviver do ponto de vista econômico.

— Ana, namorada do José, garante que muitas das escolas que aparecem nos *rankings* das melhores escolas usam esse método. Por que estão no *ranking*, então?

— Quem elabora os critérios dessas classificações, Matias? Quem decide os critérios que eles pontuam para poder subir na classificação?

— Não sei, respondeu Matias, intrigado.

— São *rankings* jornalísticos. Pelo que sei, eles não usam critérios educacionais científicos baseados em evidências.

— Que critérios usam, então?

— Equipamento tecnológico, preço, serviço médico, transporte, refeitório próprio, instalações esportivas, metodologias e planos de inovação educacional etc. E como o estímulo precoce é considerado um método inovador, a escola que usa esse método e o vende como inovação sobe no *ranking*. E para não ficar para trás, as outras escolas que não usam querem usar também. Simples.

— Os *rankings* — Matias aponta — são um importante ponto de referência para muitos pais na escolha da escola de seus filhos.

— Sim. Mas eles podem ter um efeito perverso, independentemente das boas intenções de quem os faz. Não posso julgar as intenções. Os *rankings* de universidades, das escolas, das mulheres famosas, dos homens mais elegantes, dos melhores sorvetes ou restaurantes...

— O que todas essas diferentes classificações têm em comum? — pergunta Matias.

— Que os critérios dessas classificações tornam a oferta homogênea.

— Por quê? — Matias mostra seu interesse.

— Aqueles que aspiram a subir nessas classificações se esforçam para obedecer aos mesmos critérios para marcar pontos. Por exemplo, se um dos critérios para estar na lista dos melhores restaurantes do mundo é oferecer carne sintética, então será mais difícil encontrar a diferença entre um restaurante vegetariano, um que oferece filé argentino e um de sushi. E, no final, os restaurantes do *ranking* vão acabar perdendo suas características distintivas, vão se tornando cada vez mais parecidos entre si. Qual é o objetivo de um restaurante de sushi que aspira a oferecer carne sintética para aparecer no *ranking*?

— Mas as escolas que participam do *ranking* das melhores escolas são justamente aquelas que alegam a importância da pluralidade na oferta educacional, certo? Matias insiste.

— É verdade que a pluralidade é a bandeira e a razão de ser de muitas dessas escolas: "Sou diferente das outras, ofereço algo que os outros não oferecem, tenho um caráter próprio". Porém, ao participarem de um *ranking*, essas escolas procuram obedecer a critérios que lhes permitem pontuar e acabam se parecendo, pois, no final, seguem os mesmos critérios.

— E os professores universitários não divulgam essa informação? Não explicam que o método de estímulo precoce é obsoleto, não denunciam a existência de neuromitos na educação, por exemplo? — pergunta Matias.

– Sim, alguns deles destacam essas contradições. Mas é sempre mais fácil divulgar, ou falar na mídia, sobre assuntos interessantes. Por exemplo, se você defender que a *master class* está ultrapassada, será aplaudido de pé. Por outro lado, se disser que o estímulo precoce é uma fraude, ficará desapontado.

– Então, o que pode ser feito para divulgar as questões mais polêmicas?

– Primeiro, é preciso espaço e tempo para poder explicá-lo com rigor. Em segundo lugar, deve-se saber como convencer quem não sabe o que são um grupo de controle e uma amostra representativa. Não é fácil, nem confortável, nem popular, divulgar contra a corrente. E para professores que falam nas escolas, trata-se de desmontar um método que a própria escola usa. Se o fizessem, as escolas deixariam de pedir palestras, seria uma espécie de suicídio profissional, argumenta Cacilda rindo. Quando falta essa mentalidade científica, tendemos a atacar o mensageiro porque não gostamos da mensagem; dizer a verdade sem evasivas está se tornando um ato revolucionário. Portanto, apenas aquelas pessoas que não têm nada a perder podem se engajar na divulgação.

– Mas é para isso que servem os professores universitários, certo? Matias expressa. Eles não têm um lugar que lhes dá liberdade intelectual para poderem falar livremente?

– Sim, mas há muito mais precariedade do que você imagina na universidade. Quem é colaborador externo não tem essa mesma liberdade. Para se conseguir um lugar, é preciso publicar e isso leva muito tempo. Por outro lado, existem alguns professores que veem a pesquisa como uma carreira e estão tão ocupados publicando em revistas indexadas para avançar na carreira e galgar degraus de credenciamento, que não têm tempo para divulgação. No campo acadêmico, Matias, somos avaliados sobretudo pelas publicações científicas que acumulamos. Sem essas publicações, os professores não podem ser credenciados em vários programas e as condições de trabalho são adversas. Portanto, muitos professores passam quase todo o tempo conversando com outros acadêmicos sobre temas acadêmicos. Se sua pesquisa for bem-feita, isso é bom para o avanço da ciência, mas se o mundo acadêmico renunciar ao diálogo com outras áreas da sociedade, corremos o risco de que os professores se tornem só pesquisadores e que a ciência deixe de fazer parte da cultura.

— E o que pode ser feito para tornar a ciência parte da cultura? — pergunta Matias.

— Precisamos de bons divulgadores, diz Cacilda com um olhar esperançoso, cientistas capazes de aplicar os resultados da pesquisa em todas as áreas. Nesse sentido, existe um vazio no mundo educacional. A consequência disso é que outros usurparam esse papel de vários setores que muitas vezes são movidos por interesses econômicos. Esse fenômeno pode ser observado tanto no campo da medicina (com a homeopatia), da neurociência (com neuromitos) ou da educação (com inovações pedagógicas não comprovadas). Lembre-se,

Matias, que onde há abdicação de responsabilidades se abrem oportunidades. Sempre haverá pessoas dispostas a usurpar o papel de divulgador, se quem a deve fazer não o fizer.

– Mas de quem a senhora está falando, quem está usurpando esse papel? Matias continua com interesse.

– Há muitos gurus que caíram diante da tentação antiga e insuperável de buscar a pedra filosofal pelo caminho mais curto, escapando ao escrutínio da ciência. Como disse Huxley, "uma falsidade excitante é mais atraente do que uma verdade desinteressante". Às vezes, penso que se todas as faculdades de Educação formassem mais seus professores com a mentalidade científica e cumprissem seu papel informativo, não haveria tantos gurus por aí. Mas isso é algo que não pode ser dito em voz alta. Iria atrapalhar! Bem, você sabe quem foi muito corajoso em denunciar a teoria do estímulo precoce em sala de aula?

Matias levanta os ombros para indicar que não sabe.

– Ofsted.

– Ofsted?

– Sim. É o escritório que garante o cumprimento das normas e recursos educacionais em escolas de inglês. Alertou as escolas contra a tentação de usar métodos pseudocientíficos, nomeando especificamente aqueles que se baseiam na teoria da recapitulação discutida anteriormente. Nos países anglo-saxões, essa teoria é comercializada nas escolas com o nome de Brain Gym.

Matias fica pensativo ao relembrar a conversa com seu amigo de infância.

– José diz que os professores devem ignorar a teoria e que "cada professor tem seu método".

– Cada professor tem seu estilo, sua maneira de entender a educação. Não se pode deixar de ser quem se é quando se ensina. Mas a prática educacional não pode negar ou desconsiderar as evidências. E a teoria educacional não deve contradizer a observação em sala de aula, deve ser baseada nela.

– Mas as duas coisas quase sempre se contradizem, disse Matias.

– Ah sim? Por que disse isso?

– Não sei, tenho a sensação de que de um lado está o mundo acadêmico da teoria educacional, do qual talvez eles nunca tenham pisado em uma sala de aula na vida, e de outro lado está a prática educativa daqueles que estão diariamente nas salas de aula, que veem o que funciona e o que não funciona.

– Bem, lamento dizer que essa percepção é baseada em um preconceito, em uma guerra imaginária. E quando você luta em uma guerra imaginária, alcança uma vitória imaginária.

– Por quê?

– O que é a teoria, Matias? Não são ocorrências imaginadas por um punhado de intelectuais abrigados em uma torre de marfim. É o resultado de constatações baseadas na realidade, na prática, nas salas de aula. É a abstração da observação. E o que é prática educacional? Deve ser a aplicação de uma teoria comprovada, baseada em evidências, na observação. É um ciclo virtuoso ou vicioso. O desprezo pela teoria comprovada sempre acaba sendo desprezo pela realidade. Como disse o escultor Michelângelo, "é preciso manter a bússola diante dos olhos e não nas mãos. Para executar, usa-se as mãos, mas para julgar, os olhos". A teoria é a bússola. A prática deve ter um propósito inteligente baseado em observação verificada.

Matias não entende a metáfora da bússola e fica um pouco nervoso. Ele faz uma cara de nojo. Sente repulsa pela ideia de ser um "criador de teorias". Cacilda percebe a expressão no rosto do jovem estudante e tenta esclarecer o que foi dito.

– Claro, explica Cacilda, só o professor é capaz de realizar esta aplicação de uma forma que faça sentido, porque é ele quem conhece cada aluno e quem tem o contexto educacional em mãos. Está até comprovado que o que faz a diferença entre um bom sistema educacional e um medíocre é a qualidade de seus professores. Educar é uma arte e o artista é o educador. Mas o que quer que esse artista faça, ele não pode ficar alheio às evidências, não pode implementar métodos inspirados por ocorrências, efeito placebo ou pensamentos mágicos, mesmo que o faça com boas intenções.

– Mas a teoria pode estar errada, certo? Matias insiste. Isso sempre aconteceu. Surge uma teoria e, em seguida, fica provado que ela está errada e toda a prática deve ser mudada. Foi o que aconteceu com a teoria de Montessori sobre os períodos críticos da aprendizagem, por exemplo.

– Claro. Montessori baseou sua conclusão inicial em suas observações. A ciência opera por tentativa e erro. A ciência pode chegar a conclusões erradas se as perguntas que ela faz estiverem erradas. Mas então ele refina suas perguntas e consegue refinar suas respostas também.

– A ciência avança, avança, conclui Matias em tom conciliador.

– Sim, mas avançar ou progredir não é sinônimo de mudar por mudar, ou assumir o que está em voga. Avançar e progredir significa que ajustemos a cena, que façamos perguntas cada vez mais precisas, que usemos grupos de controle, amostras representativas, que possamos alcançar os mesmos resultados replicando o mesmo estudo indefinidamente e assim por diante. Só um estudo não é garantia de nada, é preciso haver um conjunto de estudos que vão na mesma direção. Deve-se ter muita paciência na investigação, é um processo longo e caro. Mas no final vale a pena. É um caminho mais longo, porém mais seguro. A inovação educacional que desconsidera as evidências não tem outra ambição senão ser o que é: algo obsoleto amanhã.

– Às vezes você não precisa ser um grande acadêmico para chegar a certas conclusões, quem está no gargalo da sala de aula vê. As experiências são importantes! Matias exclama em defesa de seu ofício.

– Essa é a razão pela qual os estudos educacionais devem ter as contribuições dos professores. Os estudos devem enraizar-se na experiência. É importante ter professores na concepção dos estudos. Suas intuições são importantes e podem ajudar a formular as questões de modo adequado, a fim de se comprovar as hipóteses formuladas.

– É claro que o professor nunca se engana porque tem uma experiência direta com o aluno, diz Matias, seguro de si. Então, por que tanta teoria?

– Eles podem estar errados, Matias, como todos os outros. E se eles não tiverem uma mente científica, estarão ainda mais errados, porque é fácil se deixar levar por intuições erradas. E podem acabar se jogando nos braços de neuromitos, de métodos como o estímulo precoce ou de muitas outras propostas em voga que carecem de fundamento e evidências. Mesmo com a melhor das intenções.

Matias fica intrigado com a explicação de Cacilda, pois ela destrói algumas das ideias que ele sempre considerou óbvias. Cacilda percebe, mas continua sua explicação.

– Em todo caso, Matias, entendo seu ceticismo em relação ao mundo acadêmico porque o percebi em muitas das escolas em que lecionei. E talvez seja porque alguns acadêmicos não saem de sua torre de marfim. Mas como já estive nos dois mundos, posso assegurar que esta suspeita sistemática não ajuda na reconciliação entre cultura e ciência, entre escola e universidade.

– A reconciliação entre cultura e ciência? Matias se pergunta.

– Sim. Para diminuir o fosso entre ciência e cultura, é necessário que o cidadão comum tenha um conhecimento mínimo sobre o que é a mentalidade científica. No campo educacional, isso começa com uma profunda reforma do currículo universitário do bacharelado em Educação. Primeiro, deve haver uma revisão dos assuntos para garantir que os métodos desacreditados pela ciência não sejam vendidos como uma panaceia. Em segundo lugar, deve haver uma disciplina em que o método científico seja explicado aos futuros professores. Um graduado em Educação deve ser formado para ser capaz de ler um estudo científico e para poder criticá-lo com rigor, é preciso saber, pelo menos, o que é um grupo de controle, uma amostra representativa ...

— E os pais, eles não podem ser agentes de mudança no que acontece nas escolas? — pergunta Matias.

— Os pais têm muitas dúvidas. Afinal, acredito que o bom-senso prevalecerá sobre o pensamento mágico. Mas, para isso, é fundamental que os pais se interessem pelos métodos utilizados na escola dos filhos. E não é só essencial que se interessem pelo que a escola diz, mas também e sobretudo pelo que significa o que a escola diz.

— Por quê? Matias continua intrigado. Qual é a diferença?

— Saber o que são os métodos é fácil, basta ler o programa e o *site* da escola.

— Claro —disse Matias—, estímulo precoce, inteligências múltiplas, "aprender fazendo", centros de interesse, aprendizagem cooperativa, trabalho por projetos, educação personalizada, educação emocional, abordagem fonética da alfabetização, teoria dos estilos de aprendizagem etc. Mas o que quer dizer quando afirma que devem se interessar "pelo que a escola diz"? – insiste Matias.

– Não basta se interessar pelos métodos usados nas escolas dos seus filhos, mas é preciso saber de onde vêm e quais são as correntes que os sustentam. Tudo isso teria que ser explicado de forma lúdica, para que adquirissem conhecimentos que lhes permitissem escolher bem a escola .

– Com livre arbítrio, diz Matias com um sorriso.

– Isso é.

– A senhora poderia me explicar? Assim eu poderia esclarecer os meus pais. Eles sempre dizem que querem tirar meu irmão Pepe da escola, mas parecem perdidos demais para tomar uma decisão.

– Sim, claro. São muitas as correntes filosóficas e educacionais: mecanicismo, racionalismo, empirismo, romantismo, idealismo, naturalismo, construtivismo... Se você quiser, marcamos um encontro e eu lhe darei um resumo.

– Quanto tempo leva? – pergunta Matias, pensando em sua agenda como estagiário.

– Eu posso explicar para você da forma mais sucinta e fácil possível. Estimo que seriam três tardes de teoria. Se você puder me ouvir por três tardes, depois poderemos entender melhor cada método, um a um, e suas implicações.

– Ficaria muito feliz, poderíamos nos encontrar amanhã à tarde, se tudo correr bem, responde Matias. Levanta-se de sua cadeira dobrável e estende a mão para pegar a de Cacilda. Pávlov, vamos, vamos!

— Perfeito, até amanhã então, responde Cacilda. Mas para que você se prepare para essas explicações, peço que reflita sobre duas grandes questões que, na minha humilde opinião, são o fio condutor de toda a história da filosofia da educação. Essas perguntas nos ajudam a localizar as correntes e entender melhor os métodos educacionais que são usados hoje.

— Ah sim? Quais?

— A primeira pergunta para amanhã é: podemos conhecer a realidade?

Quase sem perceber, a conversa é interrompida e os dois ficam absortos pensando na questão.

— A segunda é, continua Cacilda, o que nos motiva para o conhecimento?

De repente, um dos *tablets* das crianças cai por uma encosta cheia de seixos, rola para o rio e desce lentamente com a corrente. Os pais ficam agitados e perseguem o aparelho com a água até os joelhos. O menino arrependido corre para a praia, sujando os sapatos imaculados na lama.

— Fiquem parados! Não se sujem! Grita a mãe.

Há mais gritos e palavrões. Pávlov está muito nervoso e começa a latir.

— Já sabemos qual será o próximo presente dos Reis magos para este menino..., pensa Matias. "Será punido por ter destruído o dispositivo, mas depois recompensado porque te compraremos outro para te manter quieto sem incomodar, se te comportares bem, senão carvão... É o fracasso absoluto do behaviorismo".

11
Comendo guloseimas em um banco da faculdade

José come uma barrinha de alcaçuz preto, meio deitado ao sol num banco da universidade, com as pernas cruzadas, o pé esquerdo apoiado no braço da poltrona e a cabeça na mochila carregada de livros didáticos. Aliviado após um exame que dura mais de duas horas, ele aproveita seu tempo livre de olhos fechados, se bronzeando.

Matias se aproxima e se senta no banco ao lado. – Oi, José, como foi o seu exame?

José abre os olhos e tenta se acostumar com a luz.

– Acredito que bem, e você?

– Bem, agora vou pegar minhas anotações. Ei, tenho uma pergunta. Não tenha medo, eu sei que é um pouco estranho, mas você acha que podemos conhecer a realidade?

José senta-se no banco, engole com dificuldade todo a barrinha de alcaçuz que mastigava e responde, com os dentes pretos:

– O que você quer dizer?

– Não sei. É uma pergunta que Cacilda me fez, também não sei bem o que ela quis dizer.

— Você não está perdendo seu tempo com todas essas perguntas, como eu diria... existenciais? Estamos em período de exames. Você não pode ficar todo o seu tempo livre falando sobre o sexo dos anjos, tem que estudar, certo?

— Eu sei que nada disso cai nos exames. Mas é fascinante, José.

— Eu me pergunto o que você quer dizer com essa pergunta.

— Bem, afinal, o conhecimento é um ponto de vista.

José tira outra barrinha de alcaçuz de um saco e a coloca na frente do nariz. Vesgo, José pergunta:

— Estou olhando para o alcaçuz agora e o vejo preto. E você? José aponta com um tom irônico.

— Bem, acho que daltônicos também verão preto, o que não distinguimos são as cores.

— Tem tudo a ver com o ângulo pelo qual olhamos as coisas, acrescenta José. E como cada um de nós vê as coisas de um ângulo diferente, o mundo é diferente para cada um de nós. Eu disse preto, mas poderia ter dito vermelho. A maçã vermelha é realmente vermelha ou o vermelho é um ponto de vista?

— Hummm ... não sei, responde Matias.

— Alcaçuz preto é preto, maçã vermelha é vermelha. Na realidade, o conhecimento não é importante. O mundo muda, não sabemos como será o mundo amanhã. O que realmente importa não é a cor do alcaçuz ou da maçã, são as competições. Os alunos devem estar preparados para enfrentar o mundo com competências atemporais.

– Por exemplo?
– Procurando por coisas, procurando informações. Todas as informações estão na web. Qual é a utilidade de meditar tudo o que está na web? O importante mesmo é saber consultar as informações. "Aprender a aprender".
– Sim.
– Não existem certezas, as únicas certezas que existem são subjctivas e, portanto, não são certezas.
– Bem, para uma pessoa que não quer perder tempo com questões existenciais, vejo você muito chateado. E para quem acha que não há certezas, vejo-te muito seguro do que diz. Posso comer um alcaçuz preto?
– Eles são vermelhos, José responde.
– Ok, um alcaçuz vermelho então. Simplesmente não vejo diferença, José, você sabe disso. Pare de provocar.
– É preto, eu te traí! Mas poderia ser vermelho e você não teria notado porque não pode dizer. Você vê que tudo é subjetivo, que tudo é um mero ponto de vista?
Matias está perplexo.
– Vou pegar minhas anotações. Vamos ver qual é o ponto de vista dos meus professores sobre o meu conhecimento efêmero, responde Matias com um sorriso.
– Pegue o restante do saco, José oferece a Matias com a mão. Bebi demais e meu estômago dói. Vejo-te mais tarde em casa.

12
Uma viagem que começa em Estagira

Podemos conhecer o real? O que dizem os 'ismos'? A realidade se descobre ou se constrói?

Alguém toca a campainha. Cacilda interrompe a leitura, levanta-se, deixa o livro aberto ao lado do vaso de gladíolos e abre a porta.

– Boa tarde, Matias! Entre, entre, eu estava esperando por você. Você está pronto para uma longa viagem de três dias?

– Boa tarde, Cacilda. Uma viagem? Para onde? Para longe? Não tenho passaporte, nem malas, diz Matias em tom de brincadeira. Começa a se acostumar com a linguagem metafórica de sua professora e se sente mais à vontade para falar com ela.

– Você não vai precisar de passaporte ou mala, faremos isso com nossas mentes. Faremos duas viagens para responder às duas perguntas que fiz ontem, lembra-se?

– A primeira é: podemos conhecer a realidade? e a segunda é: o que nos move para o conhecimento? Matias se lembra.

— Sim, e na terceira viagem, vamos para a França, vamos falar sobre Rousseau. Vamos por partes e começar hoje com a primeira pergunta. Sente-se, fique à vontade e permita-se viajar para longe... Agora vamos para Estagira ...

— Onde é isso?

— É uma cidade da Grécia Antiga, localizada na costa do Mar Egeu. Estamos situados quatro séculos antes de Cristo, na época do nascimento da filosofia realista. Poderia falar de muitos filósofos, mas para não demorar muito, já que não se trata de uma aula de Filosofia, mas de um preâmbulo para compreender as correntes educacionais, vamos nos concentrar em alguns autores, os mais representativos.

— Tudo bem, responde Matias.

— Em Estagira nasceu Aristóteles, e com ele e outros filósofos da época, clássica ou helenística, originou-se a filosofia. Aristóteles é um realista.

— O que significa ser realista? – pergunta Matias.

— *O realista afirma que é possível conhecer a realidade.*

— Bem, isso é óbvio, não é?

— Para Aristóteles, é óbvio, mas não para todos os filósofos. São os céticos da época, que argumentavam que o conhecimento não é possível, que não podemos ter certeza de nada. Mas os céticos tinham muita certeza de uma coisa.

— De quê?

— Eles não podiam ter certeza de nada! Cacilda esclarece humoristicamente.

– Bem, depende, eles estão parcialmente certos. Os sentidos podem enganar, claro, ressalta Matias, enquanto coloca a mão direita no bolso e toca na sacola de alcaçuz que seu amigo lhe deu. Por exemplo, não posso dizer quais são as cores dos gladíolos nesse frasco. Ele continua apontando o dedo para as flores recém-cortadas.

Rugas horizontais se formam na testa de Cacilda, que pergunta:

– Você é daltônico?

– Sim. Portanto, não posso saber a cor dessas flores.

– O realismo não quer dizer que podemos abarcar toda a realidade. O conhecimento que temos da realidade não é total, completo e absoluto. O que está escrito é que o conhecimento que temos da realidade é real.

– Não é uma repetição, ou um truísmo, dizer que o conhecimento da realidade é real? – pergunta Matias.

– Não necessariamente. Existem outros filósofos que discordam disso, explicarei mais tarde.

– O que quer dizer a realidade é real?

– Significa duas coisas, Cacilda responde, fazendo uma pausa na explicação para estruturar bem a sua resposta. Primeiro, é real no sentido de que existe independentemente de você e eu podermos saber disso. Existem realidades que nos rodeiam, que são independentes de nós, têm existência própria, independentemente de as conhecermos. Tomás de Aquino retoma a ideia de Aristóteles e a reformula da seguinte forma em um contexto educacional:

As proposições ensinadas são verdadeiras antes de serem conhecidas, pois a verdade não depende do nosso conhecimento, mas da mera existência das coisas.

— ... Por exemplo, se sairmos de casa agora, o jarro de gladíolos não deixará de existir ou "ser" porque não o estaremos vendo. Em segundo lugar, a realidade é real na medida em que é oferecida aos sentidos, tal como é. A realidade é cognoscível. Podemos conhecê-la.

— Mas não consigo entender, argumenta Matias.

— Claro. É cognoscível, mas mais tarde será conhecido em diferentes graus, dependendo se estamos abertos a ele, se nossos sentidos nos permitem apreendê-lo, se o intelecto é capaz de processar informações. Por exemplo, quando você vê gladíolos, apesar de seu daltonismo, pode concluir que essas flores são gladíolos porque você vê as formas e o tamanho das folhas e pétalas. Então o intelecto se apodera dessa informação e faz um julgamento: são gladíolos. *Para o realismo, não são os sentidos que conhecem, mas a inteligência.* Enfim, a cor não é uma coisa, é uma forma de conhecer a realidade.

— Não entendo. Qual é a cor?

— Quando você vê um carro verde, não é que ele emita a cor verde.

— Ah não? Matias insiste.

— A cor é o resultado de ser capaz de distinguir emissões de ondas de luz com os olhos. A luz se divide no espectro de cores. Quando atinge um objeto, a superfície desse objeto absorve algumas emissões de onda de luz e reflete outras. O que é refletido é o que pode ser percebido como "cor" por partes do olho. Dependendo das emissões de onda refletidos, o olho verá algo vermelho, azul, verde... ou branco. Esse gladíolo branco, por exemplo, parece branco porque reflete todo o espectro de luz. Um gladíolo preto, se existisse, seria porque absorvesse todo o espectro de luz. É por isso que você fica com calor quando veste uma camisa preta, porque ela absorve toda a luz. O olho do daltônico não permite perceber esse reflexo como cor. O que existe fora de nossa capacidade de percebê-lo com nossos olhos é a capacidade do objeto de absorver luz e refletir espectros de onda específicos.

Cacilda fecha os olhos e reconsidera. Ele os abre com uma ideia diferente e mais simples. Com o braço e a mão estendidos, mostra a Matias a vista da janela da sala para uma montanha distante e continua com sua explicação.

— Há dias que não consigo ver bem aquela montanha, mal a distingo porque está nevoenta ou tempestuosa. Ou é noite. Isso significa que a montanha não é real, que não é cognoscível?

— Podemos ver quando o tempo está mais claro. Mas somos limitados porque estamos longe e não podemos ver tudo daqui, propõe Matias.

— Quando Aristóteles diz que podemos conhecer a realidade, não quer dizer que teremos, à primeira vista, um conhecimento total de tudo. Isso significa que o conhecimento que temos corresponde à realidade, que provém dela. Que os sentidos não estão errados.

— Nossa. Claro que eles estão errados. Meus olhos estão muito errados. Eles veem em cinza o que os dos outros veem em cores.

— Quando os realistas afirmam que os sentidos não estão errados, eles querem dizer que captam o que captam, que os sentidos não pensam, não deliberam, decidem ou julgam, eles se limitam a se abrir para o que está no exterior. Aristóteles afirma que podemos conhecer a realidade, pois ela nos fala. Mas não apreendemos tudo de uma vez; o conhecimento que temos dele não é absoluto, total e eterno. Em suma, o realismo afirma que o que sabemos nasce da realidade, não de nossa subjetividade — recapitula Cacilda.

— Bem, existem pontos de vista, certo? — pergunta Matias, assumindo o ceticismo de José.

— Sim. Você pode gostar de gladíolos e eu não, ou o contrário. Existem questões de gosto, de preferências. Mas se eu digo que os gladíolos existem e você nega, podemos, ao mesmo tempo, no mesmo momento, estar ambos certos nessa questão? — Cacilda insiste.

— Não, respondeu Matias laconicamente.

— Este é o princípio de não contradição de Aristóteles: "Uma proposição e sua negação não podem ser verdadeiras ao mesmo tempo e no mesmo sentido".

— Sim, mas se eu disser que os gladíolos são cinza e você disser que eles são vermelhos?

– Aristóteles diz "no mesmo sentido", que é o ângulo a partir do qual se percebe a realidade. Isso não significa que inventamos a realidade, que a realidade é subjetiva: significa que cada um tem limitações para poder captá-la com todas as suas nuances. Não é a mesma coisa ouvir um concerto de Mozart, se já estudamos esse compositor, do que ouvi-lo, se somos leigos em música clássica. O que cada um aproveita do concerto é diferente, mas o concerto é o mesmo.

Cacilda se levanta, pega a jarra de gladíolos e vai até a cozinha trocar a água, dando a Matias tempo para processar a explicação. Vai e volta.

– Para os realistas, os sentidos ocupam um lugar privilegiado no processo de conhecimento. Eles são a porta de entrada do ser humano para a realidade. Eles são os olhos da alma. É a primeira fase a ser conhecida.

– E a próxima fase? – pergunta Matias.

– A segunda fase é a da abstração, que ocorre com o auxílio da memória e da imaginação. Essas duas fases se resumem na seguinte frase: "Não há nada no intelecto que antes não tenha passado pelos sentidos".

– Isso é Aristóteles, certo?

– É uma frase elaborada pelos seus discípulos e que resume muito bem o seu pensamento. Resume o realismo. Mais tarde, foi assumido por Tomás de Aquino, um filósofo e teólogo dominicano do século XIII. Primeiro, o ser humano acumula percepções. Em seguida, ele é capaz de compreender conceitos abstratos universais com a ajuda da memória e da imaginação.

– Você pode me dar um exemplo? – pergunta Matias.

– Sim, claro. Por exemplo, a água. A água que você vê naquele jarro é uma água concreta. Diferente da anterior, que estava suja, por isso joguei fora. Mas a água também é um conceito universal. Quando falamos sobre água, todos sabemos o que queremos dizer, mesmo que ela não esteja diante de nós e não estejamos nos referindo a uma água específica. Você conhece a história de Helen Keller?

– Parece familiar para mim. Ela é uma autora americana, diz Matias.

– Sim. Helen Keller ficou surda e cega com apenas alguns meses de idade, após uma doença. Seus pais ficaram desesperados porque sua frustração por não conseguir se comunicar com o mundo exterior se transformou em raiva, que a fez jogar pratos de comida, quebrar objetos, bater e gritar. É compreensível, estava desamparada, pobre. Imagine-se, Matias, surdo e cego.

Matias fecha os olhos e se imagina fechado sem poder ver ou ouvir. Restava apenas um sentido para se relacionar com o mundo, além do olfato e do paladar: o tato. Cacilda continua:

– Os pais dela recorreram a Alexander Graham Bell.

– O inventor do telefone?

– Sim, a verdadeira paixão de Graham Bell era a educação dos surdos-mudos. Bell recomendou que os pais de Helen procurassem Anne Sullivan, uma de suas alunas mais brilhantes. Anne, que estava parcialmente cega, foi a educadora de Helen durante quase cinquenta anos. Ela argumentava que a pele é o "grande sentido" que vê e ouve e, assim, ensinou Helen a compreender as realidades do mundo. Helen descreve o processo de sua educação em detalhes em um livro intitulado *My Life Story* (*História de minha vida*). Ela explica sua frustração no início por não entender o mundo ao seu redor. Descreve a tentativa de Anne em soletrar o nome de todos os objetos ao seu redor na palma da mão, do pulso ao jarro, à água...

— Na mão? — pergunta Matias.

— Sim, o alfabeto nas mãos. Cada letra é um lugar específico na mão. Helen explica que não entendia a diferença entre "jarro" e "água", sendo para ela era a mesma coisa. A água é um conceito universal e abstrato. Devido à sua limitação sensorial, ela ainda não havia conseguido passar para a fase de abstração. Até um dia em que sai para passear... Espere, vou ver se o tenho na biblioteca e verifico a data exata.

Cacilda se levanta e procura o livro. Ela o tira da prateleira, folheia o índice e move as páginas com seus longos dedos.

— Aqui está! Leio para você o que ela escreveu:

Percorríamos o caminho que leva para casa e fomos atraídas pelo perfume da madressilva que me cobria. Alguém deixou cair a água e minha professora colocou minha mão debaixo do fluxo. Enquanto o riacho frio — disse ela com grande efusividade – corria por um lado, ela soletrou a palavra água no outro, primeiro devagar e depois rapidamente. Eu ainda estava em pé; toda a minha atenção estava fixada nos movimentos de seus dedos. De repente, senti um som que havia esquecido, uma emoção voltando ao pensamento, e o mistério da linguagem foi de alguma forma revelado para mim.

– O mistério da linguagem... porque foi capaz de abstrair da realidade sensorial e compreender conceitos universais, como a água, comenta Matias.
– Exatamente! Cacilda exclama. Essa história ilustra muito bem o que diz Aristóteles. O ponto crucial está no momento em que Helen abstrai e entende que o que antes estava no jarro de sua casa é igual ao que corre do chafariz para sua mão naquele momento. Não é a mesma água, mas compreende o conceito universal "água". Naquele momento particular, um mundo inteiro se abre para ela. Deixa o mundo sensorial e entra no mundo intelectual, da abstração.
– Uau! Que história, diz Matias.
– Helen conhece flores, porém não as conhece pela visão, mas pelo toque. O toque abre para o mundo. Veja, em seu livro, ela afirma:

> Minha mão é para mim o que, juntos, são ouvir e ver para você. [...] Todas as ações da minha vida dependem da minha mão como eixo central. A isso devo meu contato contínuo com o mundo exterior. É também minha mão que me permite sair do isolamento e das trevas. [...] Cada objeto está intima-

mente ligado em minha mente a essas qualidades táteis, que, combinadas de várias maneiras, me fornecem uma sensação de poder, beleza ou discórdia; pois com a ajuda das minhas mãos posso passar a sentir o riso e o admirável [...].

– É interessante – acrescenta Cacilda – porque a partir daquele momento específico, em que entende o significado de uma palavra abstrata, seus problemas de comportamento desaparecem repentinamente. É quando ela começa a gostar de conhecer, de entender o que a cerca, de aprender, de ler, de escrever, também em várias línguas... Na verdade, ela se formou na universidade e é autora de vários livros que se tornaram obras de referência.

Matias reflete por um momento.

– O que acho muito impressionante é que a partir do momento em que ela consegue se desligar do mundo dos sentidos e passar para o da abstração, seus problemas de comportamento desaparecem. Espero que isso também aconteça com os alunos que tenho em minha classe.

– Eles fazem bagunça?

– Não há como ficarem prestando atenção. Tudo os aborrece, ficam inquietos, não sei explicar.

– O mundo não fazia sentido para Helen, explica Cacilda, porque o mundo era um conjunto descontextualizado de estímulos, sem fio narrativo, sem significado. A educação permite sair do mundo estritamente sensorial, ajuda a entrar no mundo da abstração. E isso abre um mundo maravilhoso, com ler, conversar... Veja, Helen destaca algo sobre isso aqui. Ele diz: "Há mais significado em cada coisa em si do que todas as coisas que podem ser apreendidas pela visão".

— Mais sentido em cada coisa em si mesma do que em todas as coisas... Repete Matias maravilhado.

— É por isso que Montessori fala sobre educação sensorial, não sobre estímulo. Ela quer que as crianças se concentrem em uma coisa de cada vez, aprimorem sua capacidade de sentir, para que possam desenhar melhor. Aliás, Helen Keller e Montessori eram amigas, se conheceram na Filadélfia, em 1913. E Graham Bell, que se dedicou à educação de surdos e realizou o encontro entre Helen Keller e Anne Sullivan, fundou uma das primeiras escolas Montessori na América, em sua casa de verão no Canadá. Ele era um entusiasta da pedagogia Montessori. Você se lembra do Itard, o educador surdo-mudo de quem falei outro dia?

— Aquele que cuidou de Victor, o garoto de Aveyron? Matias se recorda.

— Sim. Pois bem, foi discípulo de um certo Jacob Rodríguez Pereira, que foi quem inventou o alfabeto na palma da sua mão na França do século XVIII. É o alfabeto que Anne Sullivan ensinou a Helen Keller. E Montessori diz que seu método é inspirado principalmente em Itard. É por isso que Montessori deu tanta importância à educação sensorial, porque ela a considerava a base para a educação intelectual. De fato, Montessori é profundamente aristotélica e nos seus escritos podemos encontrar a frase da qual falei antes: "Não há nada no intelecto que antes não tenha passado pelos sentidos". Toda a sua pedagogia é baseada nessa filosofia. Pena que ela foi colocada na corrente educacional romântica.

— A corrente romântica?

— Sim, agora não temos que falar sobre isso. Mas logo falaremos.

Matias fecha os olhos e tenta retomar o fio condutor da conversa.

— Voltando aos meus alunos que não estão se concentrando... Será que o mundo das rápidas sensações que preenchem seus sentidos como os videogames, a internet, as redes sociais... os impedem de se descolarem do mundo sensorial? Matias pergunta. Claro, eles estão presos nas redes, chega uma mensagem e imediatamente deixam tudo para ver o que há. Eles são capturados em um círculo de resposta ao estímulo.

— As sensações não são ruins, é o que nos permite conhecer o mundo, mas muitas não são boas porque a apreensão nos impede de captar nuances, pois tudo fica embaçado. Além disso, elas podem nos escravizar. Aristóteles diz que somos animais racionais. Em outras palavras, somos capazes de ir além de nossos instintos e nossos sentidos. Pensar implica parar para pensar. *Parar para pensar desativa o círculo estímulo--resposta que nos faz agir de forma condicionada, nos faz ir além dos mecanismos instintivos ou das impressões sensoriais, nos torna mais livres.*

"Pensar implica parar para pensar", diz Matias a si mesmo. Cacilda continua.

— Mas, claro, Matias, se os educadores passam o dia todo alimentando instintos e sensações com conteúdos rápidos e descontextualizados, não há sentido, não há desafios intelectuais, então estamos indo contra a natureza do aluno. Nós o tratamos como se fosse um animalzinho adestrado.

— Mas existem animais inteligentes também, certo?

— Animais fazem coisas incríveis. Golfinhos, macacos, estão entre os animais mais inteligentes que existem. Mas não é a mesma inteligência que a inteligência racional de que fala Aristóteles. A propósito disso, vem-me à mente uma experiência realizada por Pávlov, lembra-se de Pávlov?

— Claro, homônimo do meu cachorro, como posso esquecer isso? — responde Matias, se divertindo.

— Bem, esse experimento explica muito bem o processo de abstração de que só o ser humano é capaz.

— Ah sim? — pergunta Matias.

— É um pouco longo, vou resumir para você. Pávlov tinha um macaco chamado Rafael, em seu laboratório. Ele o teve por nove anos e fez todo tipo de coisa para validar suas teorias sobre o reflexo condicionado. Em um desses experimentos, Rafael precisa aprender a apagar o fogo com a água de um balde. A água do balde é condicionada a apagar o fogo e o macaco repete a demonstração cada vez que o fogo é aceso. Então Pávlov dá um passo adiante e acende o fogo enquanto Rafael está em um barco cercado de água. Como a água do balde está fora do barco, Rafael consegue sair do barco para buscá-la e assim apagar o fogo que está no barco. Mas o mais incrível do experimento é que em nenhum momento Rafael percebe que pode apagar o fogo com a água que envolve o barco.

— Mas o barco está rodeado de água! — exclama Matias.

— Bem, sim, o barco está no meio da água, mas Rafael não consegue entender que a proposição "a água apaga o fogo" inclui toda água, não só a água do balde. Ele não é capaz de abstrair para compreender o conceito universal de "qualquer água, independentemente de onde se encontre, apaga o fogo". Pávlov afirma que o macaco não é capaz do que ele chama de linguagem de segundo nível.

— Com a expressão "linguagem de segundo nível", você quer dizer o processo de abstração?

— Certo. Na realidade, este experimento valida a tese realista. O ser humano, como ser racional, é o único capaz de abstrair e compreender que água é água, e extingue o fogo, independentemente de onde venha.

— Para recapitular, diz Matias, os realistas afirmam que podemos conhecer a realidade, e que o fazemos graças ao intelecto, por meio dos sentidos, que são a porta de entrada para conhecer o mundo. É isso?

— Sim. Entretanto, nem todos concordam com a tese realista. Descartes não vê dessa forma, por exemplo.

— O que Descartes propõe? Bem, recordo uma de suas famosas frases: "Penso, logo existo".

— Descartes dá um giro de 180 graus em relação ao realismo. Para ele, que hoje é considerado o pai da filosofia moderna, o ponto de partida ou de referência não é a realidade, é a certeza subjetiva. Você se lembra dos céticos gregos?

— Sim, eles disseram que não havia certeza de nada, lembra Matias.

— Essa é a razão pela qual Descartes rejeita a dúvida universal dos céticos. Mas ele também duvida como eles, pois afirma que "só podemos conhecer aquilo sobre o que podemos ter uma certeza segura". Para entender Descartes, você precisa entender de onde ele vem e quem ele é. René Descartes nasceu em La Haye en Touraine, na França, em 1596. Antes de ser filósofo, ele era...

— ...matemático.

— Sim, matemático. Na matemática, como você bem sabe, usa-se o método dedutivo. Por se tratar de uma ciência exata, podemos testar os resultados por dedução. Se 2 + 3 é igual a 5, então 5-2 é igual a 3. Descartes foi quem descobriu a geometria...

— ... cartesiana.

— Isso. Posteriormente, Descartes busca deduzir todo conhecimento de princípios completamente seguros. Ele busca certezas e se pergunta: de que posso ter certeza? "Eu penso" é a primeira coisa de que tenho certeza. Portanto, "eu existo", diz ele. Posso ter certeza disso, conclui ele, porque pensei primeiro. A prova de que existo é que sou capaz de pensar. Para Descartes, a realidade nasce da razão.

— Ele exige que todo conhecimento seja certeza matemática, deduz Matias.

— Sim. Descartes é um homem de ciência que tenta encontrar um método claro de reflexão. E, com sua proposta, inclui toda a questão do conhecimento sobre o assunto. É racionalista porque o ponto de partida não é a realidade, mas a razão. É uma virada radical. Descartes não afirma que o mundo não existe antes de ser conhecido, mas abre as portas para essa ideia. Para ele, só é possível afirmar que o mundo existe se houver evidências claras de sua existência. E essa evidência não é consequência da experiência direta com o mundo, mas de uma dedução racional.

— Eu não entendo por que isso é uma virada radical. Em que sentido? – pergunta o jovem estudante.

— Bem, o realismo afirma que a existência do mundo não depende de nossa capacidade de conhecê-lo. O racionalismo, digamos, questiona isso. Só podemos dizer que existe se tivermos evidências matemáticas a esse respeito. Depois vieram os empiristas e discordaram radicalmente da visão racionalista.

— Os empiristas?

— Sim, Hume, Locke... Para falar sobre um deles, John Locke é um filósofo inglês que nasceu em 1632, pouco depois de Descartes. Para Locke, o ser humano nasce como uma tábula rasa, uma folha de papel em branco. Segundo ele, "todo pensamento do ser humano é determinado pela experiência que ele adquire do contato com o mundo por meio dos cinco sentidos".

— Isso é o que Aristóteles disse, certo? - interpreta Matias.

— Não totalmente. Para Locke, o conhecimento se resume à experiência sensorial. Em vez disso, Aristóteles afirma que apreendemos a realidade por meio dos sentidos, mas que em seguida é o intelecto que a conhece. Para Locke, sentir e pensar não são muito diferentes. Para os empiristas, as sensações são fundamentais, destaca Cacilda.

— Ufa, estou confuso, isso tudo me parece difícil, sério. Por que é tão importante entendê-lo para depois entender as correntes educacionais?

— É fundamental. Para articular um método educativo é necessário ter uma noção clara do que se entende por "educar", por "conhecimento", por "ser humano"; é preciso ter uma teoria do conhecimento.

— Uma teoria do conhecimento? — Matias repete com estranhamento.

— Sim. A teoria do conhecimento responde às perguntas: podemos conhecer? E, se for o caso, como conhecemos? Para entender uma corrente educacional, é essencial entender a noção do ser humano que a inspirou. Talvez tudo esteja muito distante, mas quando você conseguir relacionar as correntes filosóficas com as correntes educacionais e com os métodos, então começará a entender tudo com mais clareza. Falaremos sobre as aplicações práticas em breve, não se preocupe. Você quer um pouco de açúcar?

Matias se lembrou da amargura da limonada caseira de sua anfitriã e balançou a cabeça.

– Não, obrigado, eu tenho meu alcaçuz. Você quer um? Matias o oferece com a mão estendida para sua interlocutora.

– Não, obrigada, é muito açucarado para o meu gosto. Além disso, acho difícil falar e comer ao mesmo tempo.

Cacilda continua com sua explicação.

– Então vêm os idealistas.

– Os idealistas? – pergunta o jovem.

– Sim, como Fichte, por exemplo. Johann Fichte é um idealista do século XVIII alemão. Ele afirma que "o mundo é uma criação ou produto da subjetividade". Você percebe que estamos nos afastando do "ser" como critério do conhecimento?

– Sim. Com Aristóteles, o ser, a realidade, estão em primeiro lugar. Agora parece que aqueles filósofos veem isso como, não sei...

– ...um produto da mente, diz Cacilda concluindo a frase do aluno. Com os realistas, o critério era o ser, agora o critério é a subjetividade. Matias, como você resumiria tudo o que dissemos hoje?

– Bem, os realistas dizem que podemos conhecer a realidade, enquanto os céticos vivem na dúvida contínua. Os racionalistas buscam certezas firmes e desconfiam de sentimentos e sentidos, para eles o conhecimento ocorre principalmente na razão. Por outro lado, os empiristas confundem pensamento com sentimento. Para eles, sensações são ideias. E, por fim, há os idealistas que consideram que a realidade é produto da subjetividade – o jovem estudante recapitula ao ler suas anotações.

— Há muito mais nuances, mas como esta não é uma aula de Filosofia, vamos deixar como está.

— Bem, para ser sincero, agradeço muito a explicação, mas hoje não gostei tanto quanto nos outros dias. Tudo isso é um pouco complicado e, no momento, não vejo o quanto seria útil para a educação.

— Prometo que depois de três dias começaremos a falar sobre a aplicação concreta de tudo isso em sala de aula. Para lhe dar uma ideia de onde tudo isso nos leva, tenho outra pergunta para você. A realidade é descoberta ou construída?

— Bem, alguns dirão que é descoberta, outros que é construída. Mas é uma forma de falar, certo? – comenta Matias.

— Não é uma forma de falar, é uma posição filosófica. Os idealistas dirão que a realidade é construída, enquanto os realistas dirão que a realidade foi descoberta. E a posição tomada tem muitas consequências nos métodos usados na educação. Tenha paciência, Matias, você verá. Ah! Agora eu percebo que não tivemos tempo para falar sobre Romantismo, insinua Cacilda, tristemente, enquanto olha para o relógio.

— O Romantismo? Conheço vários autores românticos: Bécquer, Coleridge, Keats...

— Sim. Digamos que o Romantismo é uma corrente muito ampla e difícil de descrever de forma exaustiva e coerente. Em geral, o Romantismo surge como um contrapeso ao racionalismo, que deu uma importância predominante à razão sobre a experiência sensorial e os sentimentos. O ro-

mantismo enfatiza: o ser humano não é apenas um cérebro pensante, ele também tem sentimentos e sensações.
– É verdade, confirma Matias.
– Você está certo, de fato.
– Como você definiria o Romantismo? – pergunta Matias.
– É uma filosofia, um movimento literário, cultural... É realmente difícil se chegar a um consenso sobre a definição do Romantismo, pois, considerando-se uma espécie de revolução contínua, não pode ser um movimento coerente, monolítico e fechado. Romantismo é uma espécie de rebelião contra a racionalidade. Mas rompe não só com a razão, mas também com a tradição clássica dos gregos.
– Como?
– O Romantismo dá tanta importância ao sentimento que ele se torna o parâmetro. Para essa corrente, a realidade é subjetiva e depende do impacto que os sentimentos individuais têm na imaginação. Com o Romantismo, a importância do "ser" como um parâmetro proposto pela filosofia realista não é mais relevante. Segundo essa corrente, a realidade é uma construção do sujeito, os sentimentos e a imaginação são os instrumentos de medida a partir dos quais se define a realidade de cada um. No Romantismo, a imaginação é produtiva, pois com ela o sujeito mede e constrói sua representação da realidade. Portanto, é uma mudança radical, não só no que diz respeito ao racionalismo, mas também no que diz respeito à filosofia realista.

— Sim.

— Outra característica do Romantismo é a liberdade entendida como indeterminação. Você se lembra quando falamos sobre indeterminismo alguns dias atrás?

— O indeterminismo defende que não somos determinados pelos acontecimentos anteriores, lembra Matias.

— Isso. Ele vê as circunstâncias e eventos anteriores como obstáculos à liberdade. Concebe a educação como um obstáculo à liberdade da criança. O romântico é livre porque tem inúmeras alternativas para escolher. E nada externo o influencia na escolha de um ou outro. E se escolher um deles, ficará menos livre.

— Por que se sente menos livre ao escolher uma alternativa? – pergunta Matias.

— Por exemplo, você veio de ônibus. Para o Romantismo, você é menos livre quando decide vir de ônibus, porque não pode vir de trem. A liberdade é encontrada na geração de uma gama infinita de alternativas.

"Como o José quando estuda, diz que não é livre porque não pode estar nas redes sociais", lembra Matias para si mesmo. Matias se pergunta se essa poderia ser a explicação para o hábito cada vez mais comum de adiar, apressando até o último momento o compromisso de ir a uma reunião de amigos: "nos encontraremos", ou "te direi se puder ir um pouco antes", quando sei que não terei uma alternativa mais razoável do que a do outro.

— E o que é interessante sobre o Romantismo, continua Cacilda, é que uma de suas figuras mais representativas teve um impacto sem precedentes na história da educação.

— Quem?

— Rousseau. Portanto, ele merece um capítulo separado. A viagem de hoje terminou, agora vamos fazer uma merecida pausa. Façamos nossas malas e vamos para casa.

— De acordo. Quando falaremos sobre Rousseau? Matias fica impaciente.

— Antes de falar sobre Rousseau, acho que seria bom tentar responder à segunda pergunta que fiz a você outro dia.

— Sobre...? O que nos impele ao conhecimento? — Matias lembra.

— Sim. Para responder adequadamente a essa pergunta, teremos que passar novamente por uma parte da história da filosofia.

Já no final da tarde, com pouca luz, Cacilda convida Matias para continuar a conversa em outro momento.

— Podemos nos encontrar amanhã, se você quiser.

— Certo. Darei uma aula para substituir um professor que está de folga pela manhã, e virei à tarde. Obrigado!

13
Ensinando onomatopeias em sala de aula

— Quem pode me dar um exemplo de onomatopeia? – pergunta Matias, diante de uma turma turbulenta de 29 alunos de onze anos, da escola onde faz seu estágio.

— O que é uma onomatopeia? – grita um aluno do fundo da classe.

— Quem se importa com o que é uma onomatopeia? Qual é a utilidade de saber disso? – adiciona outro, apontando para a confusão.

— Pare de importunar o professor, diz o colega de mesa com uma cotovelada nas costelas.

— É que você sempre joga bola com o professor, não precisa ficar tão animada, relaxe, respondeu ele.

— Se você não quer aprender, pode ir agora, outra garota respondeu com um tom insolente.

— Vamos ver, quero que todos vocês fiquem quietos agora, disse Matias. Vamos deixar a onomatopeia e quero que respondam à seguinte pergunta, diz após ficar em silêncio.

Passam-se longos segundos, após os quais Matias pergunta:

— Por que vocês estão aqui?

Os alunos se entreolham e não entendem a mudança de rumo imposta pelo professor estagiário. Ninguém levanta a mão.

— Por que vocês estão aqui? – repete Matias.

— Para aprender, responde a aluna que havia acertado o outro na costela, sob o olhar de desprezo do colega.

— Porque temos de vir para à escola, diz outro. É obrigatório.

— Não, não é, diz outro.

— Sim, até o ensino médio é, diz outro.

Matias pega o giz e escreve uma pergunta no quadro: O que te move a aprender?

— Agora, eu quero que escrevam suas respostas nas folhas em branco que vou passar para vocês. Isso não é uma matéria de exame, nem vale nota. Não estou perguntando como professor. Estou interessado em saber o que vocês pensam. Acho que é importante.

Matias distribui as folhas em branco para todos os alunos, diante de olhares atordoados. Alguns pensam antes de escrever, outros escrevem sem pensar. Matias recolhe as folhas e continua a aula como se nada tivesse acontecido, explicando aos 29 alunos acalmados o que era uma onomatopeia.

Toca o sinal do pátio, os alunos se despedem de Matias e saem da sala ainda surpresos. Matias fecha a porta, senta-se à mesa, folheia as páginas uma a uma e as lê em voz baixa:

"Se a aula for interessante".

"Para que isso me sirva para o resto da vida".
"Sentir-me motivado".
"Quando eu gosto do professor".
"Emoções positivas".
"Quando é algo em que me interessa".
"Se eu gostar".
"Se não for complicado".
"Fácil = aprendo melhor".
"Porque estou com vontade".
"Eu aprendo quando a garota ao meu lado não me incomoda de forma que eu não consiga me concentrar".
"Os exames me motivam a estudar".
"Tirar boas notas".
"Se o professor me motivar".
"É meu dever".
"*We don't need no education*".♪

"Se for útil".

Matias pega as folhas empilhadas e, como se fossem um tesouro, coloca-as delicadamente, para que não amassem, na sua pasta, ansioso por chegar ao seu próximo encontro com Cacilda.

14
Como a letra "entra"?

O que nos move ao conhecimento?
O que desperta interesse no aluno?

Matias havia mostrado as respostas dos alunos a Cacilda como um preâmbulo para o próximo encontro. Em sua velha e confortável cadeira de veludo azul, Cacilda folheou as páginas. Ela se limitava a sorrir, com aquele ar de mistério, uma de suas características mais cativantes. Cacilda tira os óculos, inclina-se para a frente, apoia os antebraços nas pernas cruzadas e pergunta a Matias, com uma voz doce e cristalina:

— E você Matias, o que acha que é o motor do conhecimento? O que nos move ao saber?

— Claro, "a letra com sangue não entra", ele esclarece, sorrindo. Acredito que os alunos não saibam exprimir porque faltam palavras. O motor do conhecimento é o que nos faz querer saber mais, é o interesse por algo.

— A questão do interesse pela educação é fundamental. Outro ótimo tópico sobre Herbart! Herbart argumenta que a finalidade da educação é despertar o interesse.

— O fim? Bem, é um pouco forte, não é? Eu vejo isso mais como um meio.

– O que você acha que desperta interesse em aprender, Matias? – Segue-se o silêncio, habitado pela reflexão de ambos.
– O intelecto? Cacilda estende a pergunta. A vontade? As sensações? As emoções? Os estímulos externos? O próprio conhecimento? O desejo?
Cacilda e Matias estão em silêncio enquanto esperam que o próximo pensamento surja como uma centelha iluminadora.
– Não sei, talvez um pouco disso tudo, Matias finalmente diz.
– Bem, ao longo da história da filosofia, muitos tentaram responder a essa grande questão, visto que maneiras muito diferentes de ver o mundo surgem dela. O que você acha que seria o motor do conhecimento para os racionalistas?
– A razão.
– Sim, para o racionalista, apenas o que é apresentado na mente com clareza absoluta pode ser aceito como verdadeiro. E para os empiristas?
– As sensações, responde Matias.
– Isso. Em vez de ser "a letra com sangue entra", é "com sensações a letra permanece gravada na mente". E para os céticos?
– Não podemos saber de nada, portanto, essa questão não se aplica.
– Isso mesmo, Matias. E para os idealistas?
Matias levanta os ombros e as sobrancelhas. Não sabe.
– Os idealistas tentam resolver o problema da liberdade, porque consideram que nem os racionalistas nem os empiristas acertaram. De acordo com os racionalistas, somos

determinados por leis mecânicas e matemáticas. O racionalismo é mecanicista; quando a relação entre as causas é apenas mecânica, não há espaço para liberdade. Segundo os empiristas, pensamos o que sentimos. Portanto, não há julgamento.

– Não existe livre-arbítrio! – Matias enfatiza.

– Isso. E se não houver julgamento, não somos livres. Por isso os idealistas se perguntam: onde está a liberdade em tudo isso? E eles estão certos.

– E como se resolve isso? – Matias pergunta com impaciência.

– Encontramos a resposta a essa pergunta em um documento escrito por três pensadores idealistas da época em que eram colegas de faculdade, como você e José: Hölderlin, Schelling e Hegel. Eles afirmam: "A primeira ideia é naturalmente a representação de mim mesmo como sendo absolutamente livre".

José e eu temos reflexões de estudantes universitários, mas não chegaríamos tão alto, diz Matias, sorrindo. O que isso significa em linguagem comum?

– Para o idealismo, a liberdade é identificada com a autoconsciência criativa. A partir desse ser autoconsciente, do *self*, eles dizem, o mundo é criado.

– Não entendo. Então, em resumo, qual é o motor do conhecimento para os idealistas?

– O eu, a subjetividade. O *self* constrói uma representação subjetiva do conhecimento. Lembre-se de que, para Fichte, o mundo é uma criação da subjetividade.

– E os românticos? – pergunta Matias.

– Os românticos também exaltam, dão grande importância à imaginação produtiva, aos sentimentos, rebelam-se contra a razão. Veja, diz Cacilda, procurando os papéis dos alunos de Matias: "Se a aula for legal", "Sentir-se motivado", "Porque me agrada", "Quando gosto do professor", "As emoções positivas" ... Você parece ter alguns alunos românticos em sua classe.

– E os realistas?

– Bem, havia discrepâncias internas nesse caso. Tomás de Aquino, filósofo que segue os caminhos de Aristóteles, argumenta que a razão e a vontade intervirão, auxiliadas pelos sentidos. Para ele, a característica da inteligência é o saber e a característica da vontade é desejar o bem. Mas surge um teólogo franciscano no século XIII, Juan Duns Scoto, que discorda de Tomás de Aquino. É preciso saber que havia uma forte rivalidade na Idade Média entre franciscanos e dominicanos. Um dos pontos de divergência entre seus respectivos teólogos era sobre a importância da vontade e do intelecto. O que age em primeiro lugar, a vontade ou o intelecto?

– O que significa isso? – insiste Matias.

– Você quer algo porque o conheceu antes, ou você primeiro tem que se interessar por algo, ou querer algo, para, em seguida, conhecer? O que vem em primeiro, a vontade ou o intelecto? Qual está no comando e qual está a serviço do outro? Todas essas questões podem parecer triviais...

— ... um pouco, sim – duvida Matias.

— Mas não são, diz Cacilda. Em seus escritos, Tomás de Aquino defende a tese realista de Aristóteles e a desenvolve com mais detalhes. Afirma que não podemos desejar ou querer o que não conhecemos. Portanto, privilegia o intelecto, embora também não considere a vontade servil. Duns Scoto discorda de Tomás de Aquino. Afirma que a vontade age em primeiro lugar, que é o motor último do comportamento. Essa ideia mais tarde conduziria ao voluntarismo.

— O que é voluntarismo? – pergunta Matias.

— É o primo mais velho do behaviorismo. *Para o voluntarismo, conhecer é o mero resultado de um esforço entendido como um ato frio e mecânico da vontade.* O intelecto tem um papel servil em relação à vontade. Veja, continua Cacilda com as folhas: "Os exames me motivam a estudar", "Tirar boas notas", "Se o professor me motivar", "É meu dever".

— Eu também tenho alguns alunos voluntaristas nessa classe, ri Matias.

— Bem, parece que sim, responde Cacilda. Para os voluntaristas, dever é dever; não contemplam o sentido, o propósito de aprender, contemplar é mais típico da razão. Maritain afirma que as esferas educacionais que adotaram abordagens voluntaristas muitas vezes falham. Refere-se, por exemplo, a algumas escolas religiosas nas quais o conhecimento da verdade foi desconsiderado, reduzindo a educação à verdade, o que é certo e o que é errado, às proibições e obrigações morais. Leio:

O ideal pedagógico do voluntarismo teve pouco sucesso em ambientes educacionais religiosos que adotaram essa postura para enfatizar a primazia da moralidade e da virtude na formação do homem.

– ...Em vez disso, Maritain acrescenta que o voluntarismo "tem tido muito sucesso em arruinar mentes, distanciando-as do sentido da verdade". A vontade não pode ir para uma direção e o intelecto para outra. O senso de dever, por si só, não é suficiente para comover um aluno. A vontade precisa de um propósito, um fim a ser desejado, pelo qual ansiar. Em outras palavras, *a vontade deve ser inteligente e a inteligência voluntariosa*.

– O behaviorismo só vê a caixa preta, diz Matias, não está interessado no propósito do aluno.

– Isso. Ele "motiva" o aluno a se mover com base em recompensas ou punições externas. Não lhe ocorre que o aluno seja capaz de desejar ou ansiar.

– Esse voluntarismo, observa Matias, faz-me pensar na importância atribuída aos hábitos na infância. O hábito da ordem, o hábito da higiene...

– O hábito não é ruim em si mesmo, ressalta Cacilda, mas não pode se tornar o fim, porque não é. O fim é a razão dessa repetição. Por exemplo, se eu desenvolvo a virtude da ordem, é para facilitar a coexistência com outras pessoas e ser uma pessoa ordeira, que tem prioridades claras. Se minha ordem se tornar uma obsessão e amargar a vida das pessoas ao meu redor, deixa de servir a esses fins. Montessori afirmou que a repetição é o segredo da perfeição porque nos faz aprender, melhorar, internalizar. Mas tratou de modo negativo o ritualismo, que confunde fim e meio.

– Poderíamos dizer que o ritualismo é uma forma de voluntarismo? – pergunta Matias.

– Penso que sim. O ritual é uma repetição significativa. Quando a repetição é orientada para um fim bom, que visa o aperfeiçoamento da pessoa, falamos de ritual ou virtude. Em troca, no ritualismo, algo é repetido porque "sensibiliza", não há fim ou propósito.

– Falando em voluntarismo... Isso me lembra a moda do *coaching*, diz Matias, as pessoas contratadas para te dizer "vamos, anime-se, ouse!".

– Bem, suponho que existam *coaches* que ajudam você a se conhecer melhor, mas se eles apenas intervêm para animá-lo, é apenas uma muleta para apoiá-lo do caminho. E se transmite a ideia de que tudo repousa na vontade, de que o motor para agir deve ser um impulso da vontade. A vontade começa quando se vê claramente o bem que pode ser alcançado. O verdadeiro *coach* não o incentiva a fazer algo, mas o ajuda a discernir. Nesse sentido, não o chamaria de treinador, mas de professor. A inteligência desempenha um papel fundamental. Se você não conhece bem as alternativas, como pode escolher a melhor?

– E o que o realismo propõe? – pergunta Matias.

— Aristóteles começa sua *Metafísica* argumentando que "todos os homens, por natureza, desejam conhecer"; Platão fala também do desejo de saber, do espanto, defende que é o início da filosofia.

— O que é espanto?

— A definição de espanto é "desejo de conhecer"; está tudo nessas três palavras. A palavra "desejo" refere-se à vontade e "conhecer" ao intelecto. Existe um equilíbrio magnífico entre vontade e intelecto. E o espanto é acompanhado por uma espécie de emoção existencial que move toda a pessoa, não apenas a inteligência ou a vontade, todo o ser. Somos um todo.

— Então o motor não é só inteligência, nem só vontade, nem só sensações.

— O motor é a pessoa inteira, enfatiza Cacilda. Mas o que é que causa espanto ao aluno? O que aciona esse mecanismo de conhecimento?

Matias fica pensativo à espera de uma conclusão de Cacilda...

— *O espanto, entendido a partir da filosofia realista, é a total abertura da pessoa à realidade.* É a realidade que desperta o desejo de saber, que desperta o interesse. Quando você sabe, apodera-se da realidade, a abraça, identifica-se com ela, a vivencia, coloca-se em seu lugar. Saber é uma espécie de empatia com a realidade.

— Nunca me passou pela cabeça considerar o conhecimento uma empatia com a realidade!

— No espanto, desejo e inteligência se fundem. O desejo é inteligente e a inteligência é desejo, diz Cacilda em tom de prudente solenidade, porque sabe que disse algo grande, mas sabe que não o inventou.

Matias tem a sensação de ter ouvido uma ideia fundamental, mas faltam peças para poder compreendê-la na medida certa. Ele está ciente de suas limitações, mas não sabe muito bem o que precisa saber para compensar suas deficiências. Ele pensa e argumenta:

— Mas todas essas nuances e lutas intelectuais são tão importantes, Cacilda? Como essas correntes filosóficas se encaixam nos métodos educacionais atuais? Existem aplicações concretas na sala de aula? Hoje, defendemos que o professor desapareça, que o aluno descubra por si mesmo na internet. O conhecimento tem menos peso. Defende-se a descoberta pura, fala-se da importância das competências. A educação atual relaciona a aprendizagem ativa à mediação tecnológica e associa a intervenção do professor à passividade do aluno.

— Claro que o que falamos tem aplicações concretas. Responderemos a essas perguntas que você mencionou nos próximos dias. Mas seja paciente, Matias. Disse-te que precisaríamos de três tardes para explicar a teoria e então começaríamos a olhar para as aplicações educacionais. Só nos resta mais um dia de teoria. E você verá que mais tarde entenderá tudo muito melhor.

— Vamos falar sobre os novos métodos também? – pergunta Matias. O "aprender fazendo", a educação emocional, os centros de interesse, a aprendizagem cooperativa, o trabalho por projeto...

– Claro que vamos falar sobre todos esses métodos. Vamos nos encontrar na manhã de sábado, se tudo correr bem para você, e continuaremos. Mas, cuidado, muitos dos métodos que você chama de novos não o são.

– O que você quer dizer com não são novos? Eles não fazem parte do que chamamos de Nova Educação?

– As novas pedagogias não são realmente muito novas. Elas surgiram no final do século XIX e no início do século XX. E são inspiradas no autor sobre o qual íamos falar.

– Rousseau?

– Sim. Jean-Jacques Rousseau, confirma Cacilda com um sotaque francês forçado. Terminamos duas longas viagens, mas ainda temos uma na França, na rua Plâtrière, onde viveu este autor. Compreender Rousseau é compreender a história recente da educação, é compreender a educação atual e tudo o que nela está em jogo.

15
No hospital, com a perna engessada

Matias invade o quarto 1712 e exclama: "O que aconteceu com você, José? Está bem?"
— Bem, eles dizem que vou ficar assim por dois meses. Dois meses na cama por causa da perna. O resto são apenas arranhões.
Matias percebe que há outra pessoa na sala.
— Manolo, como vai você? - diz para o irmão mais novo de José.
— Muito bem, meu irmão caiu da motocicleta — responde o menino de dez anos.
— O que aconteceu? — Matias pergunta a José.
— Tive sorte, estava na pista certa esta manhã por volta das oito e o carro não me viu. Quando ele mudou de faixa, bateu em mim e eu caí no chão. Felizmente o tráfego estava intenso e a velocidade era de apenas vinte quilômetros por hora. Senão, não sei o que teria sido de mim.
— Sinto muito. O que sobrou da sua motocicleta?
— Está na oficina.
— Onde está Ana, por falar nisso? Ligou-me enquanto eu estava em uma reunião com outros professores, e não vi

o recado até à tarde. Sinto muito. Que posso fazer? Precisa de algo?

— Não, não, nada, eu tenho tudo, obrigado. Ana trouxe as coisas para mim. Agora ela está jantando no refeitório do hospital.

O rosto de José entristece. Ele olha para Matias, enquanto seu irmão observa os prédios vizinhos pela janela do hospital, e lhe diz em confidência:

— Um verão com a perna engessada. Não sei o que vou fazer com meu tempo. Pelo menos os exames acabaram. Agora terei que desistir do meu projeto de viajar. E terei que aprender a ler. Olha o que a Ana me trouxe, é um presente.

José aponta para um aquário no lado esquerdo da cama. Matias se aproxima e vê dois peixes vermelhos nadando, rodeados de pedras e bolhas.

— Bata no vidro com a unha, você verá como seus movimentos se aceleram. A velocidade com que os peixes vermelhos se movem me fascina, diz José. Quando fico entediado, coloco música perto deles com meus fones de ouvido. Eles se debatem, parecem dançar.

— Não os estresse tanto, cara.

— Os peixes não ficam estressados, não exagere. Os animais se adaptam a tudo, assim como nós.

José estende o braço em direção à mesinha de cabeceira do outro lado da cama, pega um livro e mostra a Matias.

– O livro que você comprou outro dia, ressalta Matias.

– Estou lendo o *Emílio*, não tenho mais nada para fazer. Eu tinha começado antes do outono, mas agora estou lendo mais rápido porque tenho muito tempo.

– E que tal?

– Bem, Rousseau é um gênio. Eu gosto muito. É um verdadeiro tratado de Educação. Deixa Emílio descobrir as coisas por si mesmo. Isso faz pensar. Ouça, leio uma citação para você, marquei o que eu mais gosto. Rousseau diz que o conhecimento é inútil, que serve apenas para acumular preconceitos. Ele afirma que "há mais erros creditados na Academia de Ciências do que em uma cidade inteira de hurões[2]". Eu concordo com Rousseau. Todo o discurso de excelência nas escolas é uma farsa elitista.

– Quem são os hurões? O pequeno Manolo interrompe.

– São alguns índios que viviam na América quando aquele continente foi descoberto, responde José ao irmão.

– Por que eles os chamam de índios?

– Porque os europeus foram para a Índia e quando encontraram a América pensaram que era a Índia, então os chamaram de índios.

– Se eu estivesse lá, teria explicado que eles não estavam na Índia e que os hurões não são indianos, e teríamos evitado essa confusão, diz Manolo sabiamente.

---

2 Hurões ou huronianos = grupo de indígenas agricultores da América do Norte (NdT).

– Você teria explicado porque agora você sabe, responde Matias, sorrindo. Mas eles não tinham essa informação. Além disso, era necessário que eles fossem para a América para que soubéssemos que a América existia, e que ficava entre a Europa e a Índia!

16
Uma viagem à França

A obsessão de Rousseau pela igualdade
O sentimento é pensamento?
O pedido de desculpas pela ignorância

Assim que Matias se senta na poltrona de veludo azul que Cacilda lhe oferece, começa a contar o que se passa em sua cabeça.

— José teve uma queda de moto na rua.

— Não me diga! Como está?

— Bem, a perna dele está engessada, vai ficar na cama por dois meses, suponho.

— Coitado.

— Bem, sim, o verão que espera por ele. Ele está entediado e... está terminando de ler o *Emílio*.

— Ah sim? Este é o primeiro livro de Rousseau a ser lido? Cacilda pergunta com interesse.

— Acho que sim.

— Nossa. Ler Rousseau começando pelo *Emílio* é como assistir a uma série da Netflix começando pelo último episódio.

— O que quer dizer? — Matias responde perplexo, porque quando está de folga não assiste televisão.

— Bem, se o *Emílio* for lido de modo isolado, sem se entender o projeto mais global de Rousseau, pode ser entendido como um tratado de Educação quando na realidade não é.

— Não sei, diz Matias, surpreso.

— Sim, vou explicar.

Cacilda pega uma almofada, que ela coloca atrás das costas, confortável e se estende ligeiramente ambas as pernas.

— Para entender, é preciso viajar até o século XVIII. Voltemos a 1750. Rousseau nasceu em 1712, então em 1750 ele deve ter...

- Trinta e oito anos, calcula Matias.

— Exatamente. Pouco antes de completar trinta e oito anos, Rousseau se apresenta para um concurso literário organizado pela Academia de Dijon, na França. Naquela época, se você se lembra, estávamos no auge do racionalismo na França.

— Com Descartes.

— Sim, entre outros. Rousseau percebe o que está no espírito da época. Respira-se, na cultura francesa da época, a necessidade de contrabalançar o racionalismo que havia reduzido todas as faculdades do homem ao intelecto e que o desligava do mundo sensorial. Em seu *Discurso sobre as Ciências e as Artes,* Rousseau aproveita esse sentimento coletivo e afirma que a ciência, as letras e as artes corrompem a sociedade e a fazem amar sua escravidão. Para Rousseau, o conhecimento nos torna menos livres.

— Ele ganhou o concurso? – pergunta Matias.

— Sim. Três anos depois, a mesma academia lançou outro concurso com a pergunta: "Qual a origem da desigualdade?".
— De que desigualdade estão falando?
— A desigualdade em geral, entre as pessoas. Dois anos depois, Rousseau responde a essa pergunta em outro discurso, hoje conhecido como *Discurso sobre a origem e os fundamentos da desigualdade entre os homens*.
— Ganhou também?
— Sim. O que Rousseau diz nesse texto é que a natureza torna o homem feliz e bom, mas a sociedade o corrompe e o torna infeliz. Essa é, para Rousseau, a causa da desigualdade. Para restaurar essa igualdade, explica ele, é necessário retornar ao estado original, ou primitivo, do homem.
— Qual é o estado natural do homem?
— Boa pergunta, o próprio Rousseau afirma que não sabe.
— Então, do que está falando nesse discurso? — Matias interroga.
— Em seu segundo discurso, Rousseau descreve como seria o estado ideal baseado na igualdade entre os homens. Rousseau argumenta que a igualdade existe no "estado natural" do homem e que a desigualdade provém do desenvolvimento de nossas faculdades e do progresso intelectual por meio da educação. Argumenta que a desigualdade se consolida como estável e legítima devido ao reconhecimento da propriedade privada e das leis. Anos depois, em 1762, Rousseau refletiu suas ideias em duas obras que marcaram o curso da filosofia, da política e da educação.

— *O contrato social*?

— Sim, nessa obra ele explica como deve ser o estado ideal que permite a igualdade entre os homens.

— E o *Emílio*?

— Sim, no mesmo ano, publica o *Emílio*. Para Rousseau, é a resposta à questão colocada no seu segundo discurso: "Que experiências seriam necessárias para conhecer o homem no estado de natureza e quais os meios para realizá-las no mundo humano? A sociedade?". Em outras palavras, como fazer as pessoas permanecerem em seu estado original? Responde a essa pergunta no *Emílio*.

— Então este livro é um experimento, certo? Com uma amostra não representativa... de uma única criança — sugere Matias com um sorriso.

— E nenhum grupo de controle, acrescenta Cacilda, sorrindo ao mesmo tempo. Em qualquer caso, Matias, Emílio não é um menino de verdade. O experimento é fictício, é um romance. Há quem pense que Rousseau observa Emílio e seu tutor enquanto ele toma notas e chega a conclusões científicas. Não é assim. Rousseau escreve um romance no qual sugere um estilo de educação que permitiria alcançar a implementação do sistema político e do ideal de igualdade que desenvolveu em seus trabalhos anteriores.

— Então não é um tratado sobre Educação.

— Não é. É a ferramenta de implementação de um sistema político descrito n'*O contrato social*. De fato, em uma carta escrita por Rousseau, ele mesmo reconhece que o Emílio é uma utopia, que não é um tratado de Educação, mas sim uma reflexão filosófica. Menciona como é impossível formar um Emilio. Ele também especifica: "Não consigo entender porque um livro que tem este nome tenha sido considerado um verdadeiro tratado de Educação".

Silêncio.

– Você se lembra de outro dia, quando estávamos falando sobre a importância do contexto, Matias?"

– Sim. O que José fez é pura descoberta, sem contexto prévio. Eu poderia baixar o *Emílio* da internet e o ler, mas se eu não tiver conhecimento do contexto da época, do autor, de sua obra...

– Sem uma compreensão correta do contexto, é impossível captar todas as nuances de uma obra. Sem essa contextualização, recaímos no "presentismo histórico".

– Presentismo o quê? – Matias pergunta.

– Sim, o presentismo histórico submete a interpretação de eventos passados a uma mentalidade atual. A história permite-nos compreender a realidade não pelo que é, mas pelo que foi.

Matias recorda o comentário do irmão mais novo de José no hospital: "Se ele estivesse lá, eu teria explicado. Eu teria explicado a eles que eles não estão na Índia e que os horões não são índios".

Cacilda continua:

– Não podemos compreender os protagonistas da história se os sujeitarmos à nossa mentalidade presente, às nossas categorias. Para entendê-los, é preciso se colocar no lugar deles, senão nos tornamos seres com olhares de gelo. Não aceitamos a realidade como ela é, mas a distorcemos. Mas estamos nos desviando do assunto, vamos voltar a Rousseau.

– Sim. O que eu gostaria de entender é o argumento central de Rousseau. Ele quer que sejamos iguais, voltando ao nosso estado de natureza. Mas não entendo por que e como deseja fazer isso. Não entendo sua lógica.

– Chegaremos lá, Cacilda responde. Para Rousseau, existe uma tensão entre o desejo da pessoa e a satisfação de suas necessidades. Enquanto o desejo de uma pessoa fica abaixo do limiar do que lhe é dado pela natureza, o homem não se frustra, nem quer ter mais do que precisa, nem se compara com o próximo. Se essa harmonia se quebra, necessidades são criadas além do que a natureza pode fornecer – tem-se mais ou menos do que seu vizinho – então entrará em um ciclo de desejos e desigualdades que o deixará infeliz.

– Conclusão de Rousseau: é preciso querer menos para não ficar frustrado, resume Matias.

– Sim, e para isso é preciso manter o equilíbrio entre desejo e satisfação.

– E como esse equilíbrio é mantido? – pergunta Matias.

– Desejando pouco. Por exemplo, Rousseau encoraja colocar uma criança em contato com repelentes de insetos ou ouvir o barulho de espingardas, para que ela se acostume a não ter medo. E propõe expor a criança, nos primeiros oito anos, às intempéries, à fome e ao cansaço, para que não se acostume com os confortos que a afastam do seu estado natural selvagem.

— Que horror. Parece estoico, espartano. Eu me pergunto se José leu essa parte. Engraçado, ele teve a ideia de que Rousseau defendia mimar a criança, dando-lhe tudo o que ela pedisse.

— A doutrina de Rousseau é mais complexa do que isso, ressalta Cacilda. Ele afirma que a primeira coisa que uma criança deve sentir e conhecer é o sofrimento. Rousseau deseja que a criança retorne ao estado original que só existe em contato com a natureza selvagem. A ideia é: se a criança estiver acostumada com essas condições, não terá vontade de modificar sua situação. E se não quiser mais do que precisa, não ficará frustrada e não vai querer ter mais do que seu vizinho. Então não haverá desigualdade. A igualdade é uma obsessão para Rousseau.

— E o que tudo isso tem a ver com o que conversamos antes?

— Para manter as necessidades abaixo do limiar dos desejos, ele diz que não convém a reflexão e a contemplação, não é aconselhável que a criança pense muito, ou que não queira mais do que o que tem. Rousseau afirma que o homem em seu estado de natureza é incapaz de contemplação. Espere, vou encontrar essa citação, você vai entender melhor.

Cacilda se levanta e procura o livro na última prateleira de sua livraria e começa a ler:

Sua imaginação nada representa; seu coração nada lhe pede. Suas poucas necessidades estão tão facilmente ao seu alcance [...] que não pode ter previsão nem curiosidade. [...] Falta-lhe aptidão para espantar-se com as maravilhas maiores, e não é nele que se deve buscar a filosofia que o homem precisa saber observar, uma vez que a vê todos os dias. Sua alma, que em nada se modifica, rende-se ao sentimento único da sua existência atual, sem qualquer ideia do futuro, por mais próximo que seja. Seus projetos, limitados como sua visão, dificilmente se estendem até o final do dia.

— Então, para Rousseau, não há desejo de saber, não há dúvidas, — diz Matias. — Que triste, hein?

— Para ele, o estado de reflexão é um estado contra a natureza, afirma que "o homem que medita é um animal degenerado" e que "a abstração é algo muito doloroso e antinatural".

— Por que diz que o espanto não é natural?

— Lembre-se de que a obsessão de Rousseau é a igualdade. Para manter os desejos de uma pessoa abaixo do que a natureza oferece, essa pessoa não deve aspirar a nada mais. Se ela não tiver nada, será feliz, pensa Rousseau. Se alguém começar a sonhar ou pensar e esses sonhos e projetos não forem realizados, ficará frustrado. Para Rousseau, o desejo é o que faz o homem sair de seu estado original por querer mais do que sua natureza original exige. Esse "querer mais" é a ruína do homem, sua queda. É a causa da desigualdade.

— Isso me parece uma novidade que saiu em 2015 — lembra Matias. Um certo Adam Swift, um inglês que disse que não se deve ler histórias para crianças à noite, porque isso cria desigualdade em relação a outras crianças que não têm o privilégio de ter pais que o façam.

— Sim. Vi essa notícia também. Não pense que é uma simples ocorrência ou erro crasso. Também não é uma opinião educacional.

— Não?

— Não. Adam Swift é um professor inglês de teoria política na UCL London University, não de educação. Essa ideia deriva diretamente das ideias políticas de Rousseau. Você não pode imaginar o impacto que Rousseau tem em nossa cultura hoje.

— Ah sim? — reflete Matias.

— Sim, veremos. O que você acha que Rousseau faria hoje em uma classe de trinta alunos em que há cinco crianças com dificuldades de aprendizagem?

— Faria com que os vinte e cinco aprendessem menos, para que fossem todos iguais, tivessem as mesmas notas — responde Matias.

— Sim, ou eliminaria as avaliações, para que os cinco não ficassem frustrados. E diria aos que sabem mais que deveriam purificar seus privilégios com base na ignorância. Em Rousseau, ter mais ou saber mais é uma espécie de pecado original imperdoável: o privilégio. Tem que ser purgado e nunca será perdoado.

— E o que você faria, Matias?

— Apoiaria os cinco que têm mais dificuldade para que todos tivessem oportunidades de aprender, cada um com o melhor de sua capacidade.

— A igualdade que Rousseau prescreve não é "de oportunidade", é "de resultado". Você sabe quem criticou muito Rousseau quando seu trabalho foi lançado?
— Não sei, diz Matias.
— Voltaire. Respondeu a ele com algo engraçado.
Cacilda se levanta novamente para procurar a citação e lê:

Nunca foi usada tanta engenhosidade para tentar nos transformar em animais. Quando seu trabalho é lido, tem-se vontade de voltar andar de quatro. Porém, como perdi o hábito por mais de sessenta anos, infelizmente sinto que é impossível recuperá-lo. E deixo esse comportamento natural para aqueles que são mais dignos dele do que tu e eu.

"É um texto muito longo para caber no *Twitter*, pensa Matias, que imagina Rousseau e Voltaire trocando *tweets* inflamados nas redes. Ele se pergunta como o curso da história teria mudado se um deles tivesse suspendido a conta do *Twitter* permanentemente por considerar que as acusações violavam suas regras."
— Onde Rousseau se encaixaria? — pergunta Matias. — Claro, se alguém pensa que não é natural espantar-se, isso é irreal.
— Não, não é realista, Cacilda confirma com um sorriso. Ele é um filósofo peculiar, alguns disseram que ele tinha traços de racionalismo, outros o colocam na tradição romântica, da qual ele seria a pedra angular. E também tem traços empiristas.

— Por que seria empirista?

— Rousseau leu Locke e o cita muito. Lembra-se de Locke?

— Ele é um empirista, reduz o conhecimento às sensações — lembrou Matias.

— Sim. Para Rousseau, o homem é, em termos de conhecimento, como um animal não racional. Escreva, espero encontrar...

Todos os animais têm ideias, visto que têm sentidos, e ainda combinam suas ideias até certo ponto; o homem dificilmente se distingue do animal a esse respeito.

— ...Portanto, o ato de conhecer é, para Rousseau, algo passivo, é o resultado das impressões deixadas pelas experiências sensoriais na mente. Você sabe como Rousseau se interessou pelo empirismo?

— Como? – pergunta Matias.

— Bem, você não vai acreditar na coincidência, mas ele morava na mesma rua que Pereira. Você se lembra do educador surdo-mudo que era professor de Itard, aquele que cuidava de Victor de Aveyron?

— Sim, aquele que inspirou o alfabeto na mão que Anne Sullivan usou com Helen Keller.

— Sim, Rousseau e Pereira moravam na mesma rua, na rua Plâtrière em Paris! Eles eram amigos, e o discípulo de Itard, Séguin, conta que Rousseau passava as tardes assistindo Pereira ensinar o alfabeto tátil aos alunos de sua escola. Rousseau era fascinado pelo mundo das sensações.

Séguin pensa que o *Emílio,* de Rousseau, se originou dessas observações.
— Mas Pereira era empirista?
— Pereira nunca se interessou por filosofia ou empirismo. Ele era um professor de surdos-mudos, não um empirista. Seu método não era um tratado de filosofia. Pelas características específicas de seus alunos, ele não pôde enfatizar a formação de conceitos abstratos desde o início, então teve que educar por meio das sensações. Somente por meio dessa educação sensorial seus alunos foram capazes de abstrair, de partir da realidade sensível para conceitos mais universais.
— Como Helen Keller.
— Sim. Portanto, seu método não pode ser descrito como empirista, na verdade é um método educacional baseado na educação sensorial. Pereira nunca negou o papel da inteligência e da capacidade de abstração. Poderíamos afirmar o mesmo de Montessori, que segue o caminho de Pereira, Itard e Séguin, mas sem ser empirista.
— Vamos continuar com o Rousseau — propõe Matias, preocupado em não perder o fio da meada.
— Sim, desconheço o assunto, desculpe. *Para Rousseau, quem quer ser feliz não deve aspirar ao conhecimento. À medida que seu conhecimento aumenta, suas necessidades aumentam e, portanto, seus desejos* são *frustrados.* Ou seja, *o objetivo é a ignorância.* É por isso que Rousseau afirma que odeia livros. Ele despreza e encoraja o desprezo por tudo que é abstrato. Ele é o pai da corrente anti-intelectualista.

Matias relaciona a explicação de sua professora ao comentário desdenhoso de José sobre a excelência, que ele chama de "farsa elitista". Mesmo tópico.

— E é por isso que Rousseau menciona que há mais sabedoria em uma cidade inteira de hurões do que em toda a Academia de Ciências.

— Sim! Então você leu? — Cacilda fica surpresa que Matias não tenha dito a ela antes.

— Não, foi José quem leu essa parte para mim — esclarece Matias enquanto leva o *Emílio* para dar uma olhada.

— É verdade que existe uma sabedoria popular e um grande senso comum nas esferas menos intelectuais. Mas quando você entende a filosofia por trás dessa afirmação, percebe que Rousseau não está apenas se referindo à sabedoria popular e ao bom senso, mas está se desculpando por sua ignorância. Na realidade, não faz sentido opor a ciência à sabedoria popular e ao bom senso, confrontar a experiência vivida com a teoria. Matias relaciona a afirmação de Rousseau com a explicação de Cacilda sobre a compatibilidade entre teoria e prática.

— Rousseau estava opondo sentimentos e sensações à razão, certo?

— Exatamente, afirma Cacilda. Essa oposição é incorreta porque o povo indígena, além de ter uma boa dose de intuição e bom senso, possuía um conhecimento muito valioso. Se não fosse por seu conhecimento de remédios naturais, Jacques Cartier e toda a sua tripulação francesa teriam morrido de escorbuto ao chegar em Québec, em 1549.

— Que remédios naturais eram esses? – pergunta Matias.

— Muitos dos marinheiros que foram para a América, no século XVI, sofriam de escorbuto porque passavam meses em navios sem frutas ou vegetais. Os hurões descobriram que, fervendo o cedro branco para fazer uma bebida, podiam curar a doença. Eles compartilharam esse conhecimento valioso com os franceses e curaram muitos deles. Esses povos não viviam apenas no mundo das sensações; é claro que usavam a razão! Talvez não soubessem que o cedro branco contém vitamina C, mas sabiam que continha algo que curava aquela doença, porque o testaram e chegaram a essa conclusão com a inteligência. Afinal, isso também é mentalidade científica, com a mídia da época. A mentalidade científica não é encontrada apenas em um laboratório de tubo de ensaio.

Cacilda faz uma pausa. Levanta-se e olha ao longe pela janela. Enquanto isso, Matias vira as páginas do livro com o dedo indicador direito e nota algo que chama sua atenção.

— Quem é Sofia? – pergunta.

— Sofia é a futura esposa de Emílio.

— Sério?

— Sim, sim. Emílio e Sofia são educados separadamente, porque de acordo com Rousseau as mulheres sabem menos que os homens. A propósito, Sofia é criada para ser esposa de Emílio.

Matias lê em diagonal e exclama:

— Aqui ele escreve: "A arte de pensar não é estranha às mulheres, mas elas não deveriam fazer outra coisa senão permanecer na superfície do raciocínio". Que forte! E aqui ele diz: "As meninas não gostam de aprender a ler e escrever e, no entanto, estão sempre dispostas a aprender a costurar". Existem ideias que envelhecem mal, comenta Matias ironicamente.

– Bem, o que mais surpreende é que o ideólogo do igualitarismo diga isso.

O telefone de Matias toca e ele o desliga pedindo desculpas.

– É o José. Ligo mais tarde.

– Não, não, por favor, ligue para ele. Estou indo para a cozinha fazer algumas coisas. Mas podemos continuar conversando na mesa da cozinha, se você quiser. Tem luz e é mais agradável.

17
Na rua Plâtrière

A cultura da militância em sala de aula
Quando o objetivo da educação é moldar o cidadão

Matias está sentado à mesa da cozinha. Ele adora conversar em um ambiente tão informal como esse; não tem mais a sensação de que está visitando Cacilda.

– Sobre a questão da liberdade em Rousseau, gostaria de entendê-la melhor, pergunta Matias. Diz-se que Rousseau deixa Emílio fazer o que quer. Não é assim?

– A questão da liberdade em *Emílio* só se entende à luz do projeto político para o qual Rousseau quer formar os cidadãos. É o futuro Emílio de seu sistema político. Na verdade, Rousseau é considerado um precursor das doutrinas totalitárias. Em *O contrato social*, Rousseau afirma que "quem se recusar a obedecer à vontade geral será forçado a fazê-lo por todo o corpo social: o que significa nada mais do que ser forçado a ser livre". Observe: "Ele será forçado a ser livre". Como mencionei antes, a doutrina de Rousseau inspirou mais de um ditador. Não é curioso que algo como o Romantismo, que é tão aberto, que poderíamos até chamar de reino do indeterminismo, do acaso e da exaltação do sentimento subjetivo, leve a algo tão fechado e rígido como o totalitarismo.

— E por que isso acontece? — pergunta Matias, coçando a cabeça.

— É sempre necessário um equilíbrio entre o caos e a ordem, tanto na política como na educação. Caos é criatividade, ambiguidade, liberdade, indeterminismo, inspiração, desejo, mudança, acaso, rebelião contra o *status quo*... é sempre saudável que haja uma certa dose de caos. E ordem são limites, normas, clareza, certezas, regras, diretrizes, organização, previsão, estruturas, controle, estabilidade... Uma certa dose de ordem também é saudável. A chave é o equilíbrio.

Matias se lembra da importância do equilíbrio entre a instrução direta e a descoberta pura. A instrução direta é a transmissão organizada e ordenada de conhecimento estável; descoberta é criatividade, ambiguidade, liberdade... Matias entende a aplicação pedagógica desse equilíbrio e entende a importância de combinar os dois métodos. Ele intui como mudanças sucessivas de governo podem cambalear para um lado, depois para outro, sem nunca encontrar um meio-termo.

Cacilda continua sua explicação:

— Romantismo é rebelião em reação ao racionalismo que não admite a variável da liberdade porque não se encaixa na equação algébrica de Descartes. E uma vez que o caos absoluto desperta a nostalgia da ordem absoluta, é um terreno fértil para o totalitarismo. Rousseau abre a porta para isso quando diz: "Será forçado a ser livre".

— Se apenas podemos exercer a liberdade que nos é prescrita, não somos livres, enfatiza Matias em tom de perplexidade.

— Para Rousseau, o cidadão é livre, mas só é livre para tomar as decisões que o Estado mandar. Esta frase resume o projeto político de Rousseau e ajuda a compreender sua proposta educacional.

— Qual?

— Se a educação deve ser reduzida à mera percepção sensorial ou às impressões que recebemos passivamente por meio dos sentidos, e se a formação de ideias é um processo fundamentalmente sensorial ou mecânico, então o educador pode controlar a perfeição do processo educacional por meio do controle exercido sobre o ambiente.

— E se os alunos mais fracos também são afastados do pensamento... – acrescenta Matias.

— Sim. Lembre-se de que, para Rousseau, a educação é uma ferramenta para implementar um sistema político específico, então é lógico que ela deve acabar ...

— ... politizando a sala de aula, completa Matias a frase da professora.

— Sim. Em todos os regimes autoritários ou totalitários, as salas de aula têm sido um lugar de militância social e política, o campo de batalha pelo poder. Às vezes, essa batalha é mais sutil, outras vezes menos. Para que você tenha uma ideia, vou contar-te um caso interessante.

— Sim, por favor, pede Matias, que finalmente quer ouvir uma aplicação prática do que Cacilda lhe explica.

— Em 1793, Maximilien Robespierre, o ditador francês que foi um dos líderes da Revolução Francesa, propôs um plano de educação elaborado por um certo Louis-Michel le Peletier. Ambos eram admiradores de Rousseau e queriam um sistema educacional a serviço da República. Segundo esse plano, todos os pais eram obrigados a entregar seus filhos com idades entre cinco e doze anos ao estado.

— Eles deveriam ir para a escola pública?

— Não exatamente, Cacilda responde. Eles deveriam, a partir dos cinco anos, deixar sua casa e viver em um internato estadual. Todos deveriam usar o mesmo uniforme, comer a mesma comida e receber a mesma educação e instrução.

— O igualitarismo de Rousseau.

— Sim. Le Peletier afirma que as crianças são um acidente e um fardo para os pais e que a educação pública deve proporcionar-lhes o alívio necessário para que possam ter e entregar mais filhos à República.

Matias medita sobre a ideia da escolarização precoce como solução para a educação. Ele imagina o que aconteceria se os alunos do jardim de infância estivessem engajados no ativismo político desde apenas alguns meses de idade e sente-se perturbado.

— E se os pais não quisessem levar seus filhos ao internato do Estado de Le Peletier quando tivessem cinco anos? O que aconteceria?

— De acordo com essa proposta, responde Cacilda, eles perderiam seus direitos de cidadãos e deveriam pagar o dobro dos impostos. Em vez disso, o plano prevê o pagamento de uma grande quantia a cada mãe que entregar seu filho de cinco anos, desde que comprove ter cumprido seu dever de amamentar.

– De quê? – Matias pergunta incrédulo.

– Sim, sim, o plano prevê uma orientação sobre como as mães devem realizar a gravidez, alimentação, amamentação etc. A mãe deve apresentar um certificado ao Estado confirmando que ela cumpre suas obrigações. Tudo é regulado pelo Estado, até a gravidez da mulher. Para Rousseau, as crianças são do Estado, não se esqueça. Le Peletier menciona... espere, estou procurando por isso.

Cacilda estende o braço esquerdo e puxa um livro verde escuro da prateleira. Pesquisa e lê...

Na instituição pública, a totalidade da criança nos pertence... a matéria nunca sai do molde; nenhum agente externo pode reformar a modificação que é dada ao molde. Eles prescrevem, a execução será segura; imagine um método adequado, ele será obedecido imediatamente...

– ...Robespierre, como Rousseau, busca um sistema educacional que permita ao cidadão ser moldado para o sistema político que ele quer estabelecer, para a Revolução.

– Mas isso também aconteceu depois da Revolução Francesa?

– Claro, Matias. Pense em todos os regimes totalitários. Quando Montessori se recusou a permitir que Mussolini implementasse suas escolas, ele fechou todas e ela teve que se exilar em Barcelona. Isso aconteceu ao longo da história em todos os regimes deste tipo. Quando o totalitarismo sobe ao poder, as escolas passam de escolas públicas a escolas estaduais, atendendo a um projeto político específico, sem que ninguém perceba a diferença.

– Bem, eu nunca havia percebido essa diferença sutil entre escolas públicas e estaduais.

– Por isso existe hoje essa ideia errônea de que pluralidade educacional se opõe a escola pública. A pluralidade educacional não é monopólio exclusivo das escolas privadas, é algo que deve ser oferecido também e, sobretudo, na rede pública de ensino.

– A ideia de escolas públicas vem de Rousseau? – pergunta Matias.

– Sim. Rousseau argumenta que "a razão do homem não pode ser o único árbitro de seus deveres" e a educação dos filhos não deve "ser abandonada aos preconceitos de seus pais". Baseia seus princípios na ideia de que o Estado permanece, mas a família se desfaz com a morte dos pais. Portanto, o Estado descrito por Rousseau não quer se contentar em ter um papel de subsidiariedade, mas quer atuar como o primeiro e principal educador para "imbuir na criança as leis do Estado e os princípios da vontade geral". A questão é que, para educar, é preciso conhecer bem as crianças. Mas, para Rousseau, a intuição e a sensibilidade dos pais são elementos temporários e arbitrários, pois os pais morrem e o Estado subsiste.

— Bem, com a quantidade de mudanças políticas e legislativas educacionais — justifica Matias —, a intervenção do governo na educação é menos estável do que a escola e o ambiente familiar das crianças. Às vezes penso nisso, graças a Deus que nós, professores e as famílias, estamos aqui para dar estabilidade a tantas mudanças nas leis educacionais.

— Você deve entender que não há mudanças de governo previstas no modelo político de Rousseau. A vontade geral leva ao totalitarismo.

Matias reflete e pergunta:

— O que você diria àqueles que dizem que as crianças não são de seus pais?

— Os filhos não são propriedade dos pais, isso é óbvio. Disfarçar um debate sobre a educação pública sobre o direito de vender ou não os filhos como escravos é uma armadilha sofista. Se seguirmos a mesma lógica, os filhos também não são do Estado. O que está em jogo em última instância, a verdadeira questão é: quem assume o papel de primeiro educador e quem assume o papel de subsidiário? A subsidiariedade do Estado, na educação e em muitas outras áreas, é fundamental.

— Por quê? O que é subsidiariedade?

— É um princípio de defesa da liberdade contra o totalitarismo. Lembre-se de que todas as ideias educacionais de Rousseau têm uma justificativa política. A educação da criança está a serviço de um regime político previamente definido, pelo que o tutor deve exercer um controle sobre a sua educação. A margem de liberdade da criança é o molde...

— Então podemos dizer que é behaviorismo? Onde Rousseau se encaixa nos dois polos extremos explicados por Herbart? A sua pedagogia é mecanicista ou naturalista? Ele não diz que a criança carrega dentro de si a semente do que ela precisa? Não compreendo.

— Rousseau é um dos autores que mais apresenta contradições em suas obras. Ele defende tanto o behaviorismo como o naturalismo, embora esses conceitos sejam contraditórios. Rousseau é um homem de paradoxos e contradições. Às vezes, ele até se autorrefuta.

— Você pode me explicar isso? — Matias especifica.

— Sim. Por um lado, como pai do Romantismo, encontramos em seus escritos a liberdade entendida como indeterminismo, como a geração de um leque infinito de alternativas com as quais não devemos nos comprometer. Rousseau defende que as crianças não devem ter hábitos. Para ele, o hábito é um empecilho, pois amarra o ser humano à repetição e cria necessidades para ele; a repetição é escravidão porque condiciona o exercício da liberdade entendida como indeterminismo. No *Emílio*, Rousseau recomenda que as crianças não tenham o hábito, por exemplo, de comer e dormir em horários fixos. Ele diz que "o único hábito que uma criança pode adquirir é o de não contrair hábitos". Por outro lado, há um behaviorismo sensorial em Rousseau.

— Behaviorismo?

— Sim, embora seu behaviorismo esteja disfarçado sob o rótulo de liberdade, essa liberdade é uma ilusão, uma construção fictícia. Emílio é sempre manipulado pelo professor e não toma decisões livres. Alguns autores falam mesmo em fios invisíveis que movem o aluno como uma marionete. Enquanto seu tutor manipula suas decisões de fora por meio do ambiente, o aluno pensa que está livre.

— Mas Rousseau não diz que se deve deixar a criança fazer tudo? — Matias insiste.

— Não exatamente. Isso te engana ao pensar ao leva-lo a pensar que é possível. É uma frase clara que trai Rousseau, ao dar conselhos ao tutor de Emílio. Espere, marquei porque é central. Veja, aqui diz:

> Não há subjugação mais perfeita do que aquela que preserva a aparência de liberdade; cativa a própria vontade. A pobre criança que nada sabe, que nada pode fazer, não está inteiramente à sua mercê? Não é verdade que se pode descartar o meio ambiente ao seu redor? Não é verdade que se pode influenciá-lo como quiser? Não és o mestre em afetá-lo como quiser? Sua ocupação, seu jogo, seus prazeres, suas tristezas, não estão todas em suas mãos sem que ele saiba? Sem dúvida, ele deve fazer apenas o que quer, mas deve querer fazer apenas o que tu desejas que ela faça: não deve dar um passo que não tenhas previsto; não deve abrir a boca sem tu saberes o que ela vai dizer.

— Parece o plano nacional de educação de Le Peletier.

— Porque Le Peletier é inspirado em Rousseau, leio novamente o que Le Peletier disse:

> Na instituição pública, a totalidade da criança nos pertence... a matéria nunca sai do molde; nenhum agente externo pode

reformar a modificação que é dada ao molde. Eles prescrevem, a execução será segura; imagine um método adequado, ele será obedecido instantaneamente...

— Rousseau desestimula o pensamento abstrato, mas depois recomenda ao tutor que pense para manobrar e manipular seu aluno, questiona Matias em tom crítico.

— Porque existem muitas contradições internas em Rousseau. Às vezes, ele garante: "Minha regra de entregar-me ao sentimento em vez da razão é confirmada pela própria razão". Lembre-se de que Rousseau tem um histórico de totalitarismo. Submete a criança à vontade geral por meio da educação.

— Parece o Watson! "Dê-me uma dezena de filhos e farei com eles o que eu quiser, independentemente dos seus talentos e desejos ...". "Watson vive muitos anos depois de Rousseau. Mas sempre que deixamos a liberdade de fora da equação na educação, estamos indo em direção a algo como o behaviorismo.

— Deixar a liberdade de fora da equação educacional? – pergunta Matias.

— Sim. A liberdade não se encaixa bem na equação cartesiana do racionalismo. Tampouco se encaixa bem na equação mecanicista da lógica "estímulo = resposta".

— E no caso de Rousseau?

— Os Emílios do seu mundo são entidades que se limitam a receber os vestígios sensoriais que configuram o ambiente criado por aqueles que os preparam para serem cidadãos bons e obedientes.

– Cidadãos que votam no "partido certo", ousa dizer Matias, coçando a cabeça e perguntando: "Mas Rousseau não disse que a criança deve se render à sua espontaneidade?"

– Sim, mas a espontaneidade a que Rousseau se refere não é racional. É uma espontaneidade sensorial. Como a dos animais. Portanto, poderíamos falar tanto de naturalismo quanto de behaviorismo sensorial.

– Ufa, ele é um personagem complexo.

– Sim, mas é fundamental saber quem ele é e qual é a sua proposta. Porque ele é um personagem que causou um grande impacto na educação, até hoje. Se quiser ter apenas uma ideia a seu respeito, lembre-se de que ele é considerado o pai do Romantismo pedagógico.

– O Romantismo pedagógico. É uma corrente educacional na qual se encontra... Pestalozzi, certo?

– Sim, aliás, dois dos pedagogos dessa corrente são Pestalozzi e Froebel. Johann Pestalozzi nasceu em 1746. Era um clérigo protestante suíço. É conhecido por ter aplicado as ideias do Iluminismo à pedagogia na Europa.

– Ele nasceu trinta e quatro anos depois de Rousseau, calcula Matias.

– Sim, na época dele ainda havia um ar de rebelião contra a rigidez do racionalismo, que desprezava a dimensão sensorial na aprendizagem. Pestalozzi se inspira em Rousseau, a quem admira, a ponto de chamar seu único filho de Jean-Jacques.

— Nossa! — exclama Matias.

— Pestalozzi considera Rousseau como o "ponto de interseção entre o velho e o novo mundo em matéria de educação". Mas ele quer ir além de Rousseau e quer viabilizar o que Rousseau considerou uma utopia: formar o homem e o cidadão. Para isso, criou uma escola industrial, Neuhof, na qual tenta conciliar a liberdade autônoma de seus alunos com o compromisso com o mundo social graças ao trabalho que permite a realização de si mesmo. Neuhof teve que fechar por motivos financeiros e Pestalozzi viveu na pobreza, dedicando grande parte de sua vida à educação dos pobres. Em 1804, ele fundou dois institutos em Yverdon, nos quais trabalhou por vinte anos com crianças entre sete e dezesseis anos. Ele também fundou uma escola para surdos-mudos.

— Em que corrente filosófica se encontra Pestalozzi?

— Pestalozzi foi influenciado pelo empirismo de Locke por intermédio de Rousseau, mas também pelo idealismo. Pestalozzi teve até um encontro com Fichte em 1794, que marcou sua forma de pensar. Fichte viu em Pestalozzi uma oportunidade de transferir as ideias do idealismo à pedagogia. Existem várias cartas escritas por Pestalozzi, nas quais ele reconhece explicitamente que seus fundamentos se baseiam nas ideias de Fichte. Em última análise, para Pestalozzi, a educação do filho é "um trabalho de si mesmo". Este projeto de autonomia é inspirado no naturalismo de Rousseau...

— ... é a ideia da semente— sugere Matias.

— Sim, essa ideia também se inspira no idealismo, que entende a realidade como produto da subjetividade.

— E Froebel?

— Friedrich Froebel nasceu em 1782; é 36 anos mais jovem que Pestalozzi. Depois de ter trabalhado como técnico florestal e agricultor, começou a lecionar aos 23 anos e descobriu sua vocação para a educação. Ele trabalhou com Pestalozzi, e isso o influenciou. Froebel é conhecido como o inventor da educação infantil. Inventa o termo *Kindergarten*. Isso soa familiar para você?

— Você quer dizer "jardim de infância", certo? — Matias especifica.

— Sim, é uma metáfora usada por Froebel para o naturalismo. Seu naturalismo é inspirado em Pestalozzi e Rousseau. Segundo Froebel, as crianças têm uma bondade natural e, como as flores, desde o início da vida têm tudo o que precisam para se desenvolverem naturalmente por meio da atividade espontânea. Ele ressalta que a educação "deve se limitar a proteger e monitorar, sem finalidade prévia ou sistema preconcebido".

— Ele é um naturalista. Acredita que a semente da educação está na criança.

— Sim. Bem... isso é o suficiente por hoje, declara Cacilda, solenemente. Já terminamos nosso pequeno voo pelo mundo das ideias. Agora podemos pousar nas salas de aula com a bagagem que nos permitirá entender melhor os métodos.

— Finalmente. Quando é bom para você nos vermos novamente para continuarmos conversando?

— Na próxima quinta à tarde, se quiser. Enfim, agora você vai ficar de olho no José, ele vai precisar da sua ajuda, não?

— Sim. Eu gostaria que ele viesse aqui para ouvir suas explicações.

— Adoraria ver o José. Mas ele perdeu nossas três viagens pelo mundo das ideias. Se você não começar pelas fontes filosóficas, será difícil entender o que está por trás dos métodos. Estou muito feliz que você o tenha convidado, mas primeiro você terá que explicar a parte filosófica para ele, caso contrário, ele ficará um pouco perdido.

— Ufa, não sei se consigo, justifica-se Matias. Não é fácil convencê-lo. Além disso, se eu falar com ele sobre filosofia, ele ficará muito nervoso. José não acredita na relevância da filosofia na educação. Ele não se interessa por esse assunto, não sabe nada de filosofia.

— Oh! É difícil se interessar por um assunto se não o conhece.

— Sim.

— Lamento dizer isso, Matias. Eu não sei quantas vezes mais vamos nos ver. Estamos aqui para falar sobre todos esses assuntos, o que você quiser, mas quero que saiba que depois de algumas semanas conversando comigo, é possível que mais tarde você volte ao mundo educacional se sentindo muito sozinho.

– Por quê?
– Bem, talvez não, espero que não, diz Cacilda com tristeza. Esqueça o que eu te disse. Agora vou à cozinha pegar alguns biscoitos de gengibre para você levar para o José.

18
Na sala dos professores

— Eles são retrógrados, comenta José Miguel a Pablo.

Ouve-se o som da moeda caindo na máquina de café e, em seguida, o café. José Miguel, o professor de matemática, abaixa-se para pegar o copo cheio. Matias, que também está na sala dos professores, tenta se concentrar. Ele olha para os dois e se pergunta a idade deles. José Miguel tem cerca de sessenta anos; Pablo, cerca de trinta. Pablo é familiar para ele, viu-o no prédio do ensino fundamental algum dia. Ele olha para o relógio e calcula que ainda tem meia hora para corrigir trinta provas. Depois, tem de correr para a casa de Cacilda. Mas os dois professores não param de falar e Matias não consegue se concentrar no trabalho de seus alunos.

— Claro, não podemos proibir telefones celulares em sala de aula, alunos ficam entediados, responde Pablo. Você não entende? O celular, as redes, o mundo *on-line*, tudo isso é como o sangue que corre em suas veias. Eles precisam disso. As crianças de hoje não são como as de antes. Eles são nativos digitais. Precisam de uma aula ativa com novos métodos, como a sala de aula invertida (*Flipped Classroom*), inteligências múltiplas, *tablets*, dispositivos móveis etc.

Aprendizagem cooperativa, trabalho por projetos... Todos esses novos métodos são projetados para tornar a educação ativa, não passiva.

— É verdade, confirma José Miguel, se não usarmos os métodos que eles usam, eles não se adaptam a nós. Todo o conhecimento está no Google em um clique. O mundo de amanhã será diferente do de hoje, o que ensinamos hoje pode não servir amanhã. Estamos empenhados em dar-lhes as ferramentas que irão melhorar suas habilidades e espírito crítico em vez de ficarmos obcecados pela transmissão de conhecimentos inúteis e desatualizados. É impossível fingir memorizar tudo, está tudo na internet! Outro dia tentei explicar isso para Amâncio, eles têm que aprender a aprender e aprender fazendo. Eles devem construir seu aprendizado, é essencial.

Ao terminar as frases, Amâncio chega, pressente o fim da conversa e diz, com ar de superioridade: "De novo com a bobagem de aprender a aprender e aprender fazendo. Eu sei que você não gosta que a letra entre com o sangue, mas é assim mesmo, a letra só entra com esforço, ordem e disciplina imposta pelo professor que tem autoridade. Ponto final".

José Miguel ergue as sobrancelhas indignado e faz um gesto de desprezo como se atirasse uma toalha com a mão.

— Amâncio, responde Pablo em tom conciliador, já falamos sobre isso muitas vezes. O aluno é o senhor, o protagonista da educação, não o professor. Você não pode ser tão autoritário. Um pouco de humildade, por favor.

— Se humildade consiste em não intervir, sugere Amâncio, o que você está ensinando? Você se aposenta com trinta anos. E seguimos aqueles de nós que acreditam na educação. Que a criança é a protagonista, não concordo em absoluto. Não faz sentido!

Matias sente-se tentado a intervir, mas não se identifica com nenhuma das duas posições. Ele olha para o relógio novamente, verifica se hoje não vai conseguir terminar as correções e começa a tossir, para que seus colegas fiquem sabendo de sua presença e diminuam a tensão e o tom do debate.

José Miguel capta a mensagem e sussurra em tom de compromisso:

— As crianças precisam de pedagogias ativas. Coloque-se no lugar deles, Amâncio, gostaria de ficar ouvindo passivamente as aulas o dia todo? Temos que criar um ambiente no qual elas se sintam confortáveis e não se aborreçam. Elas têm que descobrir coisas por si próprias. É assim que ficam motivadas.

— Do contrário, ficam muito cansadas — acrescenta Pablo, sentindo-se reforçado pelo colega. — Na aula passam muitas horas ouvindo passivamente. Não conseguem, é uma tortura. Como podemos esperar que eles mantenham o interesse por tanto tempo? O sistema educacional, tal como é concebido, é uma tortura para o aluno.

— A educação não se limita a aprender como papagaios que memorizam mecanicamente coisas tão inúteis como a lista dos reis góticos — confirma José Miguel.

– Tente aprender algo sem usar a memória para ver se funciona, diz Amâncio. Bem, vocês mesmos. Livrem-se dos quadros negros e dos bancos! Encham o chão com almofadas! Parem de ensinar! Deem *tablets* para se divertirem! Métodos que diminuem as demandas e banem o esforço. Muito bem, é assim que economizamos todo o corpo docente, inclusive o seu salário. Que economia!

José Miguel suspira de indignação. Amâncio olha para ele e responde ao suspiro do colega:

– Você é autoconsciente e sabe disso. No meu tempo, quando a hierarquia era fonte de conhecimento, tudo era muito mais fácil, lamenta ele. A cultura de esforço e respeito pela autoridade foi incutida. Foi ensinada e aprendida por um senso de dever. Agora, você não pode mais educar. Eu tenho aula, eu tenho que ir.

Amâncio sai para o corredor sem se despedir.

– Talvez eu tenha exagerado, afirma José Miguel a Pablo.

– Podemos ter ultrapassado o limite, sim. Mas esse é Amâncio, ele ainda vive no passado, ele diz "no meu tempo", ele não é capaz de ficar no presente. E não apoia a Nova Educação.

– E nós não suportamos a educação tradicional.

Matias pega suas folhas de provas não corrigidas, coloca-as na pasta, despede-se e, ao sair da sala dos professores, lê o cartaz de uma conferência dirigida aos pais: "Recuperar a ilusão de educar". Sai para o corredor e vê outro cartaz, dirigido aos alunos: "Ousem ser felizes!". Ambas as manchetes gritam para ele, mas não sabe por quê.

19
Primeira escala na Europa, há 150 anos

A Nova Educação: suas origens e seu desenvolvimento
Centros de interesse de Decroly

Ao abrir a porta, Cacilda vê que Matias chega sem a ilusão que o caracteriza.

— Vejo você um pouco preocupado, Matias, o que há de errado?

— Bem, diz Matias ao entrar e se acomodar na poltrona de veludo azul, ouvi uma briga na sala dos professores hoje, eles estão brigando o dia todo por questões pedagógicas, é terrível. Eu gostaria de não ter ouvido isso, foi muito desagradável.

— Nossa, sinto muito. É verdade que a disciplina educacional desperta muitas paixões.

— Não há como concordar, parece que estão a mil quilômetros de distância, em dois mundos completamente diferentes. Por um lado, existe a Nova Educação e, por outro, a educação tradicional.

Cacilda se levanta e dá a volta no sofá, com alguma calma. Matias, que está se acostumando a não ter que preencher os momentos de silêncio com palavras, fica parado esperando a resposta dela. .

— Matias, o que é a educação tradicional para você?

— É a educação antiga, a de antes, a que vem antes da nova educação.

Matias observa o rosto sereno de sua interlocutora e começa a duvidar.

— Etimologicamente, define Cacilda, "tradicional" se refere ao que uma geração passa para a outra, ao que sempre foi feito, ao que é estável. E como houve muitas correntes educacionais diferentes ao longo da história da educação, é um termo que pode confundir, porque não é definido de forma objetiva, *per se*.

— Não entendo – diz Matias com sinceridade.

— Quanto tempo tem a educação Montessori?

— Mais de cem anos, acho.

— Isso. Portanto, podemos dizer que Montessori é tradicional, porque nos últimos cem anos não mudou muito. Quantos anos tem a educação Decroly?

— O mesmo, acho, responde Matias.

— Isso, e assim poderíamos continuar com uma longa lista de pedagogias que duram décadas: a de Ferrière, Claparède, Dewey, Piaget... Essas pedagogias nasceram no século XIX, outras pedagogias surgiram no início do século XX, mais de cem anos. No entanto, as colocamos na corrente da Nova Educação porque são pedagogias que têm uma frente comum, há mais de cem anos, ao que então chamaram de educação antiga.

— O que é educação antiga? – pergunta Matias.

— Nem todos os pedagogos da Nova Educação a definiram da mesma forma.

Matias percebe que há um mundo de nuances no que ele dividiu, sem mais, em dois clás. Determinado a ir ao fundo da questão, pergunta:

— A Nova Educação não é a de agora, então?

— Não, é tudo menos novo, garante Cacilda, sorrindo. Existe a Nova Educação do início do século XX e a de agora, do século XXI.

— E quais são as diferenças entre a Nova Educação de cem anos atrás e a de agora?

— Você me faz muitas perguntas, e todas são muito relevantes. Eu entendo que você queira entender tudo de uma vez, mas, como sempre, se quisermos ter uma visão geral, devemos começar do início. Então faremos outra viagem, desta vez com uma pequena parada...

— Onde?

— Em algumas escolas no final do século XIX. Na Alemanha, França e Inglaterra. Na época, havia escolas chamadas Novas Escolas.

— Havia novas escolas no século XIX? Que incrível.

— Sim, as atuais não são tão novas, Cacilda responde com seu sorriso habitual. As Novas Escolas do século XIX são as que impulsionaram o movimento da Nova Educação. Poucas pessoas sabem de toda a história. E é importante saber, porque o passado nos permite entender o presente e focar melhor no futuro. Eram escolas inspiradas pela ideologia de igualdade de Rousseau. Deixe-me explicar de uma forma mais ordenada.

— Tudo bem – diz Matias, esperando.

Cacilda ergue os olhos com a cabeça inclinada para a esquerda e reflete antes de começar a explicação.

— Já no final do século XIX, existem várias iniciativas de Novas Escolas na Alemanha, França e Inglaterra. Em 1900, um suíço de 21 anos chamado Adolphe Ferrière visita a Nova Escola Des Roches, onde seu primo e irmão estudavam, e então conhece o diretor da escola, Edmond Demolins. Demolins vê que Ferrière está muito interessado nas Novas Escolas e sugere fundar uma associação que reuniria todas elas sob o mesmo guarda-chuva. Até então, essas escolas eram gratuitas, a única coisa que tinham em comum era a inspiração nos princípios de Rousseau. Ferrière ficou entusiasmado com a ideia e fundou, no mesmo ano, o Bureau Internacional de Nova Educação na Suíça. Ferrière logo se tornou um conhecedor das Novas Escolas, visitando com frequência e descrevendo em uma série de artigos como "os laboratórios da escola do futuro". Nessas escolas, disciplinas consideradas "tradicionais", como Geometria, Gramática e Matemática, são minimizadas em favor do lúdico, da vida ao ar livre, do trabalho manual, da ginástica ou do desenho.

— Eram escolas estatais, como Rousseau sugeriu?

— Não, a maioria das Novas Escolas da época não são públicas; são escolas particulares de elite.

— E então? Isso não vai contra o ideal de universalidade e igualdade de Rousseau?

— É que essas escolas não têm como objetivo formar cidadãos... têm por objetivo formar a elite do sistema político proposto por Rousseau. Em todo caso, continua Cacilda, essas escolas baseiam seus princípios nas ideias pedagógicas e políticas de Rousseau, que Ferrière denomina o "teórico brilhante" da educação moderna. Ferrière está envolvido em duas outras iniciativas muito importantes relacionadas com a divulgação da Nova Educação. O primeiro é o Instituto Jean-Jacques Rousseau e o segundo é a Liga Internacional para a Nova Educação.

— Onde foi isso?

— O primeiro na Suíça, o segundo na França. Mas, na realidade, ambas as iniciativas tiveram uma vocação internacional. Agora, eu explico a primeira iniciativa.

— Interessante.

— Em 1912, Ferrière juntou-se a dois outros pedagogos, Édouard Claparède, médico e professor da Universidade de Genebra, e Pierre Bovet, também professor universitário, para fundar o Instituto Jean-Jacques Rousseau em Genebra. Essa associação tem como objetivo formar, pesquisar e divulgar novas pedagogias. Como a Nova Educação foi algo que nasceu da experiência, em tempo real, o objetivo era criar uma espécie de laboratório que permitisse validar suas intuições, testando as ideias de Rousseau, de alguma forma. Uma experiência como a de Emílio, com crianças pequenas.

— Que laboratório era esse?

— Em 1913, o Instituto fundou a *Maison des Petits*, que é a tradução francesa de Casa das crianças. Ele fez isso para legitimar sua abordagem empírica, baseada na experiência, dando-lhe um ar mais científico. Lembre-se de que, para as Novas Escolas, a pedagogia só é boa se nasce da experiência. Os pedagogos desta corrente tendem a sentir uma certa desconfiança em relação à teoria, ou a pensar que existe uma contradição entre filosofia e educação, entre teoria e prática. Lembre-se de Rousseau, desprezando a atividade intelectual e a abstração. Ferrière chegou a dizer que todos os problemas da educação vinham da filosofia.

— A ideia de que a educação nasce da experiência educacional e que a teoria se descola da realidade ainda hoje se difunde entre os professores. Estávamos conversando sobre isso outro dia, mas eu não sabia que essa ideia surgiu com Rousseau, diz Matias.

— Sim, surge da ideia de que "sentir é pensar". Os professores não gostam da ideia de serem "aplicadores de teoria". Mas não se trata disso, e sim de unir o mundo da teoria ao da prática, com uma mentalidade científica e abertura à filosofia da educação. A teoria é uma abstração da prática, nasce dela.

— E não é essa a ideia da *Maison des Petits*?

— Quando o movimento da Nova Educação fala de ciência, refere-se sobretudo à psicologia experimental. Na prática, a ciência é uma ferramenta subserviente a ela.

— Por que servil?

— Bem, porque ele usa isso como uma ferramenta de validação para suas intuições filosóficas românticas.

Matias continua absorvido e pergunta:

— Mas a tradução de *Maison des Petits*, Casa das crianças, não é esse o nome das primeiras escolas montessorianas?

— Sim, Montessori chamava seu jardim de infância assim, *Casa dei Bambini*, e ela não gostou nada que copiassem o nome. Na verdade, a *Maison des Petits* foi inspirada por ela, e dizem isso explicitamente, mas não a integram nessa iniciativa. Essa escola não estava realmente usando seu método, mas uma mistura de várias pedagogias. É uma espécie de pedagogia eclética que empresta ideias de Froebel, Montessori, Dewey... Montessori não estava de acordo com Ferrière, Bovet e Claparède, tinha muitas diferenças com eles.

— Mas eram diferenças pessoais ou de conteúdo?

— As duas coisas. Por outro lado, ela discordava do fato de o Instituto Jean-Jacques Rousseau ministrar treinamento em seu método sem sua permissão. Então o Instituto publicou uma adaptação de seu primeiro livro, da qual ela não gostou e pediu que não fosse publicado novamente.

— Por quê? — Matias insiste, intrigado.

— O Instituto havia retirado as partes mais teóricas do livro e, no final, parecia que era um compêndio de experiências sem reflexão, sem fio, sem propósito. Lembre-se de que a história da Nova Educação é um movimento liderado sobretudo por um grupo de homens: Piaget, Claparède, Bovet, Ferrière, Decroly, todos acadêmicos ou aspirantes a ser.

— Mas não havia mulheres também?
— Sim, mas elas tinham um papel secundário ou de terceiro nível no plano conceitual. É preciso entender o contexto da época. Para eles, que uma "simples mulher e professora" como Montessori tivesse suas próprias revistas, sua própria associação, seus próprios congressos e seu próprio método, que também leva seu nome, era incômodo. Eles perceberam isso como arrogância. Por outro lado, ela não concordou com as premissas da Nova Educação. E falava muito mal de Rousseau em seus livros, referia-se ao *Emílio* como uma história em quadrinhos romântica. Ele não compartilhava da ideia de que a semente da educação está na criança e que a educação degenera o homem. Era lógico que tudo isso irritasse seus contemporâneos, pois, ao criticar Rousseau com tanta severidade, posicionou-se diante de seus discípulos em uma relação de superioridade. Na verdade, – continua Cacilda, sorrindo,–, tanto Dewey como Ferrière, Claparède e Bovet a chamavam de Lady em vez de Doctor. É muito significativo.

Matias se surpreende com a veia feminista de Cacilda. Tenta retomar o assunto da conversa.

— Antes de você falar de uma segunda iniciativa da Nova Educação, havia falado da... Liga...

— A Liga Internacional para a Nova Educação, sim.

— Quem a fundou? – pergunta Matias, intrigado.

— Muitos intervieram. Na sua fundação, que ocorreu no seu primeiro congresso em Calais, em 1931, estava Ferrière e havia muitos pedagogos conhecidos da época, como Decroly, por exemplo.

– Ovide Decroly.

– Sim, Ovide Decroly, ele é belga, médico e nasceu em 1871, um ano depois de Montessori. Ele se inspirou em Pestalozzi e Froebel e fundou, em 1901, uma escola chamada L'Ermitage, em Bruxelas, cujo lema é "Escola para a vida".

– Que método devemos a você? – pergunta Matias.

– Aquele com os "centros de interesse".

– Ah, sim, Ana me contou sobre isso. Eles o usavam na fase infantil em sua escola, acho.

– Sim, eles usavam em muitas creches.

– O que Decroly sustenta?

– Muitas coisas. Para resumir um pouco, afirma que o interesse surge das necessidades básicas ou primitivas da criança, como nutrição, proteção contra as intempéries, defesa do perigo e ação.

– O estado de natureza primitivo de que fala Rousseau, destaca Matias.

Cacilda começa a pensar, puxa os óculos e acaricia suavemente o queixo.

– A proposta de Decroly é inspirada em Rousseau. Para Decroly, a criança é quem decide o que lhe interessa, e o ensino deve ser adaptado aos seus interesses. Segundo ele, a energia direcionada para suprimir ou satisfazer a necessidade básica se transforma em juros. Para Decroly, o interesse consciente é desejo.

— Desejamos quando sabemos que obedecemos aos impulsos que nos fazem satisfazer nossas necessidades básicas? Mas isso não procede! — exclama Matias. — Não existe livre-arbítrio.

— Decroly fala mais sobre espontaneidade do que vontade. Lembre-se, ele é um romântico.

— Os gregos também se referem ao desejo de saber. Qual é a diferença entre o que os gregos chamam de "espanto" e o que Decroly propõe?

— Muito grande. O desejo de saber é uma atitude de abertura à realidade, surge no contato com a realidade. É uma espontaneidade racional. Os pedagogos da Nova Educação como Decroly, Dewey, Claparède ou outros, por outro lado, defendem o interesse como uma espécie de energia que brota na criança de forma espontânea e irracional. Esta posição está alinhada à tese idealista e romântica. Outro legado de Decroly é sua teoria abrangente da aprendizagem.

— O que essa teoria defende? — pergunta Matias.

— Que a criança aprende globalmente.

— O que significa isso? — insiste.

— Para explicar, vou te contar o evento que originou essa ideia. Um dia, Decroly estava com seus filhos e um deles veio até ele com um livro de canções e mostrou-lhe uma página específica. Essa criança ainda não havia lido nem a letra, nem a música. Mas reconheceu o aspecto global da página da música que ela queria que eles cantassem. Decroly então concluiu que as crianças têm uma abordagem global para a aprendizagem, elas compreendem o todo, se interessam por tópicos relacionados às suas necessidades básicas e depois se interessam pelas partes.

– Você concorda com isso, Cacilda?

Cacilda pondera sua resposta:

– Há uma parte da teoria global que faz sentido na fase da infância. A criança, neste estágio, não faz as distinções, classificações científicas e divisões de disciplinas que nós, adultos, fazemos quando desenvolvemos programas educacionais: Matemática, Biologia, Geografia e assim por diante. O mundo da criança é global, enquanto os vários assuntos de estudo dividem o mundo em partes. Mas daí concluir que se deve ensinar às crianças tópicos gerais antes de lhes ensinar algo em particular, não concordo. E Montessori também não concordaria com isso.

– Por quê? – pergunta Matias.

– Basta olhar como as crianças de cinco anos se comportam na floresta ou na praia para entender. Elas vão diretamente ao particular e analisam as partes. Elas se agacham e podem passar três horas seguidas observando um inseto ou cavando um buraco na areia para ver como a água é absorvida. Olham primeiro para o pequeno. Como Helen Keller enfatizou, "há mais significado em cada coisa em si do que em todas as coisas que podem ser vistas". Montessori discordou da abordagem global de Decroly.

– A teoria global de Decroly tem algo a ver com a ideia agora muito em voga de abolir as disciplinas e fundir os temas do currículo no ensino?

– Sim. Em geral, a Nova Educação segue essa tendência. Decroly não foge à regra e discorda da educação da época, descartando os horários, programas, manuais, exames e disciplinas que considera "tradicionais". Na verdade, ele considerava a leitura, a escrita e a aritmética disciplinas secundárias. Mas é importante distinguir esse fenômeno que brota do anti-intelectualismo romântico, do que é defender a aprendizagem não abstrata na infância. São duas coisas diferentes.

– Por quê? – Matias insiste.

– Como já comentamos, as crianças aprendem com as experiências sensoriais na fase infantil; ainda não consolidou o pensamento abstrato, podendo ser contraproducente desfilar assuntos especializados estanques nesse estágio. Por exemplo, elas não podem aprender a gramática de um idioma, mas aprenderão inglês se ouvirem seu cuidador principal falando inglês. Isso acontece no dia a dia, não em uma aula estruturada.

– Nessa fase, "mais não é melhor".

– Sim, mas tome cuidado, quando falamos nesses termos, nos referimos a crianças pequenas. Essas ideias dificilmente podem ser aplicadas em outras idades. As crianças devem ter desafios que se ajustem às suas habilidades. E a partir dos seis anos, eles começam a ter pensamento abstrato, então não faz sentido ficar sem disciplinas como matemática, história, línguas etc. Nessas idades, faz sentido dividir o dia escolar em disciplinas. Você se lembra do que eu disse outro dia sobre o perigo de aplicar a um estágio o que é mais característico de outro?

— Sim, que é um dos grandes males da educação — responde Matias.

— A criança menor de seis anos não possui pensamento abstrato consolidado. Mas aos quinze sim. Usar métodos com crianças de quinze anos, que são típicos de quatro anos.

— É, bem... não faz muito sentido. Isso seria uma regressão educacional.

Cacilda reconsidera por um momento e tenta retomar o fio da conversa.

— Estamos nos desviando do assunto. Onde estávamos antes de falar sobre Decroly?

— Você estava me dizendo que Decroly foi um dos fundadores da Liga Internacional para a Nova Educação. Claparède, Bovet e Ferrière também.

— Sim, mas na realidade, os organizadores daquele primeiro congresso da Liga eram membros da teosofia.

Do quê?

— Teosofia. Beatriz Ensor, a principal instigadora da Liga, é teósofa. Tanto é verdade que o diretor da Nova Escola des Roches não comparece ao congresso, considerando-o um veículo de teosofia.

Cacilda percebe que Matias não está prestando atenção às explicações e sugere que ele faça uma pausa no jardim antes de continuar.

20
Segunda escala na Europa, há 150 anos

Teosofia, Antroposofia e o Método Waldorf
A neutralidade educacional é possível?
O falso dilema do antigo e do novo

Depois de ensinar Matias a podar uma roseira, Cacilda corta os gladíolos recém-floridos e delicadamente os arruma em um copo de cristal na mesa da cozinha. Ao fazê-lo, Matias nota alguns papéis colados na porta da geladeira, nos quais são lidas algumas citações. Lê furtivamente um deles, em um grande *post-it*:

> Quando um galho não mais retém a primavera dentro de si, uma flor brota entre as folhas abundantes com uma expressão maravilhosa. Não vês na plenitude das plantas a admiração por terem florescido? Assim é conosco quando a verdadeira palavra vem aos nossos lábios.
>
> Joan Maragall

Os dois se sentam à mesa e continuam a conversa.
— Onde havíamos parado, não me lembro? — Cacilda pergunta.

— Você havia me dito que aqueles que organizam o primeiro congresso da Liga Internacional para a Nova Educação eram membros da teosofia. O que é teosofia?

— A teosofia foi fundada por Helena Blavatsky, em 1875. É um movimento que une ocultismo, parapsicologia, esoterismo, religião, educação e filosofia. A sede da Sociedade Teosófica fica na Índia. Segundo a teosofia, o ser humano possui duas naturezas, uma superior (a mente e a alma), contaminada pela inferior (o corpo). As encarnações permitem purificações que o fazem retornar ao divino.

— Mas o que a teosofia tem a ver com a Nova Educação? Não entendo.

— Os teosofistas veem na Nova Educação um instrumento global para preparar a próxima geração da humanidade para a chegada de seu messias. A teosofia havia perdido o apoio de Rudolf Steiner em 1913, portanto, ficou sem a aplicação educacional de seus princípios.

— Rudolf Steiner não é o fundador do método Waldorf?

- Sim, responde Cacilda.

— O método Waldorf tem algo a ver com a Nova Educação?

— Indiretamente sim. A educação Waldorf incorpora algumas ideias de Pestalozzi, porque Steiner foi inicialmente idealista e romântico. Então Steiner se torna um teosofista, e então deixa a teosofia para fundar a antroposofia.

— O que é antroposofia? — Matias pergunta, interessado.

– É uma espécie de fusão entre teosofia, idealismo e cristianismo. Steiner participou de algumas atividades organizadas por entidades da Nova Educação; o que ele compartilhou com o movimento foi um pensamento idealista e romântico. Steiner não era um pedagogo, seu método se baseia no que viu durante alguns transes místicos. Mais tarde, ele abriu uma escola para os filhos de operários na Alemanha, em 1919, para colocá-lo em prática.

– Transes místicos?

– Sim, Steiner era um ocultista. Durante seus transes, disse que consultou "a biblioteca mística universal", da qual derivam todos os princípios de sua pedagogia. Segundo a antroposofia, aos poucos nos encarnamos em diferentes elementos do ser. Essa encarnação se dá em diferentes fases, por septênios. Na primeira fase, de zero a sete anos de idade, a criança está imbuída do mundo espiritual, tem a capacidade de ler diretamente da biblioteca mística universal, portanto o adulto não deve interferir na auto-educação da criança com ensinamentos excessivamente realistas ou práticos.

– Ah! É por isso que a fantasia e a imaginação são incentivadas nas escolas Waldorf.

– Sim, – responde Cacilda, laconicamente.

– Mas se eles dizem que as crianças são mais sábias do que seus educadores, em que consiste a educação? – pergunta Matias.

– Para a antroposofia, o espírito que existe antes do nascimento já passou por repetidas encarnações. De acordo com Steiner, não se pode educar esse "eu" que se manifesta antes dos três anos de idade.

— Em que consiste então a educação?

— Para Steiner, o objetivo da educação é estabelecer as condições para que o desenvolvimento do corpo permita a realização da individualidade. Ou seja, a educação auxilia o processo de encarnação, que ocorre gradativamente.

— Não sabia que essa visão filosófico-espiritual era a que fundamentava os princípios da educação Waldorf.

— Você vê que cada método tem uma história, uma filosofia, uma forma de compreender o ser humano que o sustenta? Não existe educação neutra, Matias. É bom que as escolas expliquem claramente qual é sua visão filosófica da educação. Assim, os pais têm todos os elementos para escolher livremente aquele que melhor se adapta ao seu projeto familiar.

— José diz que a educação tem que ser neutra.

— O que é neutralidade, Matias?

Depois de um momento em que ninguém fala, Cacilda continua:

— É não ter ideias sobre nada? Isso quer dizer que você não pode ter certeza de nada?

— Essa é a posição dos céticos.

— A posição dos céticos é neutra? É neutro dizer que a realidade não pode ser conhecida? Ou a neutralidade consiste em afirmar que todas as posições têm a mesma validade e que algo pode ser e não ser ao mesmo tempo?

— Isso é contrário ao princípio da não-contradição de Aristóteles.

— O princípio da não-contradição de Aristóteles é neutro? A neutralidade consiste em deixar de exprimir opiniões ou de ter ideias para não ofender quem não as tem ou tem ideias diferentes das nossas? É possível não ter ideias sobre nada? A neutralidade consiste em deixar que cada um tenha a liberdade de ter uma visão própria do mundo e do ser humano? Podemos viver em um mundo onde todos entendem liberdade, educação e antropologia de forma diferente?

"Seria um mundo complexo como o de hoje", pensa Matias.

Cacilda continua:

— Quais são os elementos mínimos sobre os quais deve haver consenso para que a sociedade não entre em colapso e haja um mínimo de coesão? Podemos impor nossa maneira de entender o mundo e a liberdade aos outros? É lícito ao Estado fazê-lo por meio de uma rede de escolas estatais? Todas essas questões estão no centro do debate em torno das escolas privadas, públicas e estatais.

— Mas o que está no cerne do debate das escolas privadas, públicas e estatais, não é o ideal de igualdade? Existe igualdade quando alguns podem escolher e outros não? – pergunta Matias.

— A universalidade da educação é a chave para a igualdade de oportunidades, é claro. E o princípio da subsidiariedade garante essa universalidade, desde que as escolas públicas sejam de qualidade extraordinária.

– O princípio da subsidiariedade? Você pode me lembrar o que é isso?

– Sim. Quem tem a função principal e quem deve assegurar a função subsidiária, quando o outro não? Existem duas maneiras de ver isso. Os pais que têm a função principal e a rede de escolas montada pelo Estado devem auxiliá-los em sua função? Ou é o Estado que tem a função de educador principal e os pais devem colaborar com o Estado?

– Mas os pais não podem instruir, não estão preparados para isso – argumenta Matias.

– Nem todo mundo tem essa compreensão, é claro. Mas a educação não diz respeito apenas a instrução. Educar consiste, antes de tudo, em aprender a viver. Ensina melhor quem ama a criança por si mesma, ou quem vê a criança a partir de um projeto político, ou o que considera o conveniente para o mercado de trabalho? Além disso, assim como a educação nunca pode ser neutra, a instrução também não. Então, quem decide sobre a filosofia educacional dos métodos a serem usados? Existem países em que a escola pública é plural, onde os pais podem escolher o que mais se adapta ao seu projeto familiar.

– Você falou antes sobre escolas públicas e escolas estatais. Não vejo diferença. Qual seria? – pergunta Matias.

– As escolas públicas plurais são escolas que cumprem o princípio da subsidiariedade, porque ajudam os pais no seu papel de educadores primários.

— Plurais? — pergunta Matias.

— Sim, claro, sempre me pergunto: por que os pais não podem escolher a escola pública que melhor corresponda ao seu projeto familiar? Por exemplo, uma escola Montessori, ou que usa tecnologia, ou que usa o método Decroly. Por que isso é um privilégio reservado para aqueles que podem pagar?

— E o que você quer dizer das escolas estatais?

— Escolas estatais servem para implementar o projeto estatal. Nesse modelo, o Estado se considera o primeiro e exclusivo educador. Confundir escolas públicas plurais com as escolas estatais e reduzir a questão da pluralidade da oferta educacional a um produto de luxo ao alcance de poucos, é uma forma de colocar o debate — em termos de lutas de classes — que cai como uma luva para projetos políticos como os de Rousseau ou Robespierre.

— Na realidade, a questão fundamental é: a educação deve estar a serviço de um determinado regime político? — conclui Matias.

— Essa é a questão. Um projeto político pode ser neutro? Rousseau é neutro? E nesse debate também surgem questões mais profundas: os direitos existem antes das leis? Nossos direitos fundamentais são produtos das leis ou as leis são um mero reconhecimento desses direitos?

Cacilda percebe que há muitas perguntas ao mesmo tempo e deixa espaço para Matias processá-las. Depois de um tempo, continua:

— Os positivistas acreditam que os direitos, incluindo os direitos educacionais, não são anteriores às leis que emanam do Estado, da Constituição e das suas leis. O que você acha disso?
Há outro silêncio. Cacilda retoma sua explicação:
— Essa visão foi posta à prova durante a Segunda Guerra Mundial. Não sei se você viu o filme *Vencedores ou vencidos?*, sobre os julgamentos de Nuremberg.
— Não. Mas ouvi falar desses julgamentos... de Adolf Eichmann, o alemão que, segundo a lei, supervisionou a deportação de milhões de judeus, embora soubesse o que acontecia nos campos de concentração. Em sua defesa, ele argumentou que estava apenas obedecendo à lei.
— Eu recomendo esse filme, no qual os juízes que aplicaram as leis alemãs sob Hitler são julgados. Os juízes acusados, invocando a tese positivista, não reconheceram a autoridade da Corte Internacional de Nuremberg. É um filme chocante.
— José diz que o mais simples seria ter escolas neutras, sugere Matias, retomando o assunto.
— Escolas neutras... A educação a serviço de um projeto político é neutra? José também diz, se bem me lembro, que cada professor tem sua cartilha. A questão da neutralidade educacional não é simples, Matias. A maioria das filosofias subjacentes aos métodos educacionais surgem em reação ou rebelião contra os outros. As correntes que os sustentam seguem em direções diferentes, às vezes opostas. Os métodos derivados dessas correntes também vão em direções diferentes ou contraditórias.
Matias lembra a metáfora do iceberg. O método é a ponta, abaixo do nível da água está a maior parte do iceberg,

que é a base do método. Mas nem todos os pais sabem o que sustenta os métodos, ele pensa. Matias está ciente do dilema de seus pais quanto à escolha de seu irmão, a escola de Pepe. Determinado a chegar ao fundo da questão para ajudar seus pais ao se encontrarem em um labirinto de propostas educacionais, ele precisa saber mais. Ele percebe que a conversa está bifurcada e tenta voltar ao assunto original.

— Como poderia a teosofia na Nova Educação casar-se com pedagogias inspiradas em Rousseau? Não entendo, pergunta Matias.

— Quando se trata de detalhes, é difícil encontrar a melodia. Mas, no nível das ideias gerais, tem-se a sensação de uma certa afinidade. Comentamos que para a teosofia, a criança tem a capacidade de ler diretamente da biblioteca mística universal, portanto o adulto não deve interferir na auto-educação dela.

— Isso combina bem com o naturalismo proposto por Rousseau, responde Matias.

— Sim. Em qualquer caso, você pode dar uma olhada nos princípios de adesão da Nova Educação, elaborados em parte por teosofistas, e vai entender.

— Os princípios de adesão?

— Sim, a ideologia da Nova Educação, elaborada a partir do ano de 1931 pela Liga Internacional da Nova Educação. Espere, devo ter por aqui.

Cacilda se levanta e procura algumas folhas em uma pasta azul. Mostra para Matias.

Princípios de adesão da L.I.E.N. (1931)

1. A finalidade essencial de toda educação é preparar a criança para querer e para realizar em sua vida a supremacia do espírito; a educação deve, pois – qualquer que seja o ponto de vista do educador –, tender a conservar e a aumentar a energia espiritual da criança.

2. A educação deve respeitar a individualidade da criança. Esta somente pode se desenvolver mediante uma disciplina que conduza à liberação das potências espirituais da criança.

3. Os estudos e, de maneira geral, a aprendizagem da vida, devem dar livre curso aos interesses inatos da criança, isto é, aos que nela brotam espontaneamente e encontram sua expressão nas diversas atividades de ordem manual, intelectual, estética, social e de qualquer outro gênero.

4. Cada idade tem seu caráter próprio. Portanto, a disciplina pessoal e coletiva devem ser organizadas pelas próprias crianças com a colaboração dos professores. Ambas as disciplinas devem tender a reforçar o sentido das responsabilidades individuais e sociais.

5. A competência egoísta deve desaparecer da educação e ser substituída por um espírito de cooperação que ensine a criança a dispor sua individualidade a serviço da coletividade.

6. A co-educação que a Liga deseja – co-educação que equivale a instrução e educação em comum – não significa o tratamento idêntico imposto aos sexos, mas uma colaboração que permita a cada um deles exercer livremente sobre o outro uma influência saudável.

7. A nova educação preparará a criança não apenas como futuro cidadão capaz de cumprir seus deveres para com seus próximos, sua nação e a humanidade em seu conjunto, mas também o ser humano consciente de sua dignidade como homem.

– Veja – esclarece Cacilda –, "perceber a supremacia do espírito em sua vida", "conservar e aumentar a energia espiritual da criança", "liberação dos poderes espirituais" são termos da teosofia que podem ser entendidos de outra forma. Na educação, depende do que o leitor tem em mente. Prepare "o futuro cidadão".
– De inspiração rousseauísta, confirma Matias.
– Sim. Releia o ponto 3, é interessante.

Matias lê em voz alta:
– "Os estudos e, de uma forma geral, a aprendizagem da vida, devem dar livre curso aos interesses inatos da criança, isto é, àqueles que nela surgem espontaneamente e encontram sua expressão nas várias atividades de ordem manual, intelectual, estética, social e de qualquer outro tipo".
– "A aprendizagem da vida", "dar livre curso aos interesses inatos da criança", "que surgem espontaneamente", reconhece esses elementos?
– O "interesse" é de Decroly. A ideia da escola também como "aprendizagem para a vida".
– Sim. E o interesse que "surge espontaneamente"?
– Espontaneidade é um conceito romântico, não é? – sugere Matias.
– Sim. A espontaneidade natural, não racional, que brota de dentro, que não precisa de estrutura, orientação externa... Isso é muito romântico – especifica Cacilda.
– Antes, você disse que Montessori tinha muitas discrepâncias com a Nova Educação. Mas ela não fazia parte da

Nova Educação? Como ela poderia discordar tanto de algo que ela mesma desenvolveu?

— Montessori não faz parte do movimento da Nova Educação no mesmo sentido das organizações de que falamos, isso é um mito. Ela não participa da fundação dessas organizações, dificilmente vai a seus congressos ou colabora em suas revistas, e, quando o faz, é para destacar suas diferenças. Ela se apresenta como uma precursora na luta contra a velha escola mecanicista, mas sua proposta é diferente daquela do movimento da Nova Escola. Sua abordagem é eminentemente clássica, realista.

— O que isso tem em comum com a Nova Educação?

— Montessori rejeita as abordagens comportamentais e voluntaristas incorporadas pela "educação antiga". Ela é contra a educação que confunde maldade com ação e bondade com imobilidade física e que recorre a motivações externas, como o castigo.

— Educação que confunde bondade com imobilidade física. Essa é uma boa forma de definir o behaviorismo, reflete Matias.

— A educação comportamental "instila". A criança que se move sozinha interfere no processo. Para o behaviorismo, a liberdade é entendida em termos de liberdade desencadeada.

Matias lembra daqueles pais que não suportavam ver seus filhos brincando à vontade no Rio dos Salgueiros, e por isso lhes deram um *tablet*, para que ficassem quietos. Matias reorienta a atenção:

– E como Montessori discordou do movimento da Nova Educação?
– Em muitas, muitas coisas. Ela não compartilhava das abordagens de Rousseau, considerado o herói das novas pedagogias. Em geral, não compartilha de nenhuma das ideias que sustentam o Romantismo, como imaginação produtiva, fantasia, liberdade entendida como indeterminação, anti-intelectualismo, naturalismo...
– E por que então Montessori é classificada como pedagoga romântica?
– As pessoas ficam na superfície ou não a leem. É muito árido ler Montessori. Mas, ao fazer isso, você percebe que ela é profundamente realista. Sua proposta não é uma continuação da corrente romântica de Pestalozzi, Froebel, que remonta a Rousseau e Locke.
– Claro! Matias exclama, "ela é a continuação de Percira, Itard e Séguin". E se inspira em Aristóteles.
– Exatamente, sua genealogia filosófica é diferente da dos românticos. É realista.
– E em quais temas especificamente discordava dos pedagogos da sua época? – Matias insiste.
– Em vários. Por exemplo, não concorda com a ideia de Claparède de diminuir as demandas acadêmicas para aliviar a fadiga ligada ao esforço ou com o método de leitura global de Decroly. Não compartilha da definição de "atividade" proposta pelos defensores da Nova Educação.
– Qual é a definição de "atividade"?

— Bem, a questão da atividade é para outra tarde, Matias. É uma questão chave. E temos que falar sobre John Dewey também.

— Agora percebi algo importante, Cacilda. Observo que há muita superficialidade na comparação dos métodos.

— Por exemplo? — Cacilda pergunta.

— Bem, o método Waldorf é comparado ao método Montessori, e quando voltamos às origens, vemos que não têm nada a ver um com o outro. Então Montessori é assimilada na Nova Educação, enquanto ela discorda de Decroly, de Claparède...

— Isso é verdade. Comparar superficialmente o que se faz e o que se diz sem ir à fonte de inspiração filosófica de cada proposta pedagógica leva a uma compreensão parcial e equivocada dos métodos. Por outro lado, ir à fonte de inspiração filosófica de cada proposta nos dá pistas sobre o que pretende um determinado método educacional, sobre a visão do ser humano.

A expressão no rosto de Cacilda muda, sua doçura se transforma em seriedade.

— E a gota d'água, o que não nos ajuda a nos posicionarmos bem em todo esse labirinto de métodos, é que cada uma dessas pedagogias hoje incorpora elementos da moda que não estavam previstos no início. As salas de aula tornaram-se uma miscelânea pedagógica. Se os pedagogos que desenvolveram esses métodos levantarem a cabeça! Nunca houve tanto ecletismo educacional; parece que quanto mais métodos misturamos, melhor. Mas devemos nos perguntar: faz sentido misturar métodos que correspondem a visões tão diferentes ou mesmo contraditórias?

– Você poderia me dar um exemplo dessas misturas?

– Sim, usando estímulo precoce em uma escola Montessori. O estímulo precoce é um método comportamental baseado na teoria do condicionamento. Montessori dedicou sua vida a denunciar o behaviorismo e afirmou explicitamente que a teoria do condicionamento estava desatualizada.

– E por que os dois métodos são usados juntos, então?

– Como Glenn Doman havia lido Montessori sem se aprofundar muito e gostava da ideia de períodos sensoriais, talvez tenha visto nisso uma confirmação dos estágios da teoria do condicionamento. E então foi atraído pela importância que Montessori dava à repetição, dizendo que repetição é perfeição. Talvez ele tenha visto nisso uma confirmação da eficácia de sua repetição comportamental. A repetição em Montessori não é comportamental, é um ato auto-afetivo da criança.

– Que forte. Um autor que lê outro autor e interpreta o que lê como uma confirmação de suas intuições erradas.

– Isso acontece muito, Matias. Quando sabemos pouco, tendemos a ler os outros pelo filtro de nossa própria ignorância ou de nossos preconceitos. E, ao fazer isso, podemos cair no erro do presentismo histórico também. É importante voltar às teorias que sustentam as correntes educacionais. Se não o fizermos, dificilmente seremos capazes de detectar inconsistências. Se não conhecermos as correntes filosóficas que fundamentam as propostas educacionais, ficaremos com o "o quê" e o "como", mas perderemos o mais importante: o "de quê" e o "porquê".

— Estamos acumulando métodos contraditórios e temos a sensação de que "mais é melhor". Dizemos: "Um pouco disso, um pouco daquilo, alguma coisa vai servir" — afirma Matias.

— Assim é. E o mesmo acontece quando métodos inspirados em uma visão realista são combinados com outros inspirados em uma visão idealista ou romântica do ser humano. Frequentemente, são métodos incompatíveis, porque obedecem a tradições filosóficas contrárias. A visão realista tem como ponto de partida a realidade e afirma que podemos conhecê-la. As visões romântica e idealista defendem a ideia da representação da realidade como produto da subjetividade, a ideia de que a criança constrói sua realidade. Combinar essas visões muito diferentes não soma, mas confunde a criança, os professores e os pais.

— Mas, Cacilda, você não disse antes que era bom combinar métodos de instrução direta com métodos de descoberta guiada?

— Métodos que derivam das tradições idealista ou romântica defendem a descoberta pura, porque veem a realidade como um produto da subjetividade. Em contraste, os métodos que derivam do realista, ou clássico, privilegiam a instrução direta e a descoberta guiada. Esses são os dois métodos que devemos combinar. *Para os primeiros, a realidade é construída, enquanto para os segundos, a realidade é descoberta.*

— E os métodos que derivam do behaviorismo privilegiam uma instrução direta que não conta com a criança.

— Isso porque a consideram passiva, acrescenta Cacilda.

Para o behaviorismo, a liberdade é entendida em termos de liberdade desencadeada, enquanto para o Romantismo, a educação dirigida é entendida em termos de opressão da liberdade do aluno.

— Agora estou percebendo uma coisa.

— Sobre o quê, Matias?

— Porque as únicas duas categorias universalmente aceitas hoje em dia no campo educacional, Nova Educação e educação tradicional, são categorias erradas.

— Errado, não sei, mas com certeza incompleto. Enfrentar o velho com o novo e debater a partir da temporalidade de uma proposta é uma redução simplista de uma questão muito mais profunda e complexa.

— Além disso, tudo o que é novo eventualmente fica velho.

— Sim. E para ter sucesso na compreensão dos métodos, é necessário identificar as inspirações filosóficas que os alimentam. Reduzir toda a pedagogia a esses dois grupos, é claro, não faz sentido e é muito confuso porque nos faz perder todo um mundo de nuances. E, muitas vezes, o ponto crucial está nas nuances. De toda forma, o que hoje chamamos de inovação, raramente é, conclui Cacilda.

— Por quê? Você está dizendo isso porque não é novo?
— Não é novo nem original. É curioso que chamamos de inovação o que, na realidade, é a replicação ou cópia de métodos da moda usados por outros. *Podemos dizer que replicar práticas educacionais sem buscar entender a teoria ou as correntes filosóficas que as sustentam é ser inovador?* Leonardo da Vinci, mestre da originalidade, falou da tentação de copiar em vez de aprender com a teoria comprovada pela experiência. Espere, vou procurar a citação e ler para você ...

> Muitos que não estudaram a teoria da luz, e sombra e perspectiva olham para a natureza e a copiam, dessa forma adquirem alguma prática simplesmente copiando, sem estudar e analisar a natureza em maior profundidade. [...] Pessoas desse tipo sempre serão pobres e fracas no que se refere a trabalhos criativos e composições históricas. O pintor que desenha com base na prática e diretamente do seu olhar, sem usar a razão, é como um espelho, que copia o que aparece à sua frente sem ter conhecimento disso.

— ... Se você notar, os congressos educacionais estão cada vez mais relutantes em falar sobre os fundamentos ou origens dos métodos, e falam cada vez mais sobre "experiências" ou "práticas" educacionais, alheias às suas origens e aos seus fundamentos. É importante encontrar um equilíbrio entre experiência e teoria. Não subestime as aplicações práticas também. Mas não pensemos, como Rousseau, que os professores são incapazes de abstrair, raciocinar, pensar, formar juízos e ter critérios adequados e livres formados com base em conhecimentos claros. Não basta, Matias, dedicar-se a replicar os modelos e métodos educacionais em voga, é preciso entender de onde vêm e para onde apontam. Continuo com o texto de Leonardo da Vinci...

> Quem, apaixonado pela prática, dispensa a experiência, é como o piloto que sobe no barco sem leme nem bússola e nunca sabe para onde está indo. A prática deve sempre estar baseada em uma teoria sólida, da qual a perspectiva é o guia e a entrada, e sem ela nada pode ser feito perfeitamente em qualquer tipo de pintura.

— Bem, Leonardo da Vinci deixou claro que não poderia haver contradição entre teoria e prática, diz Matias.

— Não existe, se trabalharmos no mundo real, como Leonardo da Vinci. A realidade não pode ser contrária à realidade. E a realidade, acredite em mim, é muito teimosa. Por outro lado, no mundo do subjetivismo, do espelho mágico de Branca de Neve, as opiniões têm mais valor do que os fatos e as ações não têm relação com suas consequências. Adotar e viver com convicção profunda de acordo com as crenças, apesar das evidências em contrário, é delirar, não acha?

Matias fica em silêncio um momento.

— Bem, já tenho material suficiente para fazer meu trabalho sobre a Nova Educação. Amanhã vou tratar disso, diz Matias com determinação.

Como o motivo inicial para os encontros periódicos entre Matias e Cacilda foi o trabalho de Matias, os dois se perguntam se a conclusão do trabalho marca o fim de suas conversas. Eles sabem e desejam não ser assim, mas não querem pressupor isso. Seus olhos se encontram, como se um sentisse o que o outro estava pensando. Depois de um longo silêncio, Cacilda pergunta:

– Vamos nos encontrar no sábado e continuar?

– Vou para a cidade no sábado para ver minha família. Mas posso vir no domingo?

– No domingo, perfeito.

Cacilda tira da água as flores recém-cortadas, embrulha-as em papel transparente e as entrega a Matias:

– Leve-as para José, por favor, para alegrar o dia dele. A beleza cura, diz ela com um sorriso.

21
Uma mudança de escola à vista

Matias estuda em seu quarto, na penumbra de uma lâmpada no meio da escuridão. De repente, ele ouve o toque do telefone e seu rosto se ilumina ao reconhecer o número: são seus pais.

– Alô! – Matias responde.

– Alô, Matias – responde a mãe docemente –, como vão as coisas?

– Muito bem, eu estava estudando. Mas já é tarde e fico feliz que você tenha me ligado, continuo amanhã.

– Você vem no sábado, filho?

– Sim, sim, vou de trem.

– De acordo.

Matias percebe que algo está errado. Percebe preocupação no tom de voz de sua mãe. Fica em silêncio, esperando para saber o que acontece.

– Matias, seu pai e eu estamos preocupados com o Pepe. Estou ligando para antecipar algumas coisas, gostaria que falasse com seu irmão no sábado. Ele perdeu a ilusão e a alegria. Ele passa todas as tardes trancado em seu quarto e acorda todas as manhãs cansado e aborrecido. Como você já sabe, não estamos convencidos com a escola e há muito tempo buscamos uma alternativa.

— Mas não há alternativa na cidade, mãe, o que você vai fazer?

— Eu posso levá-lo aonde for necessário, existem três escolas em um raio de sessenta minutos de casa.

— Mas você as conhece bem?

— Seu pai e eu visitamos essas três escolas na semana passada.

— E que tal?

— Trouxe documentação e um folheto, tenho informações sobre a proposta acadêmica, a ideologia... Você sabe que não sou especialista nessas matérias. Quer que leia para você?

— Espere até sábado, mãe, vou pegá-los, analisá-los e falar sobre isso com calma neste verão, quando estiver na cidade. Não basta saber quais são os métodos usados nas escolas, é preciso entender o que está por trás desses métodos. Quer dizer, não basta ficar com o que a escola fala, é preciso entender o que significa a fala da escola. Tenho coisas importantes para lhe contar, para que você e papai possam tomar uma boa decisão. Nós veremos isso neste verão.

— Como assim? Sua mãe pergunta curiosamente.

— Vou te contar, é fascinante.

— Ok, obrigada, filho. Até sábado.

Matias desliga, perplexo e preocupado. Como irmão mais velho de Pepe, sente certa responsabilidade e pretende conversar a fundo com ele no próximo fim de semana.

22
Pepe desenha uma bicicleta

Matias procurava um momento a sós com Pepe. Depois de comer, silenciosamente abre a porta do quarto do irmão e põe a cabeça para dentro.

– Posso entrar? – pergunta.
– Sim, diz Pepe, absorto na tela.
– Pepe, você vai fazer dez anos em duas semanas, já pensou? Que bom!

Pepe não responde.

– O que você está fazendo?
– Estou estudando.
– Com o *tablet*?
– Sim, agora fazemos quase tudo com o *tablet*.
– Desde quando?
– Desde os dois últimos anos.
– O que você está fazendo com o *tablet*? – Matias insiste.
– Estou desenhando uma bicicleta.
– Uma bicicleta?
– Sim. Estou criando uma bicicleta com um aplicativo. Escolho o material e a cor e estou juntando peças, desenhando o estilo do meu gosto. É muito legal.

— Mas você sabe com base em quais critérios você escolhe os materiais? Você estudou as propriedades dos materiais?

— Não.

— E você entende quais são as leis da física que tem que seguir para que a bicicleta não quebre e aguente o peso? E como pode andar bem?

— Não, é só um jogo, cara. Não é uma bicicleta real. Quando chegamos a dez peças, ele nos dá um prêmio. Vamos acumulando pontos.

— O que mais você faz com o *tablet*? – pergunta Matias.

Pepe minimiza o aplicativo e abre um documento que diz: "Ministério da História".

— Tenho que fingir que sou ministro da história e construir o passado. É um jogo. É para que "aprendamos fazendo".

— E como você vai fazer isso?

— Procuro datas na internet e faço uma lista de eventos. Disseram-me para pesquisar eventos históricos de 1800 a 1850. É fácil. Cada um tem que cumprir um prazo de cinquenta anos...

— Tem um período? – Matias interrompe, enquanto aguarda esclarecimentos.

— ... recobrem um período de cinquenta anos, e então fazemos uma apresentação em *PowerPoint* para as outras crianças. Salvamos o *PowerPoint* em um *pen-drive*, e é matéria de prova para todos.

— Você quer dizer que o professor não ensina? Como saber então se um evento é relevante ou não? Você não tem um livro didático?

– Não. Às vezes tenho que imprimir folhas avulsas em casa. Mas o que cai na prova é o que todos nós apresentamos uns aos outros.

– E o que você está fazendo em língua portuguesa? – pergunta Matias.

– Estamos estudando poesia.

– Que interessante! Que poetas você estuda?

– Não sei. Por enquanto, temos que escrever poemas criativos. Que vêm de nossa imaginação. Têm de ser frases com rimas.

– E como você faz isso?

– Procuro palavras que rimam na internet e depois faço as frases.

Matias está confuso e preocupado. Tenta tirar Pepe do quarto para jogar futebol, mas ele não quer. Tem a estranha sensação de competir pela atenção do irmão com algoritmos invisíveis.

23
Ontolo- quê?

O construtivismo
A imaginação produtiva
O andaime de Vygotsky

É domingo à tarde e Matias está de volta à sala de Cacilda. Ele se senta, como sempre, na poltrona de veludo azul oferecida por sua anfitriã. Olha à sua direita e vê um piano. Observa que quase todas as paredes são revestidas de estantes de livros.

Cacilda tira os óculos de leitura e pergunta:

– Sobre o que quer que falemos hoje, Matias?

Matias se lembra da conversa com Pepe, mas se recusa a começar com questões de teor familiar. Pensa sobre os métodos usados na escola do seu irmão e pergunta:

– Outro dia, chegamos à conclusão de que não é inteiramente correto levantar o debate educacional em torno de um confronto entre o novo e o antigo. Mas então, como você abordaria a questão?

– Eu diria que você tem que distinguir dois níveis. Primeiro, há a ontologia e, em seguida, há a epistemologia.

– A quê? A ontolo- o quê? A episte- o quê? O que é isso? – pergunta Matias, claramente impaciente.

– Sim, perdão, Matias, são termos filosóficos, eu sei. Sinto muito, mas essa distinção é muito importante! Vou tentar explicar para você em uma linguagem simples. Se você entender isso, entenderá muitas coisas.

– Comecemos com a ontologia, propõe Matias.

– Perfeito. Ontologia é um ramo da filosofia cujo objeto é o estudo do ser. Refere-se à questão de saber se algo existe ou não antes, ou à margem, de ser conhecido.

– Falamos sobre isso em uma de nossas primeiras conversas; refere-se a saber se podemos conhecer a realidade! – exclama Matias.

– Sim. Em outras palavras, a realidade existe porque você a cria em sua imaginação ou ela existe objetivamente? Existem fatos ou existem apenas representações subjetivas desses fatos? Essa é uma questão chave na filosofia. Os filósofos têm debatido essa questão há milhares de anos.

– E isso tem algum impacto na educação?

– Claro que sim. É um dos pontos de partida da educação. Alguns, como os idealistas ou os românticos, diriam que a realidade se constrói e que cada um o faz a partir da sua representação da realidade. Outros, como os realistas, diriam que a realidade existe e, portanto, é descoberta. Por isso, os pedagogos da Nova Educação, inspirados nos românticos e idealistas, falam em "construir aprendizagem" ou "construir conhecimento". É por isso que são chamados de construtivistas.

– Mas discordo disso. Quando esses pedagogos dizem que a criança constrói seu aprendizado, não estão dizendo que a criança o inventa! Eles falam sobre a maneira como a criança aprende, a maneira de saber.

— Bem, essa abordagem é justamente a questão que interessa à epistemologia. A epistemologia é outro ramo da filosofia. Seu objeto é o estudo do modo de acesso ao conhecimento. Responde à questão: "Como conhecemos?" Minha humilde opinião é que a pedagogia costuma confundir esses dois níveis.

— Cacilda, isso é muito complicado, preciso de um exemplo.

— Claro que sim. Por exemplo, Piaget. Você conhece Piaget?

— Sim, claro, ele é uma figura muito importante na educação.

— Bem, você saberá que Jean Piaget é um biólogo francês que viveu de 1896 a 1980. Ele foi muito ativo no movimento da Nova Educação. É construtivista. Ele diz que as crianças "constroem" seu conhecimento por meio da experiência, especificamente por meio da atividade. Segundo ele, a inteligência provém da ação, porque ela "transforma o real".

— "Transformar o real"? Mas você não quis dizer isso no sentido literal, suponho, não é? Você diz que realmente transforma a realidade ou que as crianças aprendem por meio da atividade?

— Você acabou de acertar o alvo! Esse é o cerne da questão. O construtivismo, por ser inspirado no idealismo e no romantismo, tende a beber dessas correntes. O idealismo, se você se lembra, afirma que a liberdade reside na autoconsciência criativa do eu, que cria o mundo a partir de si mesmo. O romantismo também exalta o Si mesmo, dá grande importância à imaginação produtiva e aos sentimentos. Como não podemos saber, então sentimos.

– Mas talvez Piaget quisesse apenas dizer que aprendemos nos movendo, em contato com o mundo real, certo? – Matias pergunta.

– É provável, é por isso que eu digo que você acertou o alvo. Isso pode ser entendido desde o plano ontológico: "Quando nos movemos, transformamos a realidade, literalmente". Ou você pode ler o que Piaget diz a partir do plano epistemológico: "As crianças aprendem quando se movem, quando experimentam o concreto por meio de todos os sentidos". No plano epistemológico, Piaget não deixa de ter razão. Por exemplo, você está familiarizado com o experimento que Held e Hein fizeram em 1963 com vinte gatinhos?

– Não, responde Matias, querendo saber mais.

– É um experimento clássico. Richard Held e Alan Hein escolheram dez pares de gatinhos. Em cada par, há um gato chamado A e outro chamado B. Todos os gatos passam vinte e três horas no escuro e todos têm uma hora por dia de experiência de visualização. Eles passam aquela hora em um carrossel. Você conhece os carrosséis nos parques de diversão, com cavalos que giram em torno de um poste? Você se lembra do carrossel do filme *Mary Poppins*?

– Sim, afirma Matias sério.

– Bem, imagine isso, mas sem cavalos. No lugar dos cavalos estão os gatos, que são amarrados a uma corda com um arnês. São eles que giram em torno do pilar central do carrossel.

– Um pouco cruel este experimento, não é?

– Antes que cada experimento fosse feito... continua. Os corpos dos gatos A estão dentro de uma caixa com rodas, seus pés não tocam o solo, mas sua cabeça fica fora da caixa. E os gatos B andam com suas próprias patinhas indo na mesma direção. O caminho marcado para ambos é o mesmo e eles veem quase a mesma coisa. A diferença é que alguns caminham e outros não. Depois de um mês, eles testam visualmente os gatos.

– E então? – Matias pergunta com impaciência.

– A visão dos gatos que andavam sozinhos era normal.

– E os que se mexiam nas caixas sem tocar no chão?

– Eles caíam, não distinguiam bem os objetos, não tinham noção de profundidade, é como se não enxergassem bem ou não vissem nada. Eles estavam completamente inadaptados à realidade. A partir dessa experiência, conclui-se que ver, ou saber, requer ação. Essa ideia deu origem à teoria da mente corporificada, uma ideia seriamente estudada hoje na neurociência.

– Ver requer ação... – repete Matias enquanto medita.

– Como resultado desse experimento, fala-se da mente incorporada. Aprendemos por meio do movimento, da atividade do corpo. Como os filósofos gregos que refletiam enquanto caminhavam. Este experimento confirma as intuições de Montessori e Piaget sobre a importância do movimento, da atividade, para a aprendizagem. Bem, não há conhecimento fora do corpo. As dimensões sensoriais e motoras são fundamentais.

— Sim. Mas dizer "ver requer ação" não é o mesmo que dizer que "a ação transforma a realidade".

— Isso, Matias. Essa linguagem nos dá a sensação de que é uma afirmação ontológica. Dá a sensação de que a criança cria a realidade, literalmente, transformando-a. Dá a sensação de que a realidade é subjetiva.

"Essa realidade é subjetiva...", pensa Matias, e lembra-se das tarefas do irmão: desenhar uma bicicleta sem saber nada sobre ela, buscar conhecimentos sem aula ou livro didático...

— Por que isso acontece? — Ele pergunta a Cacilda.

— Tenha em mente que o construtivismo é uma corrente desenvolvida por pedagogos que partem da herança do idealismo e do romantismo. Ambas as correntes inspiraram o movimento da Nova Educação. Você se lembra da autoconsciência criativa do "eu" do idealismo, que aspira a criar o mundo a partir de si mesmo?

— Mas os pedagogos da Nova Educação não eram filósofos.

— Certo, e eles não estavam falando em termos filosóficos também. Não há evidências de que a questão ontológica os interessasse muito, e quando falaram dessas questões, não o fizeram com rigor filosófico, mas a partir da experiência educacional. Aliás, já mencionei que Ferrière dizia que a filosofia era o principal problema da educação. Como Rousseau, que encorajava o pouco raciocínio, os educadores da Nova Educação tinham uma espécie de desconfiança em relação à filosofia da educação.

– Eles estavam interessados na psicologia da criança.

– Isso mesmo, Matias, e eles estavam tentando concluir algo sobre a maneira de saber das crianças enquanto as observavam. A maioria deles era médico ou psicólogo e tinha uma abordagem clínica para a educação. Observar e concluir.

– Claro, não havia pensado, é verdade, Claparède, Decroly, Montessori... São todos médicos.

– Mas alguns autores mostraram que os métodos científicos que usaram eram duvidosos, diz Cacilda.

– Não havia grupos de controle. Nenhuma amostra representativa.

– Isso. Alguns autores sugerem que os pedagogos da Nova Educação procuraram validar suas intuições românticas. A psicologia experimental foi o traje de dignidade da Nova Educação. Em todo caso, o traço de idealismo e romantismo está presente na Nova Educação, e isso se manifesta em muitos aspectos. E cada vez que esse traço aparece, os níveis ontológico e epistemológico se misturam.

– Por exemplo?

– Você se lembra de Decroly? – Cacilda lhe pergunta.

– Sim.

– De onde você acha que vem a ideia de que para ensinar crianças se deve partir de coisas que lhes interessam?

— Essa ideia não me parece má, responde Matias com seriedade. Nossa. Eu não sou um comportamentista. Só um behaviorista deixaria de lado o que interessa a um aluno.

— Também não parece ruim que alguém aprenda sobre o que lhe interessa, bastaria não aproveitar o interesse de um aluno por um determinado assunto! Mas Decroly vai além. Ele argumenta que a energia direcionada para suprimir ou satisfazer a necessidade básica é multiplicada. Para ele, o interesse surge de uma energia interna da criança, não do conhecimento. Nem todos compartilham o ponto de vista de Decroly. Os realistas responderiam que, para se interessar por um assunto, é preciso saber algo sobre esse assunto, as crianças não têm a ciência infusa que preenche suas mentes de forma mágica. É preciso ampliar seus horizontes para despertar seu interesse.

— E o que os românticos dizem contra esse argumento?

— Talvez diriam que primeiro o aluno sente algo por uma matéria, depois se interessa por ela. Para o Romantismo, a sensação é o ponto de partida. E Rousseau acrescentaria que são as necessidades básicas, que se referem ao nosso estado de natureza, que governam as questões de interesse. Que os desejos do aluno devem ser mantidos abaixo de suas necessidades primitivas, para não frustrá-lo e criar desigualdades. Não é necessário ajudar o aluno a aspirar mais que isso.

— E o que o realismo responderia a esse argumento?

— Que o esforço para manter os desejos ao mínimo causa o declínio do espírito humano. Não o deixa crescer, fica estagnado. *Curiosamente, se há algo em que os behavioristas e Rousseau concordam é que o objetivo da educação é conter o desejo.* No caso dos behavioristas, é para manter o aluno sob controle – quieto na caixa preta – porque o behaviorismo entende a liberdade em termos de anarquia.

– Em termos de libertinagem?

– Sim, aquela ideia de que, se você for livre, sempre abusará de sua liberdade. Para Rousseau, o desejo também é contido, mas para não frustrar o aluno. E você, Matias, acha que o espírito humano só é capaz de desejar coisas que levam à perdição?

– Não, responde Matias em dúvida.

– É verdade que às vezes é preciso moderar o desejo, falando, por exemplo, da temperança, mas desde que seja orientado a desejar algo melhor. Platão disse que educar é ajudar a desejar o belo. Os filósofos clássicos têm grande confiança na bondade e na capacidade do ser humano saber pela razão. Para eles, o ser humano é racional e a característica do intelecto é o conhecimento. E só quando sabemos é que podemos ser verdadeiramente livres. Portanto, a ignorância sobre as alternativas não nos torna livres. Por outro lado, para os românticos, a liberdade encontra-se na geração infinita de possibilidades, e o conhecimento nos limita na medida em que nos leva a descartar algumas delas. Para eles, o comprometimento com uma das alternativas nos torna menos livres.

Matias recapitula em sua mente a conversa sobre instrução direta, aprendizagem por descoberta guiada e aprendizagem por descoberta pura.

– Ah!! – Exclama Matias, como se uma lâmpada se acendesse em sua mente –. É por isso que a Nova Educação tende a propor métodos de aprendizagem baseados na pura descoberta... por causa de suas raízes filosóficas idealistas e românticas! É a ideia de que a criança tem em si a semente do aprendizado...

– ...subjetividade transcendental... Bem, esta talvez seja uma linguagem filosófica demais. Fique com a ideia de subjetividade.

– Claro, vem dessas correntes filosóficas, agora entendo tudo um pouco melhor.

– Você se lembra do que Maritain costumava dizer sobre isso?

> Uma educação que dê à criança a responsabilidade de obter informações sobre o que ela não sabe que ela não sabe, que se contenta em contemplar o desenvolvimento dos instintos da criança, e que faz do professor um assistente dócil e supérfluo, é um simples fracasso da educação e da responsabilidade dos adultos perante os jovens.

– ... Maritain é realista – diz Cacilda.

Matias fica animado, pois começa a ver a aplicação das ideias filosóficas e sente um certo alívio:

– Em que outras questões pedagógicas se manifesta a herança do idealismo e do romantismo? – pergunta Matias, que gosta de começar a compreender a aplicação concreta das explicações de Cacilda.

— Você também pode notar isso na questão da imaginação, afirma Cacilda.
— Em que sentido?
— Para os realistas, como Aristóteles, primeiro o ser humano acumula percepções pelos sentidos. Mais tarde, ele é capaz de apreender conceitos abstratos universais, com a ajuda da imaginação e da memória. Você se lembra da experiência de Helen Keller com a água? Pois bem, a imaginação não cria do nada, mas tem uma base na realidade e a reorganiza. Pode-se reconstituir a realidade com a ajuda da memória e da imaginação, mas a base da imaginação está sempre na realidade. Montessori, que é realista, resume assim:

> Não se pode criar produtos artísticos do zero. O que se denomina criação é, na realidade, uma composição ou construção realizada sobre um material primitivo da mente, que deve ser coletado do meio ambiente por meio dos sentidos.

— E o que dizem os românticos?
— Os românticos não concordam com essa visão, muito restritiva para eles. Eles defendem uma imaginação produtiva. Esse foi outro ponto de desacordo para Montessori com a Nova Educação. Ferrière critica Montessori por ter um material que orienta muito a criança. Afirma limitá-lo.
— O que isso significa sobre imaginação produtiva?
— Que a imaginação não tem que ter base ou limites na realidade.

— Você pode me dar um exemplo disso na sala de aula?
— Sim, em Froebel, por exemplo. Na verdade, é uma das censuras de Montessori a Froebel. Ela discorda de alguns usos de seu material, pois leva a criança a imaginar coisas que não são. Eles recebem blocos de madeira e dizem que são cavalos, ou um estábulo, ou uma torre. Ela acredita que construir torres ou cavalos com blocos de madeira acaba com a confusão mental da criança.

— Está muito na moda agora falar em liberar a criatividade das crianças. — Matias lembra a conversa com Pepe sobre as rimas do poema —. Montessori é contra a criatividade?

— Montessori, como realista, não é contra a criatividade e a imaginação, mas insiste que apenas a realidade pode ser o ponto de partida para uma aprendizagem significativa. Há uma citação de Isaac Newton, um físico que viveu entre os séculos XVII e XVIII, que resume muito bem a tese realista: "Podemos imaginar coisas que são falsas, mas só podemos compreender coisas que são verdadeiras". Para Montessori, compreender a realidade é a base para a abstração e a criação artística. E diz que os primeiros cinco anos de vida servem para desenvolver uma acuidade sensorial que nos permite perceber corretamente a realidade. Então, aos cinco ou seis anos, a criança pode começar a imaginar, desde que o imaginado tenha base no real. É assim que ela diz: "Ninguém pode criar produtos artísticos do zero, a imaginação sempre terá uma base sensorial".

— Se o criar não pode ser dado a partir do zero, então em que consiste isso? O que significa para uma pessoa ser criativa? – pergunta Matias.

— Criatividade é, antes de tudo, relacionar conceitos e ideias. Para que essas ideias e conceitos estejam disponíveis em nossa mente, para podermos relacioná-los com agilidade e chegar a conclusões originais, não basta que existam na internet. Devemos ter conhecido, lembrado, compreendido e internalizado de antemão. A memória é essencial para que o processo criativo flua.

— Bem, eu nunca ouvi ninguém falar positivamente da memória. Agora todo mundo fala que memorizar é coisa do passado, da educação tradicional.

— Tente aprender algo sem usar a memória, Matias...

Matias tenta pensar em algo que sabe e não se lembra. Ele percebe que tudo o que sabe está fixado em sua memória. Se essa informação ou experiência está disponível em sua mente, é precisamente porque você se lembra dela.

— Voltemos a Montessori. Ela não encorajava a fantasia em suas aulas, não é?

— Exatamente. Em princípio, você não encontrará contos de fadas em salas de aula montessorianas com crianças menores de cinco anos. Isso é algo muito controverso sobre seu método. Ela garante que a fantasia fomenta a credulidade dos filhos e que não queremos filhos crédulos, mas inteligentes.

— E você não é a favor de jogos simbólicos como, por exemplo, vestir-se de princesas ou brincar de cozinheira?

– Os jogos simbólicos são realizados para imitar uma atividade real. Nas salas de aula Montessori, atividades reais não são imitadas. Existe o que eles chamam de "atividades práticas da vida", nas quais as crianças realizam atividades diárias reais, não fingidas. Eles preparam uma infusão, cozinham a própria comida, lavam a louça, varrem o chão, passam a ferro de verdade.

– Eles passam roupa?

– Sim, – responde laconicamente sua interlocutora.

– Mas, eles não se queimam? – pergunta Matias.

– Não, estão acostumados a fazer isso com delicadeza e cuidado. Para aprender a coordenar os movimentos, levantam uma cadeira sem fazer barulho, limpam as mãos sem respingar, regam as plantas sem molhar o solo, usam pratos de porcelana quando comem em vez de pratos de plástico.

– Por que são de porcelana?

– A correção do erro, lembra? Se você deixar cair um prato, algo valioso será quebrado. Portanto, eles têm o cuidado de não o deixar cair. Tenha em mente que muitos dos pedagogos da Nova Educação eram contra o princípio de correção de erros no material Montessori. Eles o acharam muito rígido e dogmático. Eles argumentaram que a criança deveria "construir seu aprendizado".

– Construa o seu aprendizado..., repete Matias.

– Sim, da experiência proporcionada pela descoberta pura, sem diretriz. Essa é uma visão mais construtivista, inspirada pelo idealismo.

– E o que Montessori estava discutindo sobre isso?

– Que para despertar o interesse do aluno, o professor tem que partir de algo já conhecido para vincular o novo ao conhecido. Herbart enfatiza que o interesse é o elo entre o que já é conhecido e o que é novo. Se não houver tal ligação, o que é ensinado cai em ouvidos surdos. Montessori falou disso em termos de um "gancho", porque permite que você enganche uma atividade na anterior. Assim ela se expressou...

> Existe um período anterior, o de interesse; ligando todo o conhecimento novo ao conhecimento já adquirido, "indo do conhecido ao desconhecido", pois o que é absolutamente novo nunca desperta interesse.

– ...É como construir um andaime. Existem degraus de diferentes alturas. Os exercícios são programados de forma que os mais simples preparem o terreno para os mais difíceis.

– Você acabou de usar a palavra "construção" para descrever o método Montessori. Mas ela não era uma construtivista. Era realista.

– Ela foi uma construtivista no sentido epistemológico, mas não ontológico.

– No sentido epistemológico? Você pode me explicar de novo?

– Sim. A epistemologia se refere ao modo de accsso ao conhecimento. Aprendemos quando há um elo de conexão com o que já sabemos. Isso torna o aprendizado significativo para a criança. Se você quiser se aprofundar nessa ideia, pode ler David Ausubel, psicólogo americano que publicou vários trabalhos sobre o assunto na década de 1960.

– Aprendemos quando existe um elo de conexão com o que já sabemos. Mas isso é bom senso.

– Também concordo com isso. A ideia do andaime foi desenvolvida por Lev Vygotsky, um bielorrusso que viveu de 1896 a 1934. Vygotsky era um construtivista. Ele chamou de "zona de desenvolvimento aproximado" a lacuna entre o que a criança já sabe e o que ela pode saber com a ajuda do professor.

– É que o ensino e o conhecimento não acontecem com um passe de mágica, porque a criança lhe propõe, afirma Matias.

– Isso. A criança precisa de um educador que possa estabelecer a mediação entre ela e a realidade, permitindo-lhe passar de uma fase de aprendizagem a outra. E os montessorianos concordariam com isso também. Você disse algo interessante antes, Matias. Mencionou que "é bom senso dizer que aprendemos algo quando existe uma ligação com o que já sabemos". Esse elo de conexão permite que o aprendizado seja significativo para o aluno. É curioso, mas nem todos dão importância a uma aprendizagem significativa.

– E quem não gosta disso? – pergunta Matias.

– Os behavioristas só veem o plano ontológico do construtivismo e o rejeitam por completo porque não contemplam a dimensão interna do aluno, seus desejos, sua capacidade de compreender progressivamente e em seu próprio ritmo, de buscar sentido e fazer o que recebeu a partir disto. O conceito de "auto-educação" os incomoda e sempre o associam necessariamente à posição do naturalismo. Talvez seja por isso que Montessori recebeu tantas críticas.

– Quem a criticou?

– Todos a criticaram, diz Cacilda, rindo. Tanto os defensores da Nova Educação quanto os que odiavam aquela corrente educacional. Às vezes, quanto mais matizada for uma proposta, menos ela será compreendida. Por exemplo, em 1919, uma série de artigos foi publicada em *La Civiltà Cattolica*, uma revista jesuíta que foi uma referência para os educadores católicos da época. O autor desses artigos chamou Montessori de naturalista. Em 1930, Montessori foi denunciada perante o Santo Ofício por este motivo.

– E o que aconteceu? – Matias está curioso.

– A denúncia foi arquivada.

Matias percebe, em um momento de eureca, que o ponto crucial do debate educacional está longe de ser a luta simplista entre o velho e o novo. O resultado é encontrado na distinção entre os planos epistemológico e ontológico.

– Essa questão, da confusão dos níveis ontológico e epistemo... lógico. Ufa, isso é muito difícil de explicar para pais e professores – Matias lamenta enquanto pensa em como esclarecer isso para sua mãe.

– Claro, seria necessário fazê-lo de uma forma divertida, em um livro simples, que todos pudessem ler e reler aos poucos. É um desafio. Trata-se de explicar que o construtivismo pode ser entendido em termos idealistas (fingir que a criança constrói subjetivamente sua realidade) ou em termos realistas (ensinar de forma que a criança possa construir sua própria realidade). Existem muitos pedagogos que são realistas do ponto de vista teórico, mas na prática são muito behavioristas porque veem a liberdade em termos de descontrole, pensam que os alunos só podem fazer um uso excessivo da liberdade. Na verdade, eles são os primeiros a confundir os níveis ontológico e epistemológico. Quanto dano isso causou e está causando à educação! Mas se você ler os filósofos realistas na íntegra, verá que eles sempre fizeram a distinção entre ontologia e epistemologia. Tomás de Aquino, por exemplo, afirma que "todo ensino provém de um saber pré-existente", e enfatiza o papel fundamental do professor. Por outro lado, ele reconhece que a descoberta é uma forma mais perfeita de saber do que a instrução direta.

Cacilda fica em silêncio por um minuto e continua:

— Embora o construtivismo social vá mais longe. Vygotsky, por exemplo, sugere que a realidade está sendo ativamente construída pela criança, que constrói sua percepção da realidade e de sua personalidade por meio de interações sociais.

— Mas você está se referindo ao fato de que as interações sociais influenciam sua identidade ou que a criança é produto dessas experiências? Parece-me que, mais uma vez, estamos perante interpretações epistemológicas e ontológicas — Matias apura cada vez mais as suas intervenções.

– Sim. Uma coisa é dizer que as experiências sociais são decisivas para construir nossa identidade, e outra coisa é dizer que elas influenciam quem somos. Claro que influenciam. Existe uma dimensão social para a aprendizagem. Acessamos conhecimento também por meio de relações interpessoais. Quando somos jovens, por exemplo, temos um conceito de nossa identidade pessoal que corresponde ao que conhecemos pelos olhos de nossos pais. Pensamos em "quem sou eu" em termos de nossas experiências interpessoais, que em parte moldam nossa memória biográfica.

Matias pensa em Pepe e em todas as crianças de sua escola que passam horas nas redes sociais. "De que são feitas as memórias biográficas dessas crianças?", ele se pergunta. "Será que vão confundir a identidade pessoal com a impressão digital? Por que é mais atraente estar nas redes do que levantar a cabeça e ver o amigo ao seu lado? O mundo real é exigente e tem limitações biológicas, físicas, sociais e cognitivas. É muito mais confortável se esconder atrás de um filtro no Instagram, atrás de uma identidade construída. O parâmetro é a própria subjetividade, não a realidade". Matias pensa nas redes como uma continuação do projeto idealista.

Cacilda faz uma pausa e recapitula:

– Em suma, aprendemos por meio da mediação dos outros. Outra coisa bem diferente é dizer que a criança é o mero produto da construção de uma identidade forjada exclusivamente a partir de suas experiências. Essa segunda visão, se você olhar para ela, está enraizada na ideia de que "nós somos o que sentimos". Novamente, é uma visão inspirada pelo empirismo e o romantismo. As correntes educacionais que derivam do idealismo e do romantismo privilegiam a descoberta pura e trabalham em projetos ou cooperativas nas quais não existam diretrizes prévias e as crianças "constroem seu aprendizado" sozinhas ou em grupos.

Os dois estão em silêncio.

– Vejo que existe um abismo de diferenças entre as teses realistas, idealistas, românticas e behavioristas, diz Matias.

– Sim. Para os behavioristas, o interesse é de pouca relevância. Para idealistas e românticos, o "eu" é o criador do aprendizado e a imaginação produtiva é a chave. Para os realistas, quanto mais ignorantes somos menos interessados estamos em aprender sobre um assunto. Quanto mais sabemos sobre um assunto, mais interesse é despertado para saber mais. *O conhecimento alimenta o desejo de saber.*

– É por isso que existem planos de estudos, sugere Matias.

– O plano de estudos responde à ideia de que existe uma ordem sequencial no ensino. Por exemplo, você tem que ensinar primeiro as quantidades, depois as operações matemáticas. O mais simples, e em seguida o mais complexo. É preciso aprender a ler, então aprender lendo. Portanto, a educação não é improvisada. E é personalizada, porque cada aluno tem um ritmo diferente. E essa estrutura... tem que ser pensada pelo educador, não pela criança! Como pode saber aquele que ainda não sabe o que precisa saber?

Matias reflete sobre essa última frase e especifica:

– Mas há construtivistas que pensam que currículos e livros didáticos não funcionam.

– Você se lembra do que eu disse sobre a infeliz confusão entre os níveis epistemológico e ontológico?

Matias acena com a cabeça para passar a palavra a sua interlocutora.

– Exatamente. *Quando dizemos que as crianças constroem seu aprendizado, devemos saber muito bem o que queremos dizer. Se for o caminho do aprendizado, então a metáfora do andaime pode entrar em ação. Se queremos dizer que as crianças devem projetar seu próprio plano de estudo, então queremos dizer que elas criam subjetivamente sua representação da realidade.* Para os pedagogos que bebem das correntes idealistas e românticas, a criança constrói seu aprendizado porque tem em si a semente de sua educação, o "eu" criativo. Nessa lógica, não há lugar para planos de estudos, instrução direta ou orientada, ou disciplinas...

– ... ou livros didáticos... – continua Matias, lembrando a quantidade de tinta que seus pais usavam para imprimir folhas soltas que acabavam amassadas no fundo de sua mochila.

– ... muito menos avaliações! Aqueles que bebem das fontes idealistas e românticos tendem a rejeitar avaliações.

– Por quê?

– Bem, porque se não há realidade objetiva e tudo é representação subjetiva da realidade, não há nada a medir. Optamos então por mensurar competências, um conceito mais subjetivo e experiencial.

— Mas a avaliação objetiva tem muitas limitações. Os testes padronizados, por exemplo, medem o conhecimento enciclopédico, observa Matias.

— Avaliações objetivas têm suas limitações, é claro. É impossível medir tudo que está no coração e na mente de um aluno, é difícil medir o entendimento apenas com testes padronizados, concordo com você. Mas devemos ter como objetivo melhorar os métodos de avaliação, não erradicá-los.

— Qual é o papel das avaliações? — Matias pergunta, bancando o advogado do diabo.

— O objetivo de um teste deve ser descobrir se o aluno entendeu o assunto e identificar seus pontos cegos, analisando cuidadosamente seus erros para entender seu raciocínio e corrigindo-o no ponto em que não está de acordo com a realidade. Nunca pegá-lo no erro. Todo o processo de avaliação, desde a preparação para um exame, a correção até sua revisão com o aluno, tudo isso permite ao aluno aprofundar os seus conhecimentos sobre a matéria, e ao professor focar melhor a ação educativa. Tudo isso é aprendizado. Você aprende muito com os erros! Montessori destacou que "o erro é o amigo que abre o caminho para descobrirmos a verdade".

— Claro, testes padronizados corrigidos por computadores e para os quais os alunos não recebem *feedback* não são úteis para o aprendizado.

— Eles podem fornecer dados, indicadores para os governos tomarem decisões políticas que indiretamente influenciam a educação, mas não têm um propósito educacional direto para o aluno. O problema das avaliações surge quando as abordamos apenas do ponto de vista do resultado, das notas, e esquecemos que elas fazem parte do processo de aprendizagem.

— Parece-me que começo a juntar as peças... as peças do andaime, sorri Matias.

Há uma pausa na conversa. Cacilda percebe que Matias está cansado e interrompe aquele momento.

— Por falar na importância da atividade, diz Cacilda, retribuindo o sorriso, vamos fazer como os gregos e vamos caminhar um pouco lá fora. Você gosta?

— De acordo.

Os dois saem para a rua e caminham em direção ao centro da cidade.

24
Como a luz que salta da centelha

Aprender a aprender
Informação vs. conhecimento
Protagonista de sua própria aprendizagem

Matias e Cacilda saem de casa e caminham em direção ao centro da cidade. Quando chegam à praça, em frente à prefeitura, veem uma dezena de jovens que passam a tarde sentados em roda, sem falar. Todo mundo olha para o celular enquanto digita compulsivamente.

– Gosto do silêncio, mas não tanto deste, diz Cacilda.

Matias pensa em Pepe e sente uma tristeza infinita. Pensa em como saber aproveitar ao máximo o tempo e lança uma pergunta:

– Agora se debate se o conhecimento é ou não importante. Os que defendem a educação tradicional afirmam que o conhecimento é fundamental, e os que defendem a Nova Educação consideram que não é tão importante, que é mais importante "aprender a aprender", porque segundo eles "tudo está na internet". Os primeiros dizem que a educação deve "incutir conhecimento", enquanto os segundos falam em "aprender a aprender".

— E o que você acha? – Cacilda lhe pergunta.

— Não gosto da palavra incutir, é muito comportamental. E "aprender a aprender" ... falam muito disso para nós na escola onde faço o meu estágio, é o mais recente. Mas não consigo entender o que precisamente querem dizer.

— Mais uma vez, acho que o dilema desse debate está fundamentalmente mal colocado.

— Por quê? O que é "aprender a aprender"? O que isso significa? –pergunta Matias.

— Aprender a aprender... Existem diversas definições. Alguns definem como o desenvolvimento de habilidades que permitem implantar estratégias para aprender.

— Por exemplo?

— Ter pensamento crítico. Organizar as informações. Saber o que é relevante e o que não é. Estar ciente do que você sabe e do que não sabe. Por exemplo, para encontrar algo na internet, ou em uma biblioteca de vinte mil livros, é preciso saber pesquisar com base em critérios anteriores à pesquisa. É preciso saber reconhecer o que é relevante e o que não é.

— Mas é possível adquirir essas habilidades sem conhecimento prévio? – pergunta Matias.

— Esse é o cerne da questão. Não vejo como isso seja possível. *Como aquele que ainda não sabe nada sobre o que precisa saber saberia o que precisa saber?*

— Isso equivale a dizer que o aluno deve fazer o trabalho do professor que programa a disciplina... – enfatiza Matias.

– ... e o trabalho do diretor de estudos do colégio que implementa o currículo. E das autoridades educacionais que o projetam, acrescenta Cacilda. O aluno não pode traçar seu próprio itinerário educacional. Isso não faz sentido. Portanto, penso que "aprender a aprender" é uma expressão muito infeliz. Prefiro falar de "saber como aprender". Por "saber como aprender" entendo se ter habilidades de estudo ou pesquisa. Mas, em todo caso, para saber aprender é preciso primeiro ter aprendido e, sobretudo, saber ler. A pesquisa não é feita no vazio e no vácuo! Você tem que ter conhecimento e critérios prévios.

– Um exemplo, por favor, – pede Matias.

– Sim. O trabalho sobre a Nova Educação que você faz na aula da profa. Marín, por exemplo. Você veio conversar comigo entender o contexto. Se eu faço um trabalho sobre Nova Educação, antes de navegar em um mar de informações descontextualizadas, tenho que saber quem são as principais figuras, as principais correntes, a época da qual estamos falando, as influências filosóficas dessas correntes etc. Se eu não tiver essa estrutura, fico cego e não sei como organizar as informações que encontro.

– Talvez seja por isso que a primeira reflexão de uma criança pesquisando sobre um tópico específico é ir à Wikipédia? – sugere Matias enquanto pensa com tristeza na última ocorrência pedagógica de tarefa feita a seu irmão sobre o Ministério da História.

– Claro. Porque a mente sempre busca a estrutura contextual. Mas o que a criança não sabe é que a Wikipédia é uma compilação solta, qualquer um pode adicionar e remover coisas dessa plataforma. A Wikipédia pode servir para uma mente preparada, capaz de contrastar fontes e detectar erros. Mas você acha que uma criança está pronta para fazer esse trabalho?

– Não.

– Na verdade, poucos adultos sabem contrastar as fontes. Existem mestres da pesquisa que ensinam como fazer. O contraste entre as fontes é uma das competências-chave de um pesquisador. É por isso que as *fakenews* se espalham tão rapidamente; falta-nos o conhecimento, os critérios para poder contrastá-las.

– Poderíamos dizer que "saber aprender" é uma forma de aprendizagem por descoberta guiada?

– É isso, mas guiada pelos critérios de quem sabe por que conhece o contexto. É a maneira de aprender de mentes preparadas, não pode ser de um jovem aprendiz. *Antes de saber aprender por si mesmo, é preciso ter aprendido, guiado por outros que sabem.* Na verdade, Matias, "aprender a aprender" é outra ideia derivada do idealismo, tendência para a qual o "eu" é o criador da realidade. Nessa postura, a criança "aprende a construir conhecimento".

– Aprenda a construir conhecimento! Essa é a expressão que eles usam, de fato.

– Para os idealistas, o parâmetro não é a realidade, é o próprio aluno, acrescenta Cacilda.

"É a imaginação produtiva de uma criança que inventa rimas e datas tomadas ao acaso da internet", – pondera Matias.

– E a outra alternativa é inculcar, – pergunta Matias.

– Etimologicamente, incutir significa "empurrar à força", diz Cacilda.

– Isso é behaviorismo, certo?

– Sim. E não se deixe enganar, Matias, não é "a outra alternativa". Esse debate entre a nova e a velha educação fecha você em uma dialética infértil. Nem tudo se resume a esse dilema. A questão está mal colocada. O que queremos dizer com conhecimento? Primeiro, é importante não confundir informação com conhecimento. As informações são, na verdade, *bits* de dados despersonalizados.

– Como os *bits* de Glen Doman, como a lista dos reis góticos quando totalmente descontextualizada da história, como o que está na internet... – afirma Matias enquanto observa os jovens sentados, sem falar, na praça com seus celulares.

– Sim. O problema é que sempre os confundimos. O poeta T. S. Eliot perguntou há meio século: "Onde está a sabedoria que reduzimos ao conhecimento? Onde está o conhecimento que reduzimos à informação?". De que adianta uma criança ver desfilar obras de arte, se ela não conhece a história do pintor que a fez, não entende a época e o contexto em que foi pintada, não sabe onde aquela obra está hoje... Não há compreensão.

"Como José quando lê o *Emílio* de Rousseau", pensa Matias.

Cacilda continua:

— Acumular *bits* descontextualizados de informação apenas contribui para o colapso da memória de trabalho. E eu vou mais longe, Matias. É uma informação morta.

— Morta? — Matias fica surpreso.

— Dados, isolados de nossa capacidade de conhecê-los, são algo morto. Eles existem, mas estão mortos, só ganham vida quando alguém os encontra. O que dá vida à informação é quem a conhece, é o que faz a informação ser conhecimento. Não há estatísticas se não houver critério para organizar os dados com sentido, para "fazer os números falarem". Você acha que pode haver conhecimento sobre um determinado assunto se não houver ninguém que o conheça?

— Eu preciso de um exemplo.

— Certamente. Imagine que todas as obras de Aristóteles estivessem em uma caverna na Grécia e ninguém as tivesse descoberto. Podemos falar de conhecimento sobre as teses aristotélicas?

Há um silêncio reflexivo.

— Não, acrescenta Cacilda. Só poderíamos falar sobre alguns papéis úmidos em uma caverna escondida. Existem tais papéis?

— Sim, responde Matias com certa impaciência, sem compreender.

— Claro que eles existem. Mas se seus conteúdos não foram descobertos e lidos por alguém, não podemos falar de conhecimento. Ou então a lista dos reis góticos em uma apostila, isso é conhecimento?

– Não.

– Não é conhecimento, é uma lista em uma folha de papel. É só isso, nada mais. Você vê Matias? Estamos chamando coisas que não são conhecimento de conhecimento. É por isso que não entendemos seu valor. Conhecimento é apenas algo que existe em quem aprende. Na medida em que não existe em quem aprende, não é conhecimento. E para existir de verdade no aluno, não basta propor os fatos e obrigá-lo a memorizar em troca de boas notas. Isso também não é conhecimento.

– É informação incutida, responde Matias com convicção.

– Aquilo que se esquece no dia seguinte ao exame. Devemos propor uma dinâmica de transmissão de conhecimento, não incuti-lo. O conhecimento existe nas pessoas. O livro, ou mesmo uma fonte confiável na rede, é uma ferramenta de mediação pela qual uma pessoa transmite seu conhecimento para outra, que se apropria dele. Um professor para um aluno. O que está no livro é conhecimento na mente de quem o escreveu, mas só será conhecimento na mente de quem o lerá com interesse e terá o contexto para compreendê-lo. A propósito, você conhece Platão?

– Ele é um filósofo grego. Ele foi o mestre de Aristóteles, certo?

– Sim. Os gregos transmitiam conhecimentos oralmente, falando, dialogando, caminhando, como fazemos agora. Cacilda se vira para sair da praça e segue em direção à sua casa com Matias. Ela continua sua explicação:

— Você sabia que Platão relutava em colocar todos os seus pensamentos por escrito?

— Por qual razão?

— Alguns criticaram, dizendo que esta posição é ridícula. No entanto, a razão pela qual Platão resistia em escrever todos os seus pensamentos é reveladora. Ele temia que algumas coisas não fossem entendidas ou fossem mal interpretadas, que só pudessem ser entendidas no ambiente certo e com as disposições certas. Ele afirma que só o conhecimento pode ser transmitido... Espere, vejamos se me lembro da citação exata.

Cacilda pára para pensar.

— Está em uma de suas cartas, uma das poucas que Platão escreveu. Na verdade, a autenticidade de algumas dessas cartas é contestada, mas muitos dizem que Platão é o autor. Na *Carta VII*, que é uma das mais seguramente atribuídas a ele, afirma que o conhecimento só pode ser transmitido "após uma longa convivência com o problema e após haver intimidade com ele, subitamente, como a luz que salta da centelha, a verdade surge na alma e cresce espontaneamente". Não é maravilhoso, Matias?

— E aquele papel de produzir intimidade com o problema para que a luz salte da centelha... corresponde ao professor, disse Matias, pasmo.

— Você tem alguns alunos clamando por essa centelha em sua classe. Você se lembra das respostas de seus alunos? "Quando algo me interessa", "Se não me aborrecer"... No fundo, essa centelha de que fala Platão, é pelo que clamam todos os alunos para se interessarem. Imagine uma escola totalmente virtual, sem a presença do professor ao vivo, e também não desatualizada, em que tudo esteja em uma plataforma e não haja mediação humana... nem mesmo na tela. Essa centelha pode surgir?

Há uma ausência de palavras. Matias relembra a aula que deu sobre onomatopeia e se pergunta como essa centelha pode ter surgido. Cacilda prossegue.

– Quando dizemos que a educação deve ser personalizada, não é o mesmo que individualizada. A educação individualizada é possível com um *tablet* por aluno. Mas a educação personalizada é algo diferente, refere-se à ideia de que educar é um ato profundamente humano, que se transmite de uma pessoa para outra. Não se educa em massa, um grupo, educa-se uma pessoa de cada vez. E o papel do professor é a chave para acender essa centelha.

– O papel do professor é fundamental... confirma Matias.

– O papel do professor é fundamental, mas, ao mesmo tempo, a compreensão do aluno é fundamental. Por isso dizemos que o principal protagonista da educação é o aluno. E isso não é incompatível com dizer que o papel do professor também é fundamental. Porque, afinal, é o aluno que torna seu ou não seu o conhecimento transmitido pelo professor. O professor propõe, mas não pode forçar esse processo. Como disse George Orwell: "Eles podem forçá-lo a dizer qualquer coisa, mas não há como te fazerem acreditar. Nunca podem entrar em seu interior". Se não houver reconhecimento interno e pessoal da verdade, não há aprendizado. Você se lembra do que disse Tomás de Aquino?

— Sim, a maneira mais perfeita de saber é a descoberta. E que a segunda forma de saber é aprendendo, por meio da instrução.

— Isso, Matias. A descoberta também acontece quando alguém fala conosco. Porque a postura de escutar deve ser ativa. A aprendizagem requer um reconhecimento interno e pessoal da verdade. Você conhece Agostinho de Hipona?

— Não, responde Matias, enfaticamente.

— Foi um filósofo realista que viveu nos séculos IV e V. Ele falou acerca do "mestre interior", uma espécie de voz interior que nos ajuda a compreender o que nos é proposto. O professor interior é uma expressão retomada por Montessori em suas obras. Isso mostra que ela havia lido todos os autores clássicos e os cita. Agostinho de Hipona afirma:

> Quando os professores dão suas explicações, os alunos refletem em seu interior se o que foi dito é verdade ou não, sendo então que a aprendizagem realmente ocorre.

— É exatamente isso que acontece nas nossas conversas, afirma Matias mentalmente.

— A primeira parte do que Agostinho de Hipona fala é a da transmissão de conhecimentos. Se o professor não conhece bem a matéria, se não domina o que ensina, esse passo não é dado. E a segunda é quando a "centelha" é acesa, é a compreensão pessoal. Ajuda o aluno a trazer à tona as ideias que recebe, a analisá-las e saber se têm valor. É semelhante ao que Platão diz em sua *Carta VII*:

> Após uma longa convivência com o problema e após dele ter se tornado íntimo, subitamente, como a luz que salta da centelha, a verdade surge na alma e cresce espontaneamente.

Matias fica pensativo até que se dirige a Cacilda com uma longa pergunta.

– Há algo que não compreendo. Por um lado, o idealismo diz que o parâmetro da realidade é a criança. Portanto, a criança é a protagonista de sua educação. Por outro lado, Agostinho de Hipona, realista, afirma que a criança é a protagonista de sua educação. Eles não dizem o mesmo no final?

– Não, mesmo que usem as mesmas palavras, o que dizem é muito diferente. Mais uma vez, confundimos os níveis ontológico e epistemológico! Quando falamos do aluno como protagonista porque é uma medida da realidade, então o fazemos a partir da visão idealista ou romântica. Quando falamos do aluno como protagonista, referindo-nos àquela voz que o faz reconhecer algo que já existe como verdadeiro, que o faz compreender algo novo a partir do que já conhece, referimo-nos à tese realista de Agostinho de Hipona. Para esse filósofo realista, conhecimento é compreensão, internalização é compreensão e a compreensão é pessoal e participativa. São duas coisas completamente diferentes.

— E esse reconhecimento interno também pode ocorrer com um método de instrução direta, fala Matias como uma interrogação retórica.

— Com uma mediação é possível. Mas a instrução direta também pode provocar o oposto do reconhecimento interno do aluno. A educação não é uma questão matemática. Vai depender tanto do humor do professor quanto da predisposição do aluno. Segundo Herbart, se você bem lembra, uma barreira que a educação nunca deve superar é a liberdade do aluno. Portanto, educar é uma das tarefas mais belas do mundo, mas sempre será um risco.

Cacilda olha para o alto, lembrando-se:

— Alguns dos alunos que assistiam às minhas aulas anotavam tudo o que eu falava, mas não estavam muito interessados, não faziam isso porque gostavam. E no exame escreviam as mesmas palavras que eu tinha usado na aula, porque não tinham intimidade com o assunto, a centelha não surgiu, não houve aprendizado real. Eles não haviam internalizado a explicação. As palavras que eles memorizaram estão mortas como papéis úmidos em um canto escondido. Não existe realidade conhecida se não houver ninguém para conhecê-la pessoalmente. Por isso, as predisposições, as características e a ação do aprendiz são fundamentais. A cor não será vista se não houver olho. Concorda? Você está me acompanhando, Matias?

— Mais ou menos.

Eles chegam em frente ao jardim da casa de Cacilda, passam por ele e vão até a porta lateral. Vencidos pelo frio, aproximam-se das poltronas na sala de estar na penumbra, pois anoitece. Matias afunda na cadeira azul com os braços cruzados enquanto Cacilda acende as luzes das três luminárias. Ao fazer isso, continua a conversa.

– Imagine um mundo em que não haja cientistas, em que ninguém investigue. Haveria ciência nesse mundo? Podemos falar sobre a ciência da biologia, física, epidemiologia?

– Não.

– Há ciência porque existe alguém que conhece e investiga essas questões, que as vive, que as torna suas. Espere, vou encontrar um autor que explica muito bem.

Cacilda se levanta e pega um livro na biblioteca.

– Último *testamento*, é de John Lukács, um historiador, esclarece Cacilda.

Cacilda dá uma olhada e lê em voz alta: "Minha obsessão é ressaltar que o conhecimento humano não é objetivo nem subjetivo, mas pessoal e participativo". Lukács chama as pessoas que tentam se aproximar da realidade com um olhar objetivo de "homens com olhares de gelo"...

– ... uma referência a Descartes, qualifica Matias.

– Bem, é uma referência a todos os filósofos, historiadores ou educadores que têm um olhar glacial, que veem a realidade à distância, sem se comprometer pessoalmente com ela, sem vivenciá-la... eles existem em todas as correntes. Os behavioristas também não acreditam no conhecimento pessoal. Para eles, não há ninguém dentro da caixa. Por "homens de gelo", Lukács se refere à atitude de quem se aproxima para conhecer as coisas do nosso mundo como se fossem algo estranho. Lukács pergunta...: "Existia matéria independente antes da mente humana? Bem, sim, antes e agora: mas sem a mente humana, sua existência não tem sentido".

— Como os escritos de um filósofo em uma caverna perdida na Grécia, como a lista dos reis góticos na apostila. Ou como as flores do seu jardim, se não pudéssemos apreciá-las.

— Isso. Lukács afirma... agora leio: "A finalidade do conhecimento humano, e diríamos da própria vida humana, não é a exatidão nem a certeza. É compreensão. E só pode haver compreensão se o conhecimento for 'pessoal e participativo'", enfatiza Lukács.

— É semelhante ao que diz Agostinho de Hipona quando fala do mestre interior que reconhece algo como verdadeiro e o torna seu. Conhecimento é compreensão. Interiorizar é entender. E a compreensão é pessoal e participativa, argumenta Matias.

— Claro, Cacilda responde. E se houver uma separação fria entre aquele que conhece e o que é ensinado, esse entendimento não tem lugar. Então o conhecimento se torna mecânico, sem sentido.

Matias pensa em Pepe e se pergunta se a tecnologia pode, ou não, contribuir para essa separação. Pergunta:

— E a internet?

— Sim. Existem recursos valiosos na internet, mas eles são encontrados por mentes preparadas. Aqueles que "sabem aprender" porque antes aprenderam. Mas, para uma mente que não tem essa preparação prévia, a internet é um lugar descontextualizado no qual existem apenas fragmentos de informação. Isso não é conhecimento, Matias. E com a lógica dos algoritmos dos buscadores nas redes ela é um lugar que encapsula cada um em seu mundo, isola cada um da realidade. A internet é uma fábrica de homens e mulheres com olhares congelados.

Matias reflete sobre sua geração, que passa mais tempo na internet do que no mundo real e sente vertigem. "Talvez seja por isso que tantas pessoas interagem impiedosamente ou com empatia no Twitter?" Ele se pergunta. "Elas têm olhares congelados...".

Cacilda continua sua explicação:

– "Sou, logo existo". A informação por si só não se move, não motiva, o que motiva a pessoa é o encontro com o conhecimento transmitido por outra pessoa. Lukács argumenta:

> A objetividade tem como ideal a separação completa e asséptica entre o que conhece e o que é conhecido. A compreensão, por outro lado, supõe uma aproximação, e uma das mais próximas. Em todos os casos e sobre todas as coisas, não há, nem pode haver, uma separação essencial entre aquele que conhece e o que é conhecido.

– Dê-me um exemplo, por favor, pede Matias.
– Os professores de história sabem que não podem se contentar em dar datas e eventos como uma máquina de

venda automática. Isso é inadequado. A história tem um contexto, você tem que vivê-lo para entendê-lo.

– Você é contra memorizar datas, então? – pergunta Matias, intrigado.

– Não se trata de renunciar a datas e não pedir aos alunos que as memorizem, desde que essa aprendizagem faça parte de um fio narrativo, de um contexto histórico. Além disso, sem memorização não existem pontos de referência para a elaboração de contextos que deem sentido e permitam ao aluno compreender o que está aprendendo. Veja, Lukács, como um bom historiador, dá um exemplo do que ele entende por "compreensão"...

> Tentar ser "objetivo" com Hitler ou Stalin é uma coisa, e tentar entendê-los é outra bem diferente; e esse ato não é inferior ao primeiro. Podemos esperar que uma vítima seja "objetiva" com quem a prejudicou? Podemos esperar que um judeu seja "objetivo" com Hitler? Possivelmente não. Mas podemos esperar que ele, ou qualquer pessoa, tente entendê-lo. Algo que vai depender, no entanto, de como se tenta, de qual é o seu próprio envolvimento e da sua perspectiva mental, que deve incluir um mínimo de autoconhecimento. Afinal, Hitler e Stalin pertenciam à espécie humana, portanto, não eram total ou essencialmente diferentes.

– ... O conhecimento entendido como algo externo, frio, alheio, não pode ser motor de aprendizagem. Informações fora de contexto não interessam a ninguém.

– A definição de onomatopeias, ou a mera lista de datas encontrada na internet, também fora de contexto, sugere Matias.

– A onomatopeia?

– Sim, dei a definição de onomatopeia outro dia na aula – explica Matias. – Falando em interesse, acho que foi pouco.

– Se os alunos encontraram onomatopeias na leitura de obras clássicas mediadas por um professor que as conhece bem, vão entender melhor a definição, é mais fácil para eles se interessarem por ela.

– É pedir demais que os alunos prefiram os clássicos ao videogame ou ao ritmo acelerado do *tablet*, supõe Matias.

– Se eles não têm consciência do prazer que a leitura proporciona, não podem apreciá-lo, responde Cacilda. Você não pode apreciar o que é desconhecido. Falaremos sobre a leitura outro dia, se quiser.

"Não se pode apreciar o que não se conhece", repete Matias para si mesmo.

25
José volta para casa

José já está em casa. Como ele tem que descansar na cama, Matias e Ana tomam conta dele para lhe fazer companhia. Ele está nervoso, mas sua inquietação não se deve ao acidente ou ao seu estado de saúde, mas à sua imobilidade. José, que está acostumado a ser ativo, não suporta ficar preso na cama. Sempre que ele se sente entediado, bate no vidro do aquário e observa o movimento frenético de seus animais aquáticos de estimação. Ele passa o resto de seu tempo lendo o *Emílio*, ou olhando para seu *smartphone*.

— Você deveria ter visto a agitação nos corredores do hospital, conta José enquanto olha para sua conta no *Twitter*, eu em uma cadeira de rodas, meu pai com o aquário vazio - não conseguimos trazê-lo cheio por causa do peso - Ana com os peixes em um saco cheio de água e arrastando minha mala com a outra mão... De repente, ela deixou cair o saco bem no elevador. A água estava escorrendo pelas grades do elevador e os peixes estavam se movendo desesperadamente na poça que se tinha formado no chão.

O que você fez? — Matias não pode acreditar.

— Quando descemos, Ana correu para encontrar uma fonte de água para encher o plástico, depois agarrou o peixe pela cauda e os enfiou no saco. E eu estava bloqueando a porta do elevador com minha cadeira de rodas. Um espetáculo dantesco.

— Você deveria ter me pedido ajuda!

— Você estava com Cacilda, conversando à sombra de uma árvore, eu não queria incomodá-lo, responde ele ironicamente.

José olha para Matias com intensidade e diz, a título de confidência:

— Matias, estou um pouco preocupado, você passa todas as tardes com Cacilda, nós quase não o vemos mais nas redes sociais, e também não o vejo estudando.

— Você já me tem na sua frente, José, por que você precisa me ver na rede? Falar com ela também é estudar. É uma pena que você não possa vir também. Você verá que é mais interessante falar sob a sombra de uma árvore do que sob a sombra do *Twitter*, diz ele, pegando-o olhando para seu *smartphone* novamente. A propósito, onde estão os peixes?

— Lá, no aquário.

Matias observa que eles estão fazendo movimentos frenéticos.

— Estes peixes estão estranhos, estão se movendo demais, observa ele.

— Sobre o que você falou ontem com Cacilda?

— Sobre "aprender a aprender".

— Cacilda sabe como aprender. Isso é muito importante, diz José. Os estudantes têm que estar preparados para resolver problemas. Não adianta transmitir o conhecimento de hoje que não vai ajudá-los a resolver os problemas de amanhã.

– Mas para resolver problemas, eles têm que ter conhecimento, não acha?

– Não. Aprende-se fazendo. Aprender fazendo. Se você conhece um pouco das tendências educacionais, saberá quais são as últimas novidades.

– Tendências educacionais?

– Você parece estar falando das tendências primaveris da corte inglesa. A educação não é uma moda, José! Aprender fazendo... Dê-me um exemplo.

– "Beijar", sorri José. Você precisa de uma aula para saber beijar? O beijo se aprende com o beijo.

– Sim, mas você não vai à escola para aprender a beijar, José. Está me falando de algo que não é acadêmico. Dê-me outro exemplo.

– Solucionar um problema.

– Qual o problema? – pergunta Matias.

– Não sei, não conhecemos os problemas de amanhã. É por isso que o conhecimento de hoje não é suficiente para resolvê-los. Além disso, hoje em dia tudo está na internet!

– Mas, José, os engenheiros que estão construindo pontes ou desenvolvendo vacinas hoje estudaram há décadas. O conhecimento não é obsoleto!

– O que conta são as habilidades. Saber fazer. É melhor para as crianças aprenderem com uma experiência do que com a teoria. Por exemplo, é melhor explicar a destilação com uma experiência que a ilustra, do que apenas pela teoria. É muito, muito melhor para os alunos descobrirem por si mesmos.

— Ok, eu concordo com isso. Você tem que fundamentar isso na prática. Mas antes de levá-los a fazer uma experiência, é preciso dar-lhes uma explicação: como funciona o equipamento de laboratório, dizer-lhes que a água evapora quando atinge o ponto de ebulição e que o ponto de ebulição é de cem graus... Isso é combinar instrução direta com descoberta guiada. Não é a mesma coisa que pura descoberta, José.

— Não sei o que você quer dizer com instrução direta, descoberta guiada e pura descoberta. Você não precisa usar linguagem culta, Matias, pois sabe que isso me irrita. O ponto de ebulição de cem graus está na internet. Agora, repito, tudo está na internet!

— Mas para encontrar essa informação na internet, você tem que saber o que está procurando, e para saber o que está procurando, é preciso ter um critério de busca. Como alguém que não sabe nada sobre isso saberia o que precisa saber?

— Você se precipita demais, Matias. Você aprende fazendo. Não há outra maneira de aprender. Quer queira ou não, quer goste ou não, essa é a última palavra.

Matias desiste, incapaz de provocar um diálogo ou uma verdadeira reflexão sobre o que começa a ser, para seu amigo, uma espécie de ditadura da novidade.

26
Aprender a pregar um botão na escola

O "aprender fazendo" de Dewey
O trabalho por projetos de Kilpatrick
A escola como o mundo ou como um claustro

Enquanto Ana e outros amigos ficavam com José convalescente durante as tardes, Matias escapava, sempre que suas práticas e estudos permitiam, para conversar com Cacilda.

– Cacilda, o que exatamente é "aprender fazendo", que eles chamam em inglês de *learning by doing*? José diz que é a máxima novidade.

– O mais recente? É tão antigo quanto Dewey.

– John Dewey? Falou-se dele na aula da Sra. Marin.

– Devem ter te explicado que John Dewey foi um americano que viveu de 1859 a 1952. É um dos principais representantes do que tem sido chamado de escola progressiva desde o final do século XIX.

– O que é a escola progressiva?

– Poderíamos dizer que é a versão anglo-saxônica da Nova Educação.

— E em que consiste este *learning by doing*?

— Para Dewey, a escola deveria ser um laboratório como a própria vida, onde as crianças são como cientistas construindo e experimentando objetos desconhecidos, diz Cacilda.

— Não é o aprendizado pela aplicação da teoria em uma experiência prática? pergunta Matias. Por exemplo, aprender sobre um eclipse solar, e depois ver um ao vivo. Ou aprender o teorema de Pitágoras, ou o ponto de ebulição, e depois colocá-lo em prática com exercícios ou experiências em um laboratório.

— O que você descreve seria uma combinação de instrução direta e descoberta guiada. Se você se lembra do que discutimos há algumas semanas, estudos indicam que esta estratégia educacional funciona porque ajuda o aluno a visualizar a teoria. Mas não era exatamente isso que Dewey tinha em mente quando falou sobre *learning by doing*. Para ele, o aprendizado se dá por meio da pura descoberta, pela experiência sem material preparado com antecedência pelo educador. Dewey não é um adepto de instruções diretas, digamos assim. Para entender isto, é necessário entender que Dewey também se inspira na corrente romântica. E, acima de tudo, é preciso entender o contexto no qual sua teoria pedagógica foi popularizada. Explicarei agora o contexto.

Matias acena com a cabeça.

— Você se lembra da ideia de Rousseau de que educar é ajudar a criança a voltar ao seu estado original ou primitivo?

— Sim, mais ou menos, hesita Matias.

– Rousseau defende a superioridade do natural sobre o artificial.

– Sim, sim, eu me lembro.

– Bem, seguindo a lógica romântica, a sala de aula é vista como algo artificial. Existe a ideia, entre os educadores da Educação Nova e Progressiva, de que a verdadeira educação não pode acontecer em uma sala de aula, mas apenas em contato com o mundo real. Que a missão da escola é preparar "para o mundo" e, portanto, a escola deve ser "como o mundo".

– Nós também encontramos essa ideia na "escola para e pela vida" de Decroly, responde Matias.

– Você lembra qual era o objetivo de Rousseau com relação à educação?

– Fabricar um cidadão que se enquadre em seu projeto político. A escola como um meio de fazer a criança se encaixar em um projeto político concreto, responde Matias.

– E há também a ideia de reduzir a educação a elementos experimentais, a ideia de que se aprende com a experiência, não com o estudo intelectual. Você se lembra do que Rousseau disse sobre o esforço intelectual? – pergunta Cacilda.

– Que ele odiava livros e que era melhor manter os pensamentos no reino das sensações para não desejar mais do que o necessário para satisfazer suas necessidades primitivas ou básicas, diz Matias.

Matias reflete sobre a tendência atual nas escolas de reduzir a demanda, encurtar o conteúdo no nível secundário e introduzir todos os tipos de matérias e habilidades práticas como "ensinar a pregar um botão".

– Você acha errado ensinar como pregar um botão na escola, Cacilda?

– Não creio que seja de todo errado. Em muitos países, existe um currículo que ensina a meninas e meninos o básico para administrar uma casa. Finanças familiares, cozinha, costura... Mas este tipo de educação não pode substituir a preparação intelectual e deslocar os temas centrais, os elementos básicos da educação acadêmica. Além disso, a escola não pode assumir completamente o papel da educação em casa. Em casa aprendemos a ser empáticos, a cuidar de uma pessoa doente, a escovar os dentes, a não deixar a torneira aberta sem motivo, a remover uma mancha de uma camisa, a colocar a mesa com o garfo à esquerda.... Se as famílias delegarem tudo isso à escola, ela deixará de cumprir sua função acadêmica e as famílias acabarão prolongando o dia escolar com milhares de atividades extracurriculares acadêmicas para suprir as lacunas na formação intelectual de seus filhos.

Matias pensa em quantas crianças de suas classes vão para a Kumon depois da escola para aprender matemática e depois para uma escola de idiomas. Não lhe havia ocorrido que esta poderia ser uma das causas.

– Vamos retomar o fio da meada, diz Cacilda. Onde estávamos? Ah, sim, nós estávamos no ponto em que o objetivo da educação para Dewey é forjar o futuro cidadão. Mas, lembre-se, o projeto político de Dewey é diferente daquele de Rousseau.

— Qual é a diferença? — Matias pergunta, ansiosamente.

— O projeto político de Dewey é a democracia. Mas ele via a educação como Rousseau, como um meio de preparar o futuro cidadão, a via como um meio de reconstruir a ordem social.

— Por que ele queria reconstruir a ordem social?

— Para entender isso, é preciso se colocar no contexto da época. Para isso, vamos nos mudar para os Estados Unidos nos anos após a Primeira Guerra Mundial. O que estava acontecendo naquele país naquela época?

— Havia muita imigração, diz Matias.

— Exatamente. Nos Estados Unidos, eles o chamavam de *melting pot*, que pode ser traduzido como "caldeirão cultural". E a preocupação era: como integrar todos esses imigrantes em nossa ordem democrática? Era uma questão de interesse nacional. A tentação de alinhar questões educacionais em torno de questões políticas de interesse nacional sempre esteve presente ao longo da história.

— Ah! Por isso publicou um livro chamado *Educação e democracia*, observou Matias.

— É isso mesmo. Em 1916, Dewey publicou esse livro na tentativa de responder a essa pergunta. É um dos livros que teve maior influência na educação nos Estados Unidos, e no resto do mundo também. Dewey propõe a educação como um método de integração de imigrantes na ideologia democrática americana. O objetivo da educação, segundo Dewey, é fazer da criança um cidadão, alinhado com a ideia do construtivismo social. Dewey dá grande importância à ideia da sala de aula como um lugar de socialização. Você está familiarizado com isso?

— Sim, é verdade.

— Bem, essa ideia deriva de Dewey. Se, como diz Dewey, a principal função da educação é social, vamos fazer da sala de aula seja como o mundo, um reflexo fiel do que está lá fora, na rua. Isso facilitará o cumprimento da função da sala de aula como uma preparação para o mundo. E ela deve ser representativa da realidade da sociedade, diversificada e inclusiva. Plural, como a democracia com que Dewey sonhou, e igualitária, como a sociedade com que Rousseau sonhou. O que você acha desta ideia, Matias?

Matias sente-se frustrado por não poder responder à pergunta. Ele sente que existe um mundo de ideias que apoiam esta posição, e um mundo de ideias que apoiam a o pensamento oposto. Mas a ideia de que a sala de aula deve ser como o mundo é tão forte em sua mente, porque é a posição majoritária, aquela que ele sempre ouviu, não conseguindo imaginar uma posição diferente. Ele está desanimado porque percebe que não é capaz de criticar as ideias que sempre tomou como certas. Seus professores universitários sempre lhe falaram sobre a importância de ter um espírito crítico. No entanto, "para se ter um espírito crítico, é preciso ter critérios", pensa ele. "E como se pode ter um espírito crítico se os critérios nunca são transmitidos e explicados, se apenas *slogans* ou propagandas são passados adiante?" Ele se lembra da metáfora do *iceberg* e percebe que os critérios não podem ser adquiridos vendo apenas a ponta do *iceberg*. É preciso mergulhar. Não se pode ser um mero espectador, não se pode ter um olhar congelado, como costumava dizer Lukács. Você tem que ser capaz de questionar ideias, ir além do que vê, voltar à origem das correntes da educação.

Cacilda vê que Matias migrou para o mundo da reflexão e nota uma expressão de desânimo em seu rosto.

– Não sei, responde Matias.

– Você acha que a sala de aula deve ser um reflexo fiel do que está na rua ou a rua um reflexo fiel da sala de aula?

– Bem, se a ambição final da escola é aspirar a imitar o que acontece na rua..., isso não é muito ambicioso, diz Matias.

– Vejamos, vamos falar sobre a visão de Montessori, para que você entenda qual é a outra abordagem. Montessori e Dewey sempre foram como cão e gato.

– Ah, sim? – Matias está surpreso.

– Sim. Eles nunca se entenderam. Dewey foi muito crítico em relação a ela.

– Por quê?

– Primeiro porque ele diz que seu material é muito dirigido e dogmático, e segundo porque ele considera seu método muito individualista, muito egoísta.

– Por quê? – insiste Matias.

— Montessori discorda explicitamente da visão rousseauniana de liberdade entendida como uma libertação social ou política das cadeias de desigualdades ou lutas sociais. Para ela, a verdadeira liberdade é pessoal, não coletiva, e sem disciplina interior pessoal, a liberdade coletiva é uma utopia. Para ela, somente disciplina, liberdade e responsabilidade pessoal podem ser a base de uma boa convivência social.

— Mas ela não fala também da criança como um futuro cidadão? — Matias lembra vagamente.

— Sim, mas a abordagem é radicalmente diferente daquela de Rousseau e Dewey. Rousseau e Dewey têm em mente um modelo político futuro, e projetam a educação para encaixar a criança nesse modelo do amanhã. Na verdade, um dos livros de Dewey se chama *As escolas do futuro*. Essa ideia provém de Rousseau, embora indiretamente. Ferrière também falou muito sobre a escola do amanhã. Nesses autores, educação e progresso social andam de mãos dadas, porque a educação está a serviço desse progresso. Montessori não fala de objetivos políticos ou liberdades sociais, mas de transformar o mundo por uma educação que esteja comprometida, hoje e agora, com o pleno desenvolvimento da personalidade da criança. E o projeto da sala de aula deve servir ao desenvolvimento pleno da personalidade, não a uma agenda política. Fala em "normaliza" os alunos.

— Nossa, a palavra normalizar soa muito mal, e não é "politicamente correta", exclama Matias.

— Você está certo. É uma palavra curiosa. Mas seu significado é preciso. Para Montessori, normalizar significa "dominar-se a si mesmo, alcançar um estado de fluxo de trabalho sem interrupções ou distrações". Para ela, a sala de aula deveria ser como um claustro.

— Um claustro? Entendo que é uma metáfora, mas isso não soa muito artificial no sentido de falso ou antinatural? — pergunta Matias.

— A ideia da sala de aula como algo artificial deriva de Rousseau. Na verdade, a palavra artificial pode significar "falso", ou "produzido pela ingenuidade humana". Como um bom naturalista, Rousseau afirma que "tudo degenera nas mãos do homem". Ele considerava a educação artificial, falsa, antinatural.

Matias pensa na expressão "não se pode viver em uma bolha". Essa é a frase que ele ouviu tantas vezes em casa para justificar a compra de um telefone celular para seu irmão de sete anos. A partir daí, ele se pergunta se a rejeição do que é chamado de bolha também pode ser enquadrada na ideia rousseauniana de desprezo pela artificialidade. Então ele pensa: "o que é mais artificial, o mundo real ou o mundo virtual?".

— A proposta de Montessori é diferente da de Dewey, continua Cacilda. Ela propõe um ambiente cuidadosamente preparado, muito diferente do mundo, onde reina o silêncio e o trabalho contemplativo. Nesse ambiente, há espaço para o cuidado do jardim, que, a propósito, está longe de ser artificial. É nesse ambiente que a criança aprende primeiro a dominar-se, a ter força de vontade, a refinar sua capacidade de perceber a realidade na fase infantil com uma quantidade mínima e justa de estímulos, a abstrair na fase primária e secundária com um plano de estudo planejado e ambicioso.

– Ambicioso? – Matias questiona o que sua professora disse. – Bem, essa não é a reputação de Montessori.

– Não me surpreende. O nome Montessori não é uma franquia com padrões homogêneos. Muitas escolas Montessori desconhecem a própria Montessori e a veem como uma moda. Isso acontece, também, com Dewey ou Decroly. Você pode abrir uma escola amanhã, chamá-la pelo nome de qualquer pedagogo que se possa imaginar e dedicar-se a fazer exatamente o oposto do que esse pedagogo defendia. E é provável que ninguém dê atenção a isso. Os únicos limites que terá serão as leis educacionais em vigor. Hoje existem algumas, amanhã existirão outras. Sobre a questão da demanda, podemos falar outro dia, mas tenha em mente que Dewey reprovou Montessori por ser exigente e rígida em seu método.

– Ok, resume Matias. Dewey argumenta que a sala de aula deveria ser como o mundo e Montessori argumenta que deveria ser como um claustro longe do mundo durante aquela primeira etapa de sua educação.

– Sim. Montessori assinala que para que uma criança fique em silêncio em um concerto, é necessário antes ter uma disciplina interior, ser capaz de inibir os estímulos externos, controlar seus movimentos, apreciar a beleza da música. A disciplina, a capacidade de se controlar, é uma pré-condição para a liberdade. Não é alcançada em grupo, mas com base em uma atividade pessoal intencional e exigente. Não que a dimensão social não seja importante para ela, mas ela afirma que somente o estudante capaz de disciplina pessoal está preparado para viver em sociedade. Então, e somente então, ele ou ela pode compreender o significado da ordem coletiva que lhe é proposta.

– E como isso é obtido?

– De acordo com ela, pela concentração que provém do trabalho individual ininterrupto, diz Cacilda.

– Indivíduo... Não há nenhum trabalho cooperativo em Montessori?

– Na fase infantil, não é comum. Mas tenha em mente que Montessori propõe algumas atividades que chama de atividades práticas da vida, e outras de graça e cortesia. Estas são atividades de cuidado consigo mesmo, com o material e com os outros, que criam um clima favorável à coexistência.

– Por exemplo?

– Reduzir, cumprimentar, mover uma cadeira sem fazer barulho e desabafar quando necessário. A socialização em Montessori começa com um trabalho individual, realizado em um ambiente de convivência e de respeito – responde Cacilda. E, como suas salas de aula estão cheias de crianças de diferentes idades, é lógico que elas se observam e as mais novas aprendem com o que as mais velhas fazem.

— Mas eles nunca se ajudam uns aos outros?

— Montessori diz: "Não faça por uma criança o que ela pode fazer por si mesma". Assim, quando uma criança está tentando colocar em prática algo que lhe foi ensinado, derramando água sem salpicar, por exemplo, seu colega de classe não intervém, de modo a não interferir no processo de realização das coisas por conta própria. Refinar os sentidos, coordenar movimentos, desenvolver vontade e disciplina interior, desenvolver uma apreciação da beleza... A ideia de Montessori de autoperfeição é muito aristotélica: "Somos o que fazemos por meio de uma repetição intencional". Para ela, o que nos define são nossas ações diárias, o que fazemos, não o que dizemos que somos, não o que sentimos que somos.

— Nossa atividade deixa uma marca... em nós mesmos, sintetiza Matias.

— Sim. É por isso que, se você notar, as crianças pequenas nunca se cansam de repetir, elas sobem e descem as escadas de novo e de novo.

— Pepe costumava calçar e tirar seus sapatos mil vezes sem ficar cansado. Minha mãe costumava ficar impaciente com ele, dizendo: "Ou você os põe ou os tira!".

— Isso porque as crianças não tentam alcançar, como os adultos, fazer algo externo. Na fase infantil, o objetivo é a autoperfeição pela atividade, por meio da repetição. Montessori alegou que a repetição é o segredo da perfeição. Elas se constroem por meio dessa atividade.

— Soa como Piaget, diz Matias.

– É que a ideia de atividade de Piaget provém de Montessori. Mas você nunca ouvirá Montessori falar em termos de "transformação da realidade". Ela não é idealista, não é romântica, é realista. Voltando a Dewey – Cacilda retorna ao assunto –, eu estava lhe dizendo que o legado que ele nos deixou, sem dúvida, é "aprender fazendo".

– Está no coração do projeto educacional em muitas escolas. É a ideia de que o aprendizado tem que emergir de uma situação de vida concreta, ou da experiência, mas sem uma estrutura ou guia de trabalho.

– Sim, salienta Cacilda. Experiência, experiência viva... Essas são ideias que fazem parte do legado do Romantismo, para as quais sentimentos e sensações são fundamentais.

– Mas você não disse antes que as crianças aprendem por meio das experiências sensoriais e interações interpessoais?

– Sim, interações interpessoais com seu cuidador principal e experiências sensoriais. Mas isso é verdade para a fase infantil, porque nessa idade elas não são capazes de abstrair intelectualmente como o serão mais tarde, em outras fases. Não podemos transpor princípios que correspondem ao estágio infantil para os outros estágios sem fazer os ajustes necessários.

– É verdade, já falamos sobre a importância de não aplicar a uma etapa o que é adequado para outra. É verdade que cada etapa tem características diferentes, descreve Matias.

– E então, para entender um método, é preciso voltar ao período, entender o que estava na atmosfera cultural. Na época de Dewey, havia uma tendência a ver qualquer educação que direcionasse o estudante para a busca ou transmissão do conhecimento como conflitante com o tema básico da sociedade americana: integrar imigrantes por meio da educação. A chave para o sucesso das escolas foi a socialização proporcionada pela experiência escolar. Para uma educação progressiva, os estudantes aprendem a interagir e se integrar na sociedade por meio de atividades em grupo. E só aprendem se houver atividade. O conceito de atividade é a chave para a Dewey. É por isso que se aprende "fazendo".

– Como a atividade a que Piaget se referiu? – Matias supõe.

– Sim, tanto a Nova Educação na Europa quanto a educação progressiva no mundo anglo-saxão coincidiram em dar prioridade à atividade na educação.

– Devemos falar muito hoje em dia sobre competências ou sobre a abordagem de competências na educação. Isso tem alguma relação com a atividade que a Nova Educação menciona?

– Sim, é verdade. A abordagem de competência, que dá mais importância à experiência do que ao conhecimento provém de Dewey e da Nova Educação. De fato, Ferrière se opõe à velha escola, na qual o aluno está sentado, imóvel, e é ensinado pela escuta, à escola ativa, na qual o aluno é ensinado pelo trabalho. Se você se lembra, nas novas escolas, os alunos fizeram muito trabalho manual. Os pedagogos da Nova Escola, influenciados pelo anti-intelectualismo de Rousseau, rejeitaram a educação clássica na qual o conhecimento tinha um lugar privilegiado. Por outro lado, a Nova Escola se desenvolveu em reação ao racionalismo e à educação mecanicista da época. Assim, estas escolas tendiam a remover disciplinas como geometria, gramática e grande parte da matemática do currículo e substituí-las por brincadeiras e vida ao ar livre. Em seu livro *As escolas do futuro*, Dewey afirma que "a educação que associa aprendizado com atividade deslocará a educação passiva que consiste em transmitir o aprendizado dos outros".

– Em minha escola, fazemos trabalhos por projeto. O aluno decide o tema, e é livre para descobrir por si mesmo. Essa metodologia é chamada de "aprendizagem baseada em projetos". Eles dizem que é a última novidade, diz Matias.

– Bem, não é a última novidade, sorri Cacilda. O trabalho com projeto também vem da educação progressiva que nasceu no século XIX.

– Sério? – pergunta Matias.

– Sim, e também do discípulo de Dewey, William Heard Kilpatrick.

– É mesmo? – exclama Matias.

– Sim. Em um artigo intitulado "O método de trabalho por projetos", Kilpatrick aceita a hipótese de Decroly e propõe um método no qual os estudantes trabalham sobre temas que surgem de seus interesses. E ele afirma: "Não há necessariamente conflitos entre o tecido institucional da sociedade e o interesse da criança e da demanda social, já que o tecido institucional da sociedade cresceu a partir do interesse do ser humano". Segundo ele, há um alinhamento entre os interesses da criança e os interesses do tecido institucional. É um declive escorregadio. Você consegue imaginar aonde essa ideia leva?

Matias permanece em silêncio. Cacilda continua:

— Você pode imaginar uma educação em que "interesses educacionais" estejam alinhados com os interesses de Wall Street?

— Interesses de Wall Street?

— Sim, com os interesses dos poderes econômicos... para preparar o estudante para ser um futuro consumidor de seus produtos, para planejar a educação do ponto de vista da empregabilidade...

Matias está tão acostumado a ouvir falar da importância de alinhar o mundo universitário com as necessidades do mundo do trabalho que não compreende tudo o que esta afirmação implica e retorna ao fio condutor da conversa:

— Seria possível dizer que o método de trabalho por projeto é o equivalente aos dos centros de interesse na fase infantil?

— Sim, a ideia é semelhante. E o que dissemos sobre um se aplica ao outro. É um método que ajuda a reforçar o aprendizado se a descoberta for orientada, mas não é possível se a descoberta for pura. Se a criança não tem conhecimento sobre um assunto, como pode estar genuinamente interessada nele? E como pode fazer pesquisas sobre esse assunto? Com base em que critérios?

— Ele vai acabar recortando e colando do Google, diz Matias.

— Este método faz sentido para aplicar conhecimentos que já foram transmitidos por meio da instrução direta.

— Não creio que seja errado tentar encontrar uma aplicação prática dos conhecimentos adquiridos.

— Estou de acordo. É essencial combinar métodos de instrução direta com métodos de descoberta guiada. Mas a questão é que o aprendizado não surge da atividade, do nada, em uma mente que nada sabe.

— Certo. Eu vejo como algo bom tentar conectar com o interesse da criança, diz Matias, fazendo-se de advogado do diabo novamente.

— Eu também. Mas é essencial esclarecer o que se entende por interesse. Para os pedagogos da Educação Nova ou Progressiva, o que impulsiona a atividade e o interesse é a necessidade. Tenha em mente que do ponto de vista da filosofia clássica, os seres humanos não só procuram resolver necessidades básicas, mas também satisfazer anseios e desejos de conhecimento. E o que desperta interesse é o conhecimento. Essas são abordagens profundamente diferentes.

27
O Sputnik

Aprendizado cooperativo
Empresas de tecnologia: alto-falantes da Nova Educação
Novas tecnologias aplicadas à educação

Cacilda e Matias estão tão absorvidos em sua conversa que não percebem a passagem do tempo.

— Sendo tão importante para Dewey é a socialização, será que o método de aprendizagem cooperativa deriva dele? — sugere Matias.

— Cai como uma luva em seu projeto, mas vem muito antes dele. A ideia de aprendizagem cooperativa deriva de Pestalozzi.

— O pedagogo suíço do século XVIII de que falamos no outro dia, discípulo de Rousseau e do professor de Froebel?

— Sim. Pestalozzi foi um homem muito prestativo que dedicou toda sua vida ao cuidado e educação dos pobres e órfãos. Em 1799, ele abriu uma escola em Stans, na Suíça. As crianças estavam doentes e as condições higiênicas e sanitárias em que elas viviam eram terríveis. Pestalozzi observa que apenas uma em cada dez crianças de sua escola pode ler. Como ele está sozinho, pobre e sem recursos para contratar professores, decide pedir às crianças alfabetizadas para ensinar as outras. Ele explica isso em cartas que escreve a um amigo, nas quais compara sua escola a uma família, onde alguns ensinam aos outros.

— Então, ensinar uns aos outros era por causa da pobreza e a falta de recursos.

— Sim. Mas o que no início era um apoio temporário para aliviar a falta de recursos tornou-se em sua mente uma espécie de método de instrução, para além de um contexto de pobreza radical. Tenha em mente que a educação não era universal naquela época, era um bem de luxo.

— É irônico que este método seja agora vendido como uma inovação em muitas escolas que têm recursos. Se os pais soubessem disso... — sorri Matias.

— Bem, esse não é realmente o caso. O método mudou muito desde Pestalozzi. Depois de Pestalozzi, dois pedagogos chamados Bell e Lancaster popularizaram-no sob o nome de "ensino mútuo". Mas a ideia tem evoluído muito desde então. Agora não é mais visto como "aqueles que sabem ensinando aos que não sabem". É entendido sob a perspectiva do construtivismo social. Um grupo de estudantes escolhe um tema com base em seus interesses e trabalha sobre ele "construindo conhecimento ou aprendendo como um grupo".

— A noção de interesse de Decroly, ressalta Matias.

— Exato.

— E a ideia de construção do conhecimento, acrescenta Matias novamente.

— Exatamente.

— Mas eu sempre me pergunto: se ninguém no grupo sabe, como pode surgir o conhecimento grupal?

— Voltemos à distinção entre ontologia e epistemologia. Se ninguém sabe, não pode haver conhecimento, a menos que partamos da visão da corrente idealista, para a qual o "eu absoluto" é o criador. Mas do ponto de vista realista, se ninguém sabe, não pode haver transmissão de conhecimento. O conhecimento não surge da subjetividade em um sujeito que ainda não conhece ou em um grupo composto por pessoas que também não conhecem. Em outras palavras, *se o conhecimento pessoal não existe primeiro em seus membros, o grupo não pode gerar conhecimento a partir do nada.*

Matias reflete sobre sua própria experiência em sala de aula:

— Então o que acontece nas minhas aulas passa a ocorrer sempre. Um ou outro acaba digitando no Google para recortar e colar em um *powerpoint*. Os estudantes responsáveis acabam fazendo todo o trabalho e reclamam que os outros não fizeram nada. E a nota é a mesma para todos, e todos nós sabemos que isso não é justo. Esse é o nosso pão cotidiano. E se você ousar comentar no corpo docente, é considerado um retrógrado e antipedagogo.

— O aprendizado cooperativo é um dogma que poucos ousam questionar, pois estamos mergulhados na ideia, desde Dewey, de que ele é essencial para a integração social.

— Comprovei sobre o dogma por mim mesmo com José. Ninguém pode tirá-lo dessa crença, ele se recusa a raciocinar. Mas, então, você não usa esse método em suas aulas?

— Sim, eu o usei algumas vezes na universidade. O aprendizado cooperativo pode fazer sentido em alguns casos.

— Em quais casos?

— Quando há uma transmissão prévia de conhecimento pelo professor e, após essa instrução direta, pedimos ao grupo que realize uma experiência guiada para aplicar esse conhecimento, acrescenta Cacilda.

— Por exemplo?

— O professor explica o princípio da evaporação. E então os alunos têm que realizar uma experiência de evaporação juntamente com um material preparado. Esse tipo de trabalho não faz muito sentido em mentes sem formação, faria mais sentido no nível do ensino médio. Outro exemplo poderia ser uma partida de futebol.

— Um jogo de futebol?

— Sim, você conhece as regras antes de jogar. Há um técnico que coordena o trabalho e vocês têm que trabalhar juntos para atingir um objetivo. No ambiente acadêmico ou profissional, o aprendizado cooperativo faz muito sentido. Estamos nos tornando cada vez mais especializados, e precisamos cada vez mais aprender e trabalhar juntos. Mas cada um o faz a partir de sua própria área de especialização, de conhecimento. Para construir uma casa, reunimos o pedreiro, o eletricista, o arquiteto.... Mas cada um sabe o que é seu antes de contribuir para o projeto do grupo. Por exemplo, grupos interdisciplinares de trabalho ou de pesquisa podem chegar a conclusões extraordinárias. Quando cada um é especialista em sua própria área e vários especialistas de diferentes áreas unem forças, o potencial de criatividade é espetacular.

– E no ensino infantil?

– Na primeira infância, o aprendizado cooperativo é o cúmulo do absurdo. Especialmente na etapa de zero a três anos de idade.

– Por quê? – Matias pergunta.

– Veja, Matias, vá a um parque, a uma sala de aula, à sala de jantar de uma casa... e analise como crianças de dezoito meses ou dois anos e meio, por exemplo, interagem umas com as outras. Note que elas não agem umas com as outras. Cada uma segue seu próprio caminho, uma toca a terra, outra procura formigas. Mesmo que haja duas em uma caixa de areia, cada uma faz o que lhe é próprio. Nós o interpretamos como egoísmo, mas nessa fase, a criança está ocupada em compreender as coisas ao seu redor. Elas brincam em paralelo. A dimensão social que está muito desperta nessa fase é a relação principalmente com o cuidador, de quem a criança precisa e procura continuamente. É a relação de apego, o vínculo de confiança, que é a base de sua exploração do mundo. Na verdade, o olhar da mãe ou do pai é o ponto de partida para a socialização que ocorrerá mais tarde. A socialização não consiste em colocar cinco crianças de três anos em uma mesa e dizer-lhes que têm que trabalhar juntos porque o trabalho cooperativo se tornou moda. É o cúmulo do absurdo.

– Mas isso é feito em muitos lugares, diz Matias.

– Modas são replicadas a uma velocidade vertiginosa. Ninguém quer se destacar por não fazer o que está em voga, por medo de ser chamado de tradicional ou antiquado.

– Medo de ser tradicional? Mas o método de ensino mútuo na sala de aula começou há mais de duzentos anos!

Matias se cala e tenta recapitular tudo o que aprendeu.

– Não sabia que "aprender fazendo" era de Dewey, que o trabalho do projeto era de Heard Kilpatrick, ou que a ideia de centros de interesse era de Decroly. Eu pensava que tudo isso era Nova Educação, e que Nova Educação era recente, de alguns anos atrás.

– Todos os métodos da Nova Educação do século XXI têm suas raízes na Nova Educação ou na educação progressiva dos séculos XIX e XX. São fundamentalmente os mesmos métodos. No século XX, foram propostas por pedagogos inspirados por Rousseau e pelo idealismo. As do século XXI são essencialmente semelhantes. Embora haja algumas diferenças.

– E em que são diferentes? – Matias interrompe.

– É conhecida a origem da Nova Educação do século XX. Mas pouco se sabe sobre as origens da Nova Educação de hoje. Ela vende seus métodos como produtos neutros e inovadores.

– Quando, na verdade, não são, diz Matias.

— Não são neutros porque derivam de correntes filosóficas específicas: idealismo e romantismo.

— E se derivam dessas correntes, por que encontramos esses métodos nas escolas que defendem uma educação mais clássica? Por que isso acontece? – pergunta Matias intrigado.

— Vamos ter que perguntar aos diretores dessas escolas. Suponho que eles estejam muito ocupados em seu trabalho diário e que haja pouco tempo para questões filosóficas. Mas sem uma teoria do conhecimento, sem uma epistemologia clara, é impossível articular um projeto educacional coerente. Acabamos olhando para as próprias práticas educacionais, fazendo um pouco de tudo, sem coerência, sem eficácia. Infelizmente, o ecletismo educacional e a inovação vendem muito.

— Mas esses métodos também não são novos ou inovadores, têm mais de 150 anos! E por que temos a sensação de que são tão inovadores, se são tão antigos?

— Porque o alto-falante para estas pedagogias são as empresas tecnológicas, que associamos ao progresso, à modernidade e à inovação, conclui Cacilda.

— Mas as empresas de tecnologia não dizem que esses métodos têm 150 anos de idade!

— Você pode imaginar vender um pacote com o argumento da excelência de um método que na verdade tem mais de cem anos? Isso seria um marketing muito ruim, sorri Cacilda. As empresas tecnológicas referem-se a esses métodos como se fossem os mais recentes, pois é de seu interesse comercial fazê-lo. Tenha em mente que existe uma combinação perfeita entre a Nova Educação e a indústria tecnológica.

– Por que isso acontece? Estou muito interessado em entender isso.

– Porque há um interesse mútuo. Ambos se reforçam mutuamente. Por um lado, a Nova Educação é um veículo para a promoção de dispositivos tecnológicos. Se não fossem as novas pedagogias, as empresas de tecnologia não teriam ganho tanta participação de mercado na educação nos últimos anos. Por outro lado, o dispositivo tecnológico é um veículo que se encaixa em correntes idealistas e românticas como uma luva.

– Por quê?

– Porque se dizemos que a criança constrói seu aprendizado a partir do nada, a internet é o lugar ideal para realizar essa ideia. O eu criativo coleta pedaços de informação e os reúne por si mesmo por meio da pura descoberta.

– Há muita agitação neste momento sobre o que eles chamam de tecnologias aplicadas à educação. Não são boas para se aprender?

– Bem, ainda estou esperando que as empresas de tecnologia provem que seus dispositivos são bons para o aprendizado. E não me refiro a estudos isolados, sem grupos de controle, ou patrocinados por empresas de tecnologia, de acordo com seus interesses. Estou falando de um conjunto de estudos de grupos de controle publicados em periódicos acadêmicos.

– Isso não existe? – pergunta Matias, surpreso.

– Não. Falta a mentalidade da pesquisa, já falamos sobre isso antes, Matias. Além disso, o ônus da prova recai sobre as empresas de tecnologia para realizar dois testes. Primeiro, eles têm que provar que funciona.

– E segundo?

– Que não há efeitos colaterais. E então é preciso equilibrar as compensações. Isso ainda não foi feito. Além disso, o estudo "Student Computers and Learning", sobre o impacto da tecnologia nas escolas em todos os países da OCDE, conclui que o uso de computadores acima da média da OCDE leva a resultados significativamente piores. Deveria estar na primeira página de todos os jornais. É engraçado que não exijamos tanto rigor na educação, não é mesmo?

– Porque as pessoas estão deslumbradas com o fator notícia, diz Matias.

– Novidade, Matias, é um conceito comercial, não educacional.

– E nesse caso, não são novidades, são ideias que remontam a mais de cem anos, ratifica Matias orgulhosamente.

– Você não deve julgar uma ideia com base em se ela é antiga ou nova, mas em seu mérito intrínseco, não acha? No final, a realidade vence. Foi o que aconteceu quando os russos lançaram o Sputnik, em 1957.

– Sputnik? Isso é um satélite, não é? – pergunta Matias.

– Sim. Pensava-se que, até então, as ideias de Dewey eram inquestionáveis nos Estados Unidos. Ninguém ousou questioná-los. De fato, o interesse inicial em Montessori desvaneceu-se em 1914, quando o discípulo de Dewey, Kilpatrick, a criticou por escrito. Mas o lançamento do Sputnik levou a que as ideias progressistas de Dewey fossem postas em questão e a uma reforma fundamental da educação nos Estados Unidos.

– Por quê?

– Em 1957, contra todas as probabilidades, a União Soviética lança o primeiro satélite artificial no espaço, à frente dos Estados Unidos, um país considerado na época como uma potência mundial em tecnologia espacial. Isso provocou uma resposta que agora é conhecida como a crise Sputnik.

– A reação de constrangimento e pânico diante de uma possível ameaça soviética.

– Sim, isso coloca a educação americana no centro das atenções, um problema nacional a ser resolvido. Em 1959, a conhecida revista *Life* publicou uma carta assinada pelo presidente americano Eisenhower, na qual ele criticava abertamente a influência que a escola progressista de Dewey tinha tido na educação e propunha um retorno ao básico, enfatizando a importância do conhecimento e da instrução mais direta.

– Que forte! – exclama Matias. Eu não sabia disso. Parece que os esforços de Dewey para levar uma geração inteira de estudantes a resolver bem os problemas não os prepararam para resolver a questão de como chegar ao espaço, ele acrescenta, sorrindo.

– Bem, diz Cacilda, acho que é o suficiente por hoje. Da próxima vez poderemos falar sobre a leitura, se você quiser. É um ótimo tema.

– É o aniversário de meu irmão Pepe daqui a dez dias. No outro dia, comprei-lhe os *Contos de Andersen*, de Andersen. Eu não sei se acertei, comenta ele questionando.

– Aprender a ler e escrever é um assunto muito controverso, e esta controvérsia também está relacionada a tudo o que temos falado até agora. Se você quiser falar sobre isso, podemos nos encontrar no próximo sábado no museu.

– No museu?

– Sim, lá.

28
Os hieróglifos egípcios

Do aprender a ler ao aprender lendo
"Para que serve saber isto?"
O poder dos clássicos

Matias está esperando por Cacilda na entrada do museu. Alguém chama seu nome à distância e ele vê Cacilda se aproximando com duas passagens na mão direita.

– Eis aqui, vamos ver uma exposição sobre o Egito, se você não se importar.

– Ah, muito bem, responde Matias, surpreso. Ele não compreende a conexão entre o Egito e os tópicos de conversa com Cacilda. Mas não se importa com a ideia de ir ao museu.

Seguindo as instruções nas placas, eles andam pelos corredores no meio da multidão. Acabam em uma sala escura, quase vazia, cheia de hieróglifos iluminados, gravados em materiais fixados nas paredes. Uma placa central diz: "Egito, berço da escrita".

Matias lembra-se do tema de hoje: leitura e escrita. Ansioso para iniciar a conversa, ele pergunta:

– Outro dia você disse que a alfabetização era uma questão controversa. Por que você disse isso?

– Porque existem hoje duas maneiras de abordar o aprendizado da alfabetização. Há o método fonético e o método global, diz Cacilda enquanto examina as exposições na sala.

– O que é o método fonético?

– O método fonético consiste em orientar a criança no que é chamado de consciência fonológica.

– O que é a consciência fonológica? – pergunta Matias.

– É a pronúncia e o reconhecimento dos sons das letras. A criança vê "a" e diz "a". Então é orientada na formação das letras que resultam do conjunto desses sons. Depois, move-se do caminho fonológico para o caminho lexical.

– O que você quer dizer com passar do caminho fonológico para o caminho lexical?

– Ocorre quando a criança reconhece rapidamente que o som de um conjunto de letras corresponde a uma determinada palavra. Por exemplo, a criança lê "c" com o som "k", "a" com o som "a", "s" com o som "s" e "a" novamente, e lê, "c-a-s-a". Aprende então que "casa" significa um lugar onde se vive. E na medida em que a criança pode automatizar o processo de reconhecimento do som e passar para o caminho lexical com agilidade – pela repetição – é capaz de dedicar sua atenção ao significado das palavras que está lendo e de compreender uma frase e depois um texto.

– Foi assim que aprendi a ler e escrever. Mas não entendo, qual é o argumento sobre isso?

Cacilda não responde, absorvida na exposição. Matias fica impaciente. Eles atravessam para outra sala, onde há alguns potes e placas de barro. À direita, há uma espécie de legenda que lhes permite decifrar os símbolos. Matias olha as imagens e lê os equivalentes: "ondulações de água", "boca"...

– Então há o método global, defendido por Decroly, continua Cacilda. Você se lembra de sua teoria de globalidade? Bem, esse método é baseado na ideia de que a criança olha para o todo, não para o particular. Você se lembra do filho de Decroly, que foi capaz de identificar uma canção a partir do aspecto global de uma partitura?

– Qual é o método global de aprender a ler e escrever? – insiste Matias.

– A unidade de reconhecimento de significado é a palavra, não a letra. Começamos diretamente com o reconhecimento das palavras.

– E como se faz isso?

– Pelo contexto. A criança é ajudada a dar um significado subjetivo às palavras, tanto na leitura quanto na escrita.

– Não entendo, diz Matias com impaciência.

– A criança identifica palavras a partir de pistas contextuais dadas pelo texto ou ilustrações. Ela vê a palavra "casa" e a associa com a imagem de uma casa que acompanha a palavra. Ela aprende que a palavra significa o que vê na ilustração.

– Então há um debate entre aqueles que defendem esses dois métodos, diz Matias.

– Sim. E esse debate não é novo. Montessori discordou abertamente da abordagem global de Decroly sobre a leitura e a escrita, comparando-a aos hieróglifos do Antigo Egito.

— Ah! É por isso que me trouxe até aqui, exclama Matias, feliz por ter resolvido o mistério.

Matias olha o quadro à sua direita e percebe que as indicações para reconhecimento das palavras "ondulações de água", "boca" etc., são sinais.

— Montessori defendeu o método fonético, mas ela o ensinou de trás para frente a partir do método fonético tradicional. Em vez de ensinar como ler e depois como escrever (alfabetização), ensinou primeiro como escrever e depois como ler.

— E como fez isso?

— Você se lembra da influência dos educadores dos surdos e mudos em Montessori?

— Sim, Pereira, Itard?

— Bem, a criança montessoriana aprende primeiro a reconhecer as letras associando o tato ao som.

— Tato? — pergunta Matias.

— Sim. Primeiro ela toca em algumas letras de madeira, traçando a forma com a ponta de seu dedo indicador. Depois desenha as cartas na areia. Ao fazer isso, ela pronuncia o som que corresponde à letra.

— E como ela sabe a que som corresponde cada letra?

— Porque o professor montessoriano lhe explica isso em uma demonstração na qual introduz o material a ela.

— Instrução direta e descoberta guiada, diz Matias.

— É isso mesmo. Nessa primeira etapa, a criança associa percepção tátil e sonora. Em uma segunda etapa, o professor lhe pedirá para reconhecer as cartas dos sons que ouve. A criança escreverá então estes sons e os associará a objetos.

— E que método de aprender a ler e escrever é usado hoje em dia?

— Fazemos um pouco de tudo. Mas você deve saber que a Nova Educação do século XXI, herdeira daquela do século passado, tende a defender o método global e a associar o método fonético à escola "tradicional". Tem uma visão fraca do assunto.

— E o que dizem aqueles que defendem o método fonológico?

— Que as provas apoiam seu método.

— Mas há países onde o idioma é opaco, como o inglês, por exemplo, em que "querido" não é "d-e-a-r", mas é pronunciado "dir". Não é mais difícil usar o método global em inglês?

— Os países onde a fonética da linguagem é opaca também utilizam a abordagem fonética. Em 2000, o *Reading Panel* nos Estados Unidos recomendou a instrução fonética para aprender a ler e escrever. Em 2005, o governo australiano, e em 2006, o governo britânico fizeram o mesmo. Os relatórios encomendados pelos governos desses três países descartam os méritos do método global como o principal método de ensino da alfabetização e insistem que as crianças que sofrem de dislexia precisam da abordagem fonética.

— Dislexia? — O que isso tem a ver com o assunto?

– Sim, a condição neurológica das crianças disléxicas dificulta sua passagem da via fonológica para a via lexical. O corte do caminho fonológico para esses alunos os priva de recursos que podem servir como estratégias de aprendizagem.

– Então, por que existem preconceitos em relação a este método?

– Talvez por estar associado à instrução direta. O método global é construtivista, está associado ao método da exploração pura.

– Talvez o aspecto repetitivo, e até certo ponto mecânico, da iniciação no reconhecimento de letras também não seja apreciado? – Matias supõe.

– É muito provável. Somente a automatização do processo de reconhecimento do som permite que a criança passe do caminho fonológico para o caminho lexical com agilidade, para que ela possa eventualmente dedicar sua atenção ao significado das palavras que está lendo e compreender o texto. É como resolver problemas de matemática, há uma parte desse aprendizado que é mecânica ou memorística.

– Decorar as tabelas de multiplicação, por exemplo.

– É isso mesmo, Matias. O aprendizado tem que ser significativo. Mas como Pitágoras poderia ter encontrado significado e beleza na matemática sem ter aprendido as tabelas de multiplicação de memória? Além disso, a repetição realizada com propósito (com o objetivo de resolver problemas, ou aprender a ler para compreender um texto), não prejudica, mas aperfeiçoa. Montessori disse: "A repetição é o segredo da perfeição".

Cacilda fecha os olhos e tenta pensar em outro exemplo.

– Algo semelhante acontece com o piano, acrescenta ela.

– O meu irmão tocava piano. Você pode ser criativo quando toca, ele era, mas primeiro teve que aprender a reconhecer cada nota no teclado, que ele associou a um som. Depois ele foi capaz de fazer acordes, tocar frases musicais e até mesmo criar sons, experimentando juntar notas e acordes.

– Exatamente, a unidade inicial de reconhecimento é a nota, diz Cacilda. Há um belo texto de Leonardo da Vinci, presente em seus cadernos, no qual ele toma partido neste debate, embora ele tenha vivido no século XV, muito antes do Decroly! Trouxe-lhe o texto, leio para você...

> Sabemos muito bem que a visão humana é uma das mais rápidas que existem, e vemos formas infinitas em um único instante; no entanto, captamos apenas uma coisa de cada vez. Suponha que demos uma olhada rápida em toda esta página escrita e percebemos rapidamente que ela está cheia de letras, mas naquele instante não podemos distinguir o que as letras são e o que significam. É por isso que precisamos ler palavra por palavra, linha por linha, para poder entender as letras.

– Incrível! Leonardo da Vinci percebeu o método global vários séculos antes que ele existisse.

– Sim, quando a criança se torna hábil na parte mais mecânica, então ela começa a entender o que está lendo e dá um passo chave qualitativo em seu aprendizado. Capta o fio narrativo do que lê. Passa de "aprender a ler" para o "aprender lendo". Isso tem um impacto em seu aprendizado de outras matérias escolares, em sua compreensão de si mesmo e do mundo.

— Mais cedo você falou sobre o aprendizado mecânico ou padronizado. Às vezes, há estudantes que me perguntam: de que adianta aprender isso, ou memorizar isso, se isso não me ajuda na minha vida profissional?

— Você vê, Matias, como surge a ideia de que a principal função da escola é preparar para o mundo... As escolas, universidades, não são apenas agências de preparação técnica e colocação para o mundo do trabalho. Não podemos reduzir a educação ao treinamento em habilidades técnicas. As escolas e universidades são templos de conhecimento; nelas somos formados como pessoas, crescemos nas virtudes, aguçamos nossos sentidos, aprendemos de onde viemos, compreendemos melhor a origem e as leis do mundo em que vivemos. Aprendemos a pensar por nós mesmos, a apreciar a dimensão estética, a beleza? Aprendemos a ser. O verdadeiro valor do conhecimento não está apenas em sua mera utilidade. Pense nas artes, por exemplo, música ou teatro, pense na leitura...

— Qual é a utilidade, Sócrates, de aprender a tocar a lira se vais morrer? E Sócrates responde:
— Para tocar a lira antes de morrer.

— ... Todos os caminhos levam a Roma. Por que foram compostas tantas sinfonias e pintadas tantas obras? Para que serve o que enche os museus? Por que e para que foram construídos edifícios tão caros e impraticáveis como catedrais e museus, edifícios que levaram centenas de anos para serem erguidos e cujos arquitetos nunca chegaram a utilizá-los durante suas vidas? Houve tempos na história humana em que a vida não era vista apenas em termos de produtividade e utilidade. Esses edifícios falavam em termos de beleza e grandeza. Receio que estejamos presos no imediato. Útil para quê? Se a utilidade não se refere ao propósito da educação, então a utilidade não tem significado. O objetivo da escola não é moldar alunos a serviço de um projeto político, nem projetá-los em dez ou vinte anos a fim de prepará-los para o mundo do trabalho. O objetivo da educação é dar a eles a oportunidade de se desenvolverem como uma pessoa inteira, hoje e sempre. E este projeto não se realiza falando continuamente de um futuro que não conhecemos; para isso não precisamos de pedagogos, apenas futurologistas. Isso é realizado por meio da atenção à pessoa no presente. Na verdade, para Montessori, o progresso consiste na construção da personalidade, não se reduz apenas a futuras conquistas trabalhistas ou sociais. Montessori diz que o crescimento, a educação, é a transformação do presente.

– Quais são então os objetivos da educação? – pergunta Matias.

– Procurar a perfeição da qual nossa natureza é capaz. A obra prima da educação é a criança. É por isso que dizemos que ela é o protagonista. Não porque carrega dentro de si as sementes de sua educação, mas porque somente ela pode se apropriar do que lhe é ensinado. "Como a luz que brota da centelha, a verdade surge na alma...."

– "... e cresce espontaneamente", disse Platão.

– Sim. Considerando a educação como um fim em si mesma, dando destaque excessivo a métodos e ferramentas, talvez seja por isso que haja tanta educação nas escolas, mas tão pouca nos alunos.

– Por onde começamos?

– Despertar a sede pelo conhecimento.

– E como se faz isso? – pergunta Matias.

– A leitura desperta você para o mundo, para a realidade, diz Cacilda, com a mão estendida para tudo à sua volta na sala do museu. – Além disso, o conhecimento é a única riqueza que pode ser transmitida sem empobrecer aquele que o transmite!

– Mas Cacilda, há momentos em que algo muito interessante pode não ter importância para as pessoas. Por exemplo, há palestras emocionantes às quais os estudantes vão quando estão entediados. E há belas palestras oferecidas pela universidade que ninguém frequenta. Às vezes, o problema não é a má-fé do aluno, ou porque o professor é entediante, mas porque o aluno simplesmente não está interessado. Por que isso acontece?

– Mediocridade consiste em estar rodeado de beleza, mas não ser capaz de reconhecê-la. Para entender o que se lê, o que se ouve, é preciso ter algum conhecimento prévio. Se você não o tem, não consegue entender. Pode-se estar rodeado de beleza, mas não vê-la, porque se é cego, insensível, a ela. Ler relatos de trabalhos clássicos e discuti-los com professores que os conhecem bem é uma excelente maneira de iniciar um círculo virtuoso no qual o conhecimento se torna uma atividade vital, como respirar... uma atividade prazerosa pela qual o aluno é atraído. Você conhece a ópera *Iolanda* de Tchaikovsky?

– Não, responde Matias.

– Se estivesse em cartaz, poderíamos ir vê-la.

– Não gosto nada de óperas, confessa Matias.

– Se eu não conhecesse a história dessa ópera, também não gostaria de ir vê-la. Deixe-me contar-lhe. Iolanda é uma menina nascida cega. Mas por ordem de seu pai, que é muito autoritário, ninguém jamais lhe explicou sua condição. Em algum momento, um homem que se apaixona por ela explica-lhe a beleza da luz e da cor. Então ela percebe que é cega e mostra interesse no que seu pretendente lhe explica. Ao ouvi-lo falar de luz e cor, Iolanda lamentavelmente responde: "Como posso desejar ardentemente o que só posso ver vagamente? Quando soube que sua filha Iolanda tomou conhecimento de sua condição, seu pai, furioso, quer a morte do amante que revelou o segredo. O médico de Iolanda intervém e argumenta que o conhecimento da verdade é um pré-requisito para a cura da cegueira. No final, Iolanda é curada e o amor triunfa. Assim é com a leitura. Aquele que não lê, nada sabe da beleza da luz e da cor que a literatura traz à vida, não pode perceber a importância da leitura, não pode ser curado da ignorância.

Após um momento em que ninguém fala, Cacilda conclui:

— Vejo, no pai de Iolanda, uma metáfora para Rousseau.

— Por quê?

— Rousseau desculpa a ignorância. Você se lembra do que Rousseau disse sobre os livros?

— Que ele os odiava.

— Sim. A obsessão de Rousseau é a igualdade. Para ser igual, é necessário manter todos em um estado de ignorância, para que alguns não saibam mais do que outros. Nivelamento pela base. Mas o professor ou o político rousseauniano, como o pai de Iolanda, não diz à criança que ela não sabe. O aluno não está ciente de sua ignorância. A figura do médico, por outro lado, representa a educação clássica para a qual o conhecimento da verdade é uma condição indispensável para a cura da cegueira. A leitura, continua Cacilda, "fornece recursos para compreender o mundo e a si mesmo". E, para isso, a compreensão da leitura é fundamental. Se eu entendo melhor o mundo, entendo melhor o que leio. A centelha de interesse se acende quando existe um contexto, um fio narrativo coerente. Essa é a grande diferença entre informação e conhecimento, entre os pedaços de informação na internet e as obras clássicas da literatura.

— O fio narrativo coerente... Mas não só as obras clássicas têm um fio narrativo coerente, diz Matias.

— Há trabalhos mais recentes que são altamente recomendados, é claro. Mas as obras clássicas são caracterizadas pelo fato de não terem se perdido ao longo dos séculos. Elas são atemporais. Por que isso acontece? Porque transcendem o tempo. Os trabalhos clássicos respondem às grandes perguntas: De onde viemos? Para onde vamos? Quem somos? Quando lemos, vemos como os outros pensam, como se sentem, como sua consciência fala com eles. Compreendemos que eles têm uma consciência, assim como nós também temos uma. Quando vemos que têm experiências semelhantes às nossas, nos identificamos com eles. A capacidade de pensar, sentir, desejar, ouvir a luz interior da consciência são questões universais. A natureza do ser humano é a mesma hoje como era há três mil anos. O que mudou não foi sua natureza, mas o mundo ao seu redor. Os seres humanos são racionais e sensíveis por natureza. A literatura nos permite transpor em palavras aquelas características do ser humano que são estáveis e permanentes ao longo da história humana e ao que sentimos, ao que pensamos ou ao que nossa consciência nos sussurra discretamente.

Matias acena com a cabeça. Todas essas ideias são muito novas para ele. Ele sempre soube que era bom ler, mas ninguém jamais lhe havia dado tantos motivos para querer fazê-lo.

Cacilda continua:

— Em *Um conto de Natal*, Dickens nos confirma nossa intuição de que é melhor ser pobre, generoso e feliz como os membros da família Cratchit, do que rico, avarento e miserável como Ebenezer Scrooge. No *Rei Lear*, Shakespeare nos faz sentir a injustiça com Cordélia, a filha agradecida e leal, que foi posta de lado por seu pai. E então sentimos compaixão pelo rei que, ao ficar cego, percebe o engano, as mentiras e a impudência bajuladora de suas outras filhas. Em *Crime e castigo*, Dostoiévski nos faz experimentar o que é não seguir a luz interior que visa o bem de si mesmo e dos outros. No *Arquipélago Gulag*, Aleksandr Solzhenitsyn nos diz do que um ser humano é capaz quando se resigna em deixar de ouvir essa voz. E em *O estrangeiro*, Albert Camus descreve aonde leva a apatia existencial de um homem incapaz de lamentar no funeral de sua própria mãe.

Matias ouviu falar destas obras – lembra-se de que seus pais tinham algumas delas na biblioteca em sua sala de estar, em casa – mas nunca as leu. Ele não sabe se deve contar a Cacilda, sente vergonha. Prefere que ela fale livremente, sem ser inquisitivo. Cacilda continua:

– Essas obras nos ajudam a compreender a natureza humana em suas inúmeras nuances. Elas representam aspectos positivos ou negativos do caráter humano, provocam um exercício de introspecção e transformação no leitor. Ajudam-nos a intuir que, além do descaramento lisonjeiro de um falso amigo, há o pior dos tiranos. Permitem-nos descobrir, por exemplo, que a ganância é um vício que leva à solidão. Tornam-nos especialistas em humanidade e abrem a porta para nossa própria interioridade. Mais uma vez, se essas obras pertencem ao gênero dos clássicos, é precisamente porque resistiram ao teste do tempo e do espaço, porque muitos leitores as consideraram suficientemente importantes para mantê-las vivas. Elas descrevem aspectos universais do ser humano. É curioso, Matias, percebo que os seres humanos sempre tiveram sede de grandes histórias.

"Sede de grandes histórias...", pensa Matias. "Talvez seja por isso que possamos passar horas no *YouTube* assistindo às histórias e experiências de outras pessoas", pergunta ele. "Mas algumas histórias, sem um fio narrativo coerente, não são o mesmo que uma grande história", intui ele.

Matias pensa que ainda há tempo para começar a ler os clássicos e decide fazê-lo no próximo verão. Ele pensa em seu irmão de nove anos de idade e pergunta a Cacilda:

— Comprei os *Contos de Fadas* de Andersen para o aniversário do Pepe. É um clássico.

— Sim, eu me lembro que você mencionou isso no outro dia. Trouxe dois textos.

Cacilda tira duas folhas de papel dobradas em quatro do bolso profundo do casaco e continua falando.

— É uma adaptação do conto de Andersen, *O patinho feio*. Suponho que você conheça.

— Sim, é claro. O patinho que mais tarde se transforma em um cisne. Nós tivemos o livro em casa. Mas não consigo encontrá-lo agora, então comprei-o de novo para Pepe.

— Agora vou ler o texto traduzido da versão original.

Cacilda desdobra as páginas com seus dedos delicados e lê, entoando....

Trecho de "O patinho feio" dos *Contos de fadas* de Andersen

Que belo estava o campo! Era verão, e o trigo dourado, a aveia verde e os ramos de capim recém cortado brilhavam ao sol. As cegonhas de patas vermelhas voavam sobre os campos, balbuciando no idioma egípcio que lhes foi ensinado por sua mãe. Em torno às hortas e aos prados se estendiam espessos bosques, e em meio aos bosques, grandes lagos. Impossível descrever a beleza daquelas terras!

Ali, dominando a paisagem, erguia-se uma casa de campo rodeada de valas, inteiramente coberta de trepadeiras, cujas folhas eram tão grandes que as crianças pequenas podiam passar tranquilamente por cima delas. Ali uma pata havia construído seu ninho. A ave permanecia sobre os ovos, esperando a saída dos patinhos, mas já começava a se cansar pelo muito que demoravam e porque suas amigas apenas a visitavam, visto que preferiam se divertir nadando pelas valas ao invés de ir vê-la e conversar um minuto com ela, sentadas sob a trepadeira.

Cacilda descansa, olha para Matias e diz:

— Essa é uma história escrita para crianças. Quantas crianças hoje têm os recursos para entender sua beleza?

Matias fica em silêncio.

— Poucas, é uma pena, porque as crianças de hoje leem pouco. Dizemos que elas são nativas digitais. São porque lhes damos um dispositivo quando têm quatro meses de idade. Mas se lêssemos livros para elas desde o berço e se lhes déssemos coleções de livros em seus aniversários, seria uma história diferente. Seriam leitoras nativas, não nativas digitais. A leitura proporciona ao leitor recursos literários, permite que ele se expresse graciosamente...

— Recursos literários?

— Metáforas, oxímoros, aliterações... - Cacilda os lista.

"É por isso que Cacilda usa tanto a metáfora...", pensa Matias.

— Ler ajuda a entender o que são onomatopeias – ele enfatiza enquanto sorri.

"As famosas onomatopeias. É por isso que ninguém na sala de aula sabia o que isso significava", reflete Matias.

— Vamos voltar a Andersen, sugere Cacilda. Esse texto é complexo para uma criança de sete ou nove anos, segundo os padrões de hoje. Mas se não leem as histórias desde jovens, ficam sem recursos (vocabulário, conhecimento, recursos literários etc.) para poder entender o que lerão mais tarde, a leitura se torna tediosa para elas e perdem o interesse em ler porque não entendem o que leem. Primeiro, os alunos têm que aprender a ler, depois aprendem lendo. Se eles não consolidaram a aprendizagem da compreensão da leitura, aprender todo o resto será um fardo para toda a vida. Por exemplo, é impossível resolver um problema de matemática sem compreender o enunciado. Agora deixe-me ler para você o mesmo texto, mas em uma adaptação da história de Andersen, não a original. Ouça isto.

Cacilda pega as folhas de papel que tirou do bolso a alguns minutos antes e começa a ler:

Trecho de uma adaptação de *O patinho feio* dos *Contos de fadas* de Andersen

Em uma bela manhã de primavera, uma bela e forte pata chocava seus ovos e, enquanto o fazia, pensava nos filhotes fortes e lindos que logo teria.

Há um momento de silêncio. Cacilda dobra os papéis e os coloca de volta no bolso direito do casaco.

– É isso? – pergunta Matias.

– Sim, é isso. Duas sentenças em vez de dez. Porque as adaptações são feitas de modo a não aborrecer as crianças, confirma Cacilda com um tom irônico. Assume-se que a literatura é algo cansativo. Presume-se que as crianças não são capazes de aspirar a mais, que não têm o desejo de saber, que não gostam do que leem. Pense nisso, tal postura é uma sentença de morte para os alunos mais desfavorecidos culturalmente, que pertencem a famílias desfavorecidas que possuem poucos livros, poucas cartas na mesa, poucas oportunidades.... O nivelamento pela base da pirâmide não ajuda a alcançar a igualdade, muito pelo contrário. Contribui para ampliar ainda mais o fosso cultural, social e econômico. Tentamos adaptar tudo às crianças, em vez de ajudá-las a crescer e aspirar ao que é belo, verdadeiro e bom.

Matias reflete sobre a última equipe da escola onde ele fez seu estágio. Ele lembra que o diretor pediu que fossem feitas adaptações no currículo a fim de reduzir as exigências para com as crianças.

A Comissão não havia percebido que isto era um erro. Não lhe havia ocorrido que isto era um erro. Além disso, ele se envergonha de pensar que pessoas com um certo contexto cultural discriminam abertamente os alunos com base em sua situação socioeconômica, sem estar muito consciente de que o fazem, impedindo-os de ter acesso ao mesmo nível cultural que eles têm.

– Eu posso pensar em outra razão pela qual textos sofisticados não são interessantes, diz Matias. Não é visto com bons olhos falar com correção. É visto como pedante ou elitista.

— Vi isso na escola e na universidade, quanto mais ignorante e vulgar a maneira de falar, mais aceito o estudante está entre seus pares. E tanto mais aceitos os professores são por seus alunos. A ignorância se tornou um valor social.

— É o legado de Rousseau? — pergunta Matias, que se torna cada vez mais incisivo em suas intervenções.

— Voltaire já disse que a leitura das obras de Rousseau o fez querer andar de quatro patas....

— Ah, — lembra Cacilda—, há outra razão pela qual é um erro ler as adaptações.

— Por quê?

— Porque não lemos os originais. Às vezes, podemos dar uma adaptação a uma criança pensando que ela então lerá o original. Mas, na maioria dos casos, isso não acontece.

— Quero saber qual versão comprei para o Pepe.

— Se for uma adaptação, será a versão mais curta; se for a tradução do original, será a versão mais longa.

— Bem, verei, espero ter guardado a nota.

29
Aniversário no interior

José e Matias foram passar o fim de semana no interior para comemorar o aniversário de Pepe, irmão de Matias.

– Feliz aniversário, Pepe! – José grita ao chegar em uma cadeira de rodas com seu irmão, Manolo.

– Olá, responde Pepe, sem tirar os olhos de seu celular.

– Entre, entre, – diz Matias, que ajuda seu amigo com a cadeira.

Pepe digita compulsivamente em seu aparelho e cumprimenta os convidados que estão chegando pouco a pouco.

– Pare, por favor, Pepe, há pessoas que vieram te ver, deixe seu celular! – insiste sua mãe ao se voltar para ele, que age como se não a ouvisse. De repente, ele parece ouvi-la enquanto se afasta com o dispositivo para evitar ter que colocá-lo no chão.

Matias e José trocam olhares de descrença ao perceberem que Pepe não está prestando atenção ao que deveria. Diante da ameaça de ter que soltar o celular, Pepe o coloca em seu bolso e retorna, meio desorientado, ao mundo real. Seu olhar está ausente, seu rosto pálido está triste, e ele está em algum lugar entre entediado e ansioso.

A mãe de Matias se aproxima dos dois estudantes universitários e sussurra:

— Estamos preocupados com Pepe, ele está meio triste, não olha diretamente para nós. Na escola nos disseram que tínhamos que inscrevê-lo em oficinas de educação emocional.

— Que tipo de oficinas? — pergunta Matias.

— Educação emocional, responde José. A gestão emocional é fundamental. As competências emocionais permitem três coisas. Primeiro, identificar o que você sente, segundo comunicá-lo, e, terceiro, autorregulamentar e canalizar suas emoções de forma positiva.

— Nos falaram sobre esses três passos, e nessa ordem, diz a mãe. Para tomar consciência, para se comunicar e se autorregular. Mas não vejo isso de forma alguma claramente. Pepe tem dez anos de idade. Somos nós que temos que procurar a causa de sua tristeza e falta de motivação. Mas não sabemos como fazer isso.

— Bem, você não acha que seria bom tirar o celular dele? — diz Matias, que não vê bem a coerência em proporcionar educação emocional a uma criança que tem um *smartphone* desde os sete anos de idade.

— Tirar seu celular? Seu pai e eu pensamos sobre isso, mas é tarde demais. Foi um erro dar a ele. Mas foi-nos dito que quase todas as crianças já as tinham em sua idade. E achamos que não era bom para ele ficar isolado, sem um celular. Você tem que preparar as crianças para estar no mundo. E pensamos que como ele está na escola o dia todo com *tablet*, não é muito diferente, e assim ele teria uma vida social e se sentiria menos solitário. Você sabe, Matias, ele é o mais novo, e agora que todos vocês estão fora do ninho, ele é como uma criança única em casa. Ele se sente solitário.

– O que ele faz com seu celular o dia todo? Eu não sei de que tipo de vida social você está falando, mãe, todos os amigos dele estão aqui agora e ele nem sequer os escuta.

– Sim, mas por onde eu começo, tudo isso está além de mim. Foi mais fácil educar vocês. Tenho a sensação de que o que eu costumava fazer com você não funciona com ele.

– E faz tudo com o *tablet* na escola? – pergunta Matias à sua mãe.

– Sim. Assim se pode ter uma educação melhor do que a nossa, Matias. A escola decidiu digitalizar todo o material e nos pediu para darmos o salto.

– Salto para onde? pergunta Matias. "Para o vazio, temo...", pensa ele.

Matias pensa nos olhos de Pepe, lembra-se da centelha que encontrou neles há mais de dois anos e sente que uma mão invisível roubou seu irmão.

– Por falar nisso, diz sua mãe, a escola deu a Pepe alguns testes, algo a ver com "inteligências multiplicadas".

– Múltiplas, corrige José com orgulho.

– E parece que Pepe tem inteligências espaciais e cinestésicas muito elevadas, mas ele tem muita dificuldade com suas inteligências espaciais e cinestésicas. Por outro lado, tem muita dificuldade em matemática. Dizem que é porque ele não tem boa inteligência matemática.

— E qual é a conclusão desse diagnóstico? Quero dizer, qual é o plano? - pergunta Matias.

— Bem, se ele não é bom em matemática, não temos que nos preocupar, já sabemos o porquê. Não é porque ele não estuda ou não faz um esforço, é porque ele não tem inteligência para isso. Mas o bom é que ele é bom para algo concreto. Isso nos dá muito incentivo. Ele pode ao menos concentrar seus esforços em algo.

— O que é inteligência espacial e inteligência cinestésica? — Matias pergunta a José.

— Inteligência espacial é a capacidade de reconhecer padrões visuais. Isso significa que Pepe poderá ser um bom piloto ou um bom escultor, por exemplo. A inteligência cinestésica é a capacidade de usar seu corpo, ou parte dele, para resolver e criar produtos.

— Utilizando seu corpo? No momento, ele usa muito o dedo com o tablet, não sei se é isso que você quer dizer, diz Matias com um sarcasmo que José não percebe.

Matias está perplexo. Ele se lembra de Cacilda ter-lhe dito algo sobre a importância de fazer as perguntas certas para obter as respostas certas. Ele sente que algo está errado com este diagnóstico, mas não sabe como fazer a pergunta certa para identificar o problema.

— Daria uma chance à ideia de educação emocional, insiste José. É ótimo. Isso deixa as crianças felizes e animadas. Nada funciona se você não apelar para as emoções. A educação tradicional é a prova disso. Antes, na educação era tudo muito racional, agora é tudo muito mais emocional. As emoções fazem parte do ser humano, e com emoções você pode fazer com que as pessoas se interessem, se engajem. Se você está feliz e se sente entusiasmado com as coisas, aprende mais. Talvez as oficinas de educação emocional o ajudem a recuperar seu entusiasmo perdido!

O pai de Matias havia chegado no meio da conversa e escutou sem querer participar. Mas os elogios de José à educação emocional o fazem falar.

— Educação emocional é uma dessas invenções modernas que está estragando nossos filhos. Nós os estragamos tanto que eles acabam fracos e caprichosos. Na minha época, era o esforço e a força de vontade que contavam, e as coisas corriam muito melhor.

À medida que as diferenças de opinião de seus pais se tornam visíveis para todos, Matias se sente desconfortável. Ele gosta do debate, mas em privacidade e serenidade, não no meio do caos de uma festa de aniversário. Ele sente a necessidade de mudar radicalmente o assunto e fala em voz alta para que todos possam ouvi-lo:

— Estamos todos aqui, Pepe, aqui estão alguns presentes. Eu lhe trouxe algo, — oferecendo-lhe seu presente embrulhado em papel prata.

Pepe abre seu primeiro presente, olha a capa da versão original dos *Contos de Andersen* e vira as páginas à procura das fotos. Ele então continua com os outros pacotes sem mostrar o mínimo interesse ou agradecimento.

Os três ficam estupefatos enquanto assistem Pepe abrir seus presentes. O sentimento de compaixão que compartilham é mais forte do que sua indignação por sua atitude ingrata.

Quando a festa termina, Matias vai ao escritório de sua mãe e vê na escrivaninha os folhetos das três escolas que seus pais visitaram. Ele se senta, começa a folhear a documentação das três escolas e as lê calmamente.

Matias se lembra de uma citação da Cacilda: "É importante não só estar interessado no que as escolas dizem, mas também, e sobretudo, no que as escolas significam". Matias pega um lápis na gaveta da escrivaninha e sublinha as palavras que denotam o mecanicismo. Identifica as palavras que derivam de uma visão idealista ou romântica: "Preparamos o cidadão para o século XX1"; "formar o cidadão do futuro"; "estímulo precoce"; "ensino por competências", e "aprender fazendo".

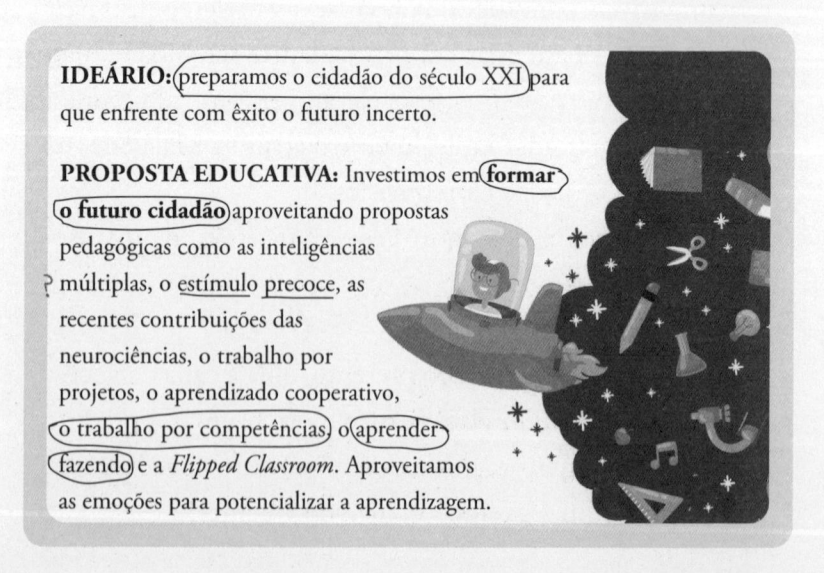

IDEÁRIO: preparamos o cidadão do século XXI para que enfrente com êxito o futuro incerto.

PROPOSTA EDUCATIVA: Investimos em formar o futuro cidadão aproveitando propostas pedagógicas como as inteligências múltiplas, o estímulo precoce, as recentes contribuições das neurociências, o trabalho por projetos, o aprendizado cooperativo, o trabalho por competências, o aprender fazendo e a *Flipped Classroom*. Aproveitamos as emoções para potencializar a aprendizagem.

Catherine L'Ecuyer

NOSSA VISÃO: CREMOS QUE OS PAIS SÃO OS PRIMEIROS EDUCADORES DE SEUS FILHOS.

1 Apostamos na tecnologia, que permite uma educação personalizada. Combatemos o hiato digital oferecendo um tablet para cada aluno.

2 Apostamos na excelência educativa por meio da inovação.

3 Estimulamos a criança para realizar trabalhos que brotem de seus interesses para que, sendo a única protagonista da educação, possa construir sua aprendizagem de forma autônoma.

4 Proporcionamos um ambiente estimulante para que cada criança possa desenvolver seus talentos.

5 Inculcamos valores.

A Escola 3.0 é o mundo: educamos do e para o mundo.

Priorizamos o enfoque na competência em relação ao mero acúmulo de conhecimentos.

Aproveitamos a inteligência global.

Treinamos o pensamento científico mediante a inteligência emocional. Educamos para aprender a aprender.

Inculcamos as competências digitais para evitar a ansiedade tecnológica e para preparar a criança para enfrentar seu futuro.

Procura as palavras que representam a visão realista ou clássica. Olha para as palavras "educação personalizada" no segundo folder; ele lê as frases inteiras novamente em voz baixa: "Estamos comprometidos com tecnologia, que permite uma educação personalizada. Combatemos a exclusão digital fornecendo um *tablet* para cada aluno". Ele se lembra do que Cacilda lhe disse há algumas semanas: "A educação individualizada é tomada como um comprimido por aluno. Mas a educação personalizada é algo diferente, refere-se à ideia de que educar é um ato profundamente humano, é transmitido de uma para outra pessoa".

Ele continua procurando palavras que representem a visão realista, mas não consegue encontrar nada que se ajuste bem a esta tendência. Pega seu lápis, imagina como seria a ideologia de uma escola com esta visão, e escreve:

> Cremos que a realidade existe e acompanhamos a criança, protagonista de sua educação, para descobri-la de forma pessoal e participativa mediante a combinação do aprendizado por instrução direta e descoberta guiada.
> Educamos no espanto, no desejo de conhecer, e despertamos o interesse pela beleza por meio dos grandes relatos.

Relê com satisfação o que escreveu. Mas, de repente, sente-se triste. "Pobres pais", pensa ele. "Quantos deles estarão preparados para entender o que tudo isso diz e o que não significa?"

Ele marca um ponto de interrogação ao lado das palavras "inteligências múltiplas" e "inteligência emocional", determinado a esclarecer quais são esses métodos em seu próximo encontro com Cacilda.

30
O gosto de Matias pela pesquisa

Matias começa a ficar um pouco cansado de incomodar Cacilda com perguntas por causa de seu desconhecimento. Ainda não ouviu falar de múltiplas inteligências em nenhum momento, então decide começar a trabalhar e investigar essa teoria por conta própria, antes de falar com Cacilda, a fim de poder contrastar o que ela lhe explica. Ele vai à biblioteca da faculdade e bate na porta do escritório de um dos muitos bibliotecários.

— Desculpe-me, poderia dispensar um momento para me ajudar a fazer uma pequena pesquisa? — pergunta.

— Sim, claro. O que você está procurando? — uma senhora sorridente de meia-idade responde.

— Desejo encontrar informações sobre a teoria das inteligências múltiplas.

— Veja, você pode usar essa ferramenta, ela aponta para sua tela e o convida a sentar-se ao seu lado. Você deve começar procurando com o nome original.

— *Multiple intelligences*, com um "s" no final, penso eu, — diz Matias.

Matias olha a lista e se surpreende com o número de artigos publicados sobre o assunto. Ele adverte que vai precisar de muito tempo. Olha para seu relógio e calcula que ainda tem duas horas antes de se encontrar com Cacilda.

— O que você encontrar, pode salvar em um *pendrive* ou imprimir, então pode ler e ver os artigos citados em notas de rodapé ou na bibliografia desses artigos, pode procurá--los diretamente na própria citação. E faça a mesma coisa, imprime-as e lê. Se eu fosse você, começaria pelo que diz o autor, isto é, a literatura introdutória sobre o assunto. Tenha em mente que esta teoria já existe desde o ano...

— Faz muito tempo, interrompe Matias.

— Como parece aqui, essa teoria foi desenvolvida por Howard Gardner, em 1983, em seu livro *Frames of Mind* (*Molduras da mente*). Você pode ler o que aqueles que apoiam ou criticam esta teoria têm a dizer. Isso seria considerado literatura de segundo nível. Essa primeira busca não lhe dará tudo o que foi escrito sobre o assunto, mas é um bom começo para se ter uma ideia geral do assunto.

— Obrigado, muito gentil da sua parte, responde Matias ao se levantar, determinado a realizar uma pequena, mas intensa investigação.

Após duas horas e meia de leitura ininterrupta, Matias percebe que perdeu a hora de chegar em seu encontro com Cacilda. Ele recolhe o material em uma pasta e parte em ritmo acelerado para seu próximo encontro com ela.

31
A letra... "dançando entra"?

A teoria das inteligências múltiplas
A teoria dos estilos de aprendizagem

– Fui à biblioteca, pede desculpas Matias, sem fôlego. Desculpe o atraso, mas eu estava tão concentrado na leitura que não notei o tempo.

– Não se preocupe, Matias. O que é que lhe interessa tanto que você tenha perdido a noção do tempo? – pergunta Cacilda, intrigada.

Matias afunda-se na poltrona de veludo azul e pensa em como abordar a conversa sobre tudo o que ele leu.

– A teoria das inteligências múltiplas.

– Muito interessante, sim.

– Estou fascinado por como esta teoria se tornou popular e tem tido uma aceitação imediata nas escolas. Agora muitas escolas ao redor do mundo usam esta teoria como uma distinção e a utilizam como um método educacional.

– Sim, Cacilda acena com a cabeça, deixando falar seu loquaz interlocutor.

– Ela se tornou popular, penso, porque propôs uma alternativa ao conceito de inteligência tradicionalmente medida pelo conhecido teste de QI, diz Matias, olhando para suas notas manuscritas. Gardner alega que a inteligência medida pelo teste de QI não considera todas as dimensões de uma pessoa. Ele afirma que, na verdade, existem oito inteligências independentes uma da outra. Verbal-linguística, lógico-matemática, visual-espacial, intrapessoal, cinestésica, interpessoal, natural e musical-rítmica. Inicialmente, havia mais duas, espirituais e existenciais, mas Gardner as descartou porque não correspondiam à sua definição de inteligência.

— Você se lembra disso?

— Espere, tenho em minhas anotações. Ele a define como a "capacidade de resolver problemas ou criar produtos". Soa como Dewey, "aprendendo a aprender, a resolver problemas...".

— Sim, confirma Cacilda. É engraçado, se considerarmos isso, essa definição exclui o que é próprio da inteligência: conhecer. Podemos "fazer" coisas, produzir coisas, resolver problemas, mas para poder fazer tudo isso, primeiro temos que "saber".

— Essa teoria existe desde 1983. O que é mais impressionante é que muitos acadêmicos no campo da educação, psicologia e neurociência sustentam que Gardner ainda não comprovou sua teoria.

— O que entendo é que eles o reprovam por sua falta de rigor. Porque ele ainda não definiu cada uma das inteligências que propõe com base em uma lista de parâmetros que permitem testar a validade de sua teoria. Na verdade, acho que Gardner morreu de sucesso.

— Morte de sucesso? — Matias repete intrigado.

— Sim. Quero dizer que ele não imaginava como sua ideia seria bem recebida quando a desenvolveu. Não apenas excedeu suas expectativas, mas se tornou uma criatura diferente do que seu criador tinha em mente.

— Por quê?

— Gardner confessou ter hesitado em chamar as categorias de "talentos" ou "inteligências". Se ele os tivesse chamado de talentos, teria sido mais bem recebido por seus colegas na academia, mas talvez ele não tivesse causado tanto impacto no mundo das escolas. Um talento é uma inclinação, uma aptidão para aprender algo. Conceitualmente, faz sentido falar de uma ampla gama de talentos. Ao falar de "inteligências" no plural, ele entrou num terreno pantanoso. Você sabe o que é tentar definir inteligência? Tentamos há milhares de anos. Não é tão fácil de resolver.

— Isso é verdade, diz Matias, verificando suas anotações.
- Assim Gardner qualifica sua teoria em 1994. Leio:

> Ao chamar as inteligências múltiplas de teoria, sempre tive muito cuidado ao observar que é menos um conjunto de hipóteses e previsões do que um modelo organizado para moldar um conjunto de informações sobre a cognição humana em diferentes culturas.

— Ele não achava que ia se tornar um método educacional, acrescenta Cacilda, — e às vezes até disse que estava intrigado com algumas de suas aplicações em sala de aula. É uma teoria que, aplicada à sala de aula sem compreender suas limitações, pode ser problemática.

— Por quê?

— Bem, você tem que ter cuidado para não aprisionar as crianças nessas categorias. Imagine que lhe dizem que você tem uma alta inteligência cinestésica, portanto....

— ... que é bom para dançar, interrompe Matias enquanto se lembra de Pepe.

— Ou que você tenha uma inteligência matemática baixa. O risco disso é enquadrar as crianças muito cedo, antes que elas possam ter um contato profundo com todas as áreas do conhecimento.

— Obviamente, diz Matias, — porque começam a pensar "eu não sou bom em matemática", e deixam de fazer um esforço pensando "não é minha área".

— É isso, Matias. *Dando-lhes consolo barato em troca de acabar com suas preocupações de não dominar uma área em idade precoce, quando não se espera que dominem nenhum assunto.* Aos sete ou oito anos de idade, que criança é um gênio da matemática? Pode ser feito um diagnóstico definitivo quando a criança mal teve a chance de aprender algo em profundidade? A criança pode se interessar e, portanto, ser excelente naquilo que ela ainda não conhece bem? O que esta teoria mal compreendida faz é limitar a criança, reduzir os horizontes de sua razão.

— A pergunta que me faço é se esta teoria pode ser entendida de uma forma que faça sentido, sugere Matias, coçando a cabeça. Por exemplo, há escolas que a entendem de forma diferente, veem-na como uma gama de áreas, ou facetas da pessoa, que devem ser atendidas igualmente. Não é verdade?

– Eu acho que está tudo muito bem tentar desenvolver todas as facetas da personalidade de uma criança. Mas é isso que queremos dizer quando falamos de "capacidade de resolução de problemas ou de criação de produtos"? Essa teoria é atraente por fora, mas quando você a examina, é difícil encontrar coerência e significado.

– Outra aplicação dessa teoria, de acordo com o que eu li, é desenvolver o aprendizado em uma área que é mais difícil para a criança, a partir de outra área na qual a criança tem muitas facilidades. Por exemplo, se a criança é boa em dança e ruim em matemática, então ela deve aprender matemática... dançando.

– Então diremos a Francisco de Goya que "a letra dançando entra", – Cacilda propõe com um sorriso. – Esta interpretação das múltiplas inteligências é semelhante à teoria dos estilos de aprendizagem. Está também em ascensão.

– O que diz esta teoria? – pergunta Matias.

– Defende o aprendizado personalizado por meio do estilo de aprendizado predefinido de cada aluno.

– Por exemplo?

– O auditivo, o visual, o táctil, o cinestésico, e assim por diante. E agora vem a parte complicada. De acordo com esta teoria, o ensino do professor deve ser adaptado ao estilo preferido do aluno, uma vez que o indivíduo aprenderia melhor quando recebesse informações em seu estilo de aprendizagem preferido. Assim, se uma criança tem um sentido cinestésico mais desenvolvido, ela pode aprender música ou inglês dançando, por exemplo. E se ele tiver um olfato desenvolvido, ele poderá aprender matemática pelo cheiro, por exemplo, sorri Cacilda.

– Você não gosta desta teoria? – suspeita Matias, compreendendo a ironia de sua professora.

– Não é que eu não goste. Estudos consideram essa crença como um neuromito. Na verdade, este neuromito é uma das crenças mais difundidas entre os professores em todos os países do mundo. Especificamente, na Espanha, 91% dos professores acreditam nisso.

– Mas não é verdade que aprendemos melhor por meio de um sentido particular? – Sempre pensei que era um aprendiz mais visual, por exemplo.

– O que foi provado é que a maioria das pessoas acredita que aprende melhor por meio de um sentido particular. Mas as provas não sustentam essa crença. Mais uma vez, a questão é que privilegiar um sentido em detrimento de outros, é um fator que favorece a aprendizagem de um aluno enquadrando-o e limita seu aprendizado, já que a compreensão da realidade acontece pelo trabalho conjunto de todos os sentidos.

– Não é esta teoria semelhante ao que Montessori diz sobre a importância da educação sensorial?

– A abordagem Montessori tem uma nuance que não é coberta por essa teoria.
– Qual? – insiste Matias.
– Montessori propõe exercícios para desenvolver cada sentido, não se trata de favorecer um sentido em detrimento de outros, como propõe a teoria dos estilos de aprendizagem.
– O objetivo da teoria dos estilos de aprendizagem é transmitir o aprendizado por meio de um sentido específico, em detrimento dos outros.
– É isso mesmo, responde Cacilda. – Em contraste, a educação sensorial de Montessori promove o desenvolvimento de todos os sentidos um por um, ou em combinação, por meio de exercícios sensoriais concretos, para que todos os sentidos possam trabalhar em uníssono para a aprendizagem. Os sentidos não competem, Matias. Tampouco se excluem, mas se reforçam mutuamente.
– Por que essa teoria tem sido tão popular? Eu li algo sobre igualitarismo, diz Matias, sentindo que isso poderia ser uma pista para responder a essa pergunta.
– Sim. É uma teoria que apela aos sentimentos humanos de justiça e igualdade.
– Como as ideias de Rousseau, diz Matias.
– Sim. Eu lhe disse que Rousseau teve uma enorme influência na educação moderna. A forma tradicional de medir inteligência, medindo o QI, é vista como elitista, classista, exclusiva. Como eu disse antes, medir inteligência é quase uma missão impossível, porque inteligência é algo intangível.

A teoria das inteligências múltiplas preencheu uma lacuna criada pelo desencanto da medição do QI. Gardner vem dizer: "Somos todos bons em alguma coisa, se é difícil para mim em matemática, é porque eu sou bom em outra área". *Em resumo, ele dá uma espécie de consolo que fecha os horizontes da razão, em vez de ampliá-los.*

Matias fica atônito com esta ideia e a anota em seu caderno. Cacilda faz uma longa pausa, diante da expressão de Matias. Depois de um tempo, ela continua:

– Podemos nos perguntar o que acontece se todas as esferas de atividade se tornarem inteligências de forma tão arbitrária. Então poderíamos acrescentar qualquer outra atividade que pudéssemos pensar à ampla gama de inteligências propostas por Gardner, como, por exemplo, inteligência cultural, inteligência culinária, inteligência criativa, inteligência artística, inteligência tecnológica. E por que não a inteligência da pesca de trutas em Madagascar? Ou qualquer outra atividade para a qual o estudante é considerado como tendo uma certa habilidade ou interesse em resolver problemas ou criar produtos?

Matias mexe em seus papéis:

– Veja o que diz um pesquisador, acho que é uma conclusão que resume tudo: "Sem mais pesquisas, parece prematuro que escolas e pais aceitem um projeto educacional baseado na teoria das inteligências múltiplas".

– Prudência e cautela, parece-me uma atitude sensata.

32
Decifrando a tristeza de Pepe

Educação emocional ou apego
Educação baseada na neurociência
"Flipado" para aprender

Matias lembra-se do aniversário de Pepe. Ele está determinado a se aprofundar em outra questão: educação emocional. Sem rodeios, ele diz a sua professora:

— Esses dias estive pensando sobre o tema da educação emocional. Recentemente, ouvi alguém dizer que, estragando tanto as crianças e estando muito consciente de como se sentem, elas acabam sendo fracas e caprichosas. O que você pensa sobre isso?

— Bem, responde Cacilda, depende do contexto. A idade da pessoa, por exemplo, é um fator importante. Durante seus dois primeiros anos, é sempre bom cuidar das necessidades básicas da criança. E como os bebês não podem falar, mostram sua impotência por meio de seus humores, de emoções que podem ser percebidas pelo choro, pelo sorriso. É fundamental estar atento às emoções dos bebês.

— Por que é sempre bom atendê-los quando choram? Algumas pessoas dizem que fazer isso é estragá-los.

— As crianças precisam de apego seguro para seu desenvolvimento.

— O que é um apego seguro? — pergunta Matias.

— A teoria do apego foi desenvolvida por John Bowlby, um psiquiatra inglês que viveu de 1907 a 1990. É hoje uma das teorias mais reconhecidas e estabelecidas no campo do desenvolvimento psicológico. O apego seguro é um vínculo de confiança que se consolida durante os primeiros meses da infância e depende da sensibilidade do cuidador às necessidades básicas da criança. Isto é conseguido ouvindo os humores do bebê e estando atento às suas emoções.

— Um vínculo de confiança?

— Sim, entre a criança e o cuidador principal. Quando uma criança pequena, que se sente bem cuidada, recebe a mensagem de que o mundo não é hostil e é mais seguro. Recebe a mensagem "você é importante"; portanto, ele ou ela terá maior autoestima, uma autoestima com base na realidade. Uma criança bem cuidada, com carinho, aprenderá melhor com a pessoa que cuida dela e a ama do que com qualquer outra pessoa. E sua afetividade será mais ordenada.

— Isto tem impacto no aprendizado?

— Obviamente. Na infância, você chega à cabeça por meio do coração. É por isso que é tão importante, se não mais importante, cuidar e estar atento à esfera emocional do que à esfera cognitiva. Uma criança que é negligenciada e que não se sente amada, por outro lado, recebe a mensagem de que o mundo é hostil. Fica com baixa autoestima porque lhes é enviada a mensagem "você não é importante". Crianças carentes afetivamente tendem a procurar atenção, têm mais problemas de comportamento, têm sede de afeto e o podem encontrar procurando de forma desordenada em amizades ou relacionamentos tóxicos.

Matias nunca havia ouvido falar em apego seguro. Ele está interessado no assunto, mas não responde a suas perguntas mais amplas sobre educação emocional. Redireciona suas perguntas para reorientar o tema para onde ele quer levá-lo:

— Qual é a diferença entre emoções e sentimentos?

— As emoções são estados de espírito, os sentimentos são o que pensamos sobre esses estados de espírito, responde Cacilda.

— E o que você pensa, Cacilda, sobre a educação emocional, que está tão na moda hoje em dia?

— Competências emocionais... que permitem identificar como você se sente, comunicar e depois controlar suas emoções, canalizando-as de forma positiva, lembra Cacilda.

— Claro, foi assim que me foi explicado. O que você pensa sobre isso? — insiste Matias.

— Bem, também não é uma questão de opinião, Matias. As emoções existem, isso é um fato objetivo. O que indicam? Como intervêm? O que fazer ou pensar sobre elas? Mais uma vez, é uma questão de analisar esta proposta à luz das diferentes correntes filosóficas ou educacionais, para entender que papel essas emoções devem ou não desempenhar no processo educacional a partir de cada uma dessas correntes. A partir desta análise, cada um pode chegar a suas próprias conclusões.

— Você está se referindo às correntes idealistas, românticas, realistas, empiristas, behavioristas, voluntaristas...?

— Sim, responde Cacilda sem lhe dar uma resposta definitiva. Ela prefere deixá-lo raciocinar por si.

— Bem, vamos começar pelo idealismo e o romantismo.

Matias pensa e continua:

— Dissemos que para Fichte o mundo é uma criação de subjetividade. E que os românticos também exaltam o "eu". Sua rebelião contra a razão os leva a dar grande importância à imaginação produtiva, aos sentimentos...

— ... e os leva a confundir realidade com desejo, — intervém Cacilda, incapaz de resistir a terminar a frase de seu aluno —. Na verdade, para Rousseau, como para Locke, "sentir é pensar". Portanto, a educação que se baseia nessas correntes enfatiza o sujeito e seus sentimentos. Enfatiza a importância de estar consciente do que se sente. Identificar o sentimento e estar consciente dele é fundamental, porque a liberdade é encorajada pelas emoções. Uma educação emocional que dá mais importância ao "sentir" do que ao "pensar", na realização da ação, cabe como uma luva na corrente romântica.

— E o realismo?

— Se você se lembra, a realidade é a chave da filosofia clássica. Para essa escola, *a emoção é o resultado da consciência da harmonia ou desarmonia que existe entre: 1. as próprias tendências ou fins, e 2. a realidade.*

– Harmonia ou desarmonia entre as tendências e a realidade, descreve Matias. Ele me faz lembrar de um caso interessante. Quando Pepe tinha sete anos de idade, um tio-avô nosso morreu na semana seguinte à morte de nossa avó. E em seu funeral, enquanto ouvia a *Lacrimosa* de Mozart, Pepe me perguntou muito suavemente se era falta de educação chorar de tristeza pela morte de sua avó no funeral de outra pessoa. Isso significa harmonia ou desarmonia entre tendência e realidade?

– Esse Pepe – diz Cacilda surpresa – é um fenômeno e tanto. As crianças são tão transparentes, que maravilhoso. Mas esse caso não é exatamente do que estou falando.

– Então preciso de um exemplo para entender, diz Matias.

– Muito bem, vamos imaginar uma situação extrema para ajudá-lo a entender melhor. Um adolescente sente alegria quando vê um homem batendo numa mulher, o que essa emoção indica? Por que esse adolescente fica feliz quando vê cenas que retratam esse tipo de violência?

Matias responde, surpreso com o exemplo:

– Que a relação que ele tem com as mulheres não é saudável, é doentia, é de ódio?

– Sim. Vamos voltar à definição de emoção do ponto de vista clássico, responde Cacilda.

– É o resultado da consciência da harmonia ou desarmonia que existe entre 1. as predisposições ou fins, e 2. a realidade.

— Isto é, quais são suas predisposições ou objetivos em relação às mulheres?

— Ódio, desrespeito...

— Mas por quê? — pergunta Cacilda.

— Talvez porque ele tenha sofrido a rejeição de uma mulher e sinta desejo de vingança, ou porque seu pai transmitiu sua raiva em relação a elas.

— Existem tantas respostas a essa pergunta quanto pessoas. Você percebe que a emoção dessa pessoa nos dá informações valiosas sobre o que está em sua caixa preta? É uma informação valiosa porque nos permite então abordar a educação de acordo com ela. Há uma segunda parte: a realidade. O que é a realidade nesse caso?

— O ato violento que o adolescente está vendo.

— Sim, temos uma pessoa que deseja maltratar as mulheres, e que vê alguém fazendo isso. Ele está feliz porque há uma harmonia entre sua disposição interior e o que ele vê, a realidade. Isso é bom?

— Bem, há harmonia, mas essa harmonia não é boa. Essa felicidade que ele sente não é boa, porque alimenta seu ódio, responde Matias.

— Você vê que não há emoções que sejam em si positivas ou negativas? A alegria, por si só, não é necessariamente boa. Depende do porquê você está feliz. A questão não é se eu sinto felicidade ou tristeza, alegria ou repugnância, medo ou tranquilidade, a questão básica é: por que sinto isso? *As emoções nos informam sobre quem somos e como nos relacionamos com nosso ambiente, com a realidade.*

Matias não consegue resistir à lembrança da tristeza de Pepe. "Temos que voltar para o assunto", pensa Matias, que pergunta:

– O que você quer dizer com "tendências, predisposições ou fins"?

– São os desejos mais básicos (comer, aliviar a sede, não ter frio, ser reconhecido, descansar etc.), assim como os fins mais sofisticados (buscar uma vida pacífica, ter muitos amigos etc.) e os mais sublimes ou existenciais (ser amado, conhecer a verdade, desfrutar da beleza etc.). Estes são os fins que impulsionam as ações de uma pessoa. Na realidade, não são as emoções que nos levam a agir. Emoções são apenas indicadores que nos fornecem informações sobre as quais são nossos objetivos e que indicam se existe harmonia entre eles e a realidade de nosso ambiente.

Matias pensa novamente em Pepe: quais são seus objetivos? O que ele procura, o que ele precisa e o que ele não encontra na realidade que o cerca? Lembra-se do que fazia quando tinha dez anos de idade. Corriam pelos campos para caçar cobras; subiam em árvores para construir cabanas. Tocavam o fio elétrico que marcava o perímetro do espaço onde estavam as vacas do fazendeiro da aldeia, arriscando-se a uma descarga elétrica; caçavam sapos... Riam muito e brincavam um com o outro, cada um procurando seu espaço no grupo. Voltavam exaustos, mas felizes à noite, com fome pela fome, depois de brincarem, correndo riscos e encontrando desafios que se adequavam às suas capacidades.

E mais uma vez vem a sua mente a imagem de Pepe, que passa a maior parte de seu tempo acordado diante de uma tela. E ele se esconde, não assume, porque não quer sequer pensar no que seu irmão encontra na internet. "Conteúdo inadequado" é a expressão asséptica usada para descrever o indescritível. Matias imagina a tristeza de Pepe como um grito da natureza, rebelando-se contra um ambiente que não atende às suas necessidades básicas vitais e existenciais.

Cacilda tira Matias de seu devaneio.

– E o behaviorismo? Qual é o papel dado às emoções no behaviorismo? – faz uma pergunta ao jovem aluno.

– Hummm... Pouco ou nenhum, suponho. Se o que conta é moldar um ser moldável e o que está na caixa preta não importa, suponho que o papel das emoções seja nulo. Não importa o que a criança sente sobre o que acontece fora da caixa. E se a criança expressa algo sobre isso, é ignorada ou desconsiderada. A importância das predisposições pessoais e dos sentimentos de aprendizagem é ignorada. O educador behaviorista resolve a questão dizendo à criança que tem medo ou que se machucou: "Meninos não choram".

Matias lembra-se do título de uma palestra sobre um cartaz em um dos corredores da escola: "Atreva-se a ser feliz!" Agora ele entende por que gritou quando o viu.

– Ou dizendo "acalme-se, mulher", continua Matias. Foi o que minha mãe ouviu todas as vezes que foi falar com o diretor para expressar sua preocupação com algum aspecto da educação escolar de seus filhos. Ela voltava muito irritada, porque era uma maneira condescendente de dizer-lhe como ela deveria se sentir, mas sem abordar sua preocupação falando sobre os fatos.

– Sim, o paternalismo é behaviorismo. "Digo-lhes o que sentir e pensar o tempo todo porque eu sei o que é melhor e vocês não sabem nada". Matias, vamos um pouco mais longe, o que você acha que aconteceria se o behaviorismo moderno pudesse manipular as emoções para promover os objetivos do educador?

– Manipular emoções? Eu não entendo, admite Matias com a sobrancelha sulcada.

– Sim, é claro. Como dizia Rousseau ao tutor de Emílio: "Não há subjugação tão perfeita quanto aquela que preserva a aparência de liberdade; ela cativa a própria vontade. [...] Não é verdade que você pode dispor do ambiente que o cerca?" Você se lembra o que é behaviorismo?

– É um comportamento condicionante. O reforço positivo consiste em reforçar um determinado comportamento. Dando uma recompensa, por exemplo. São Watson, Skinner, Pávlov.

– Pense então se usarmos a emoção como reforço para um determinado comportamento.

– O que você quer dizer com isso? – Matias pergunta.

– Estou falando da manipulação do aluno por meio de estímulos externos para provocar emoções de felicidade e excitação para que ele aprenda mais efetivamente.

— Estar feliz para aprender melhor? Essa é uma ideia muito difundida! – exclama Matias.

— Sim, é. De acordo com a abordagem mecanicista, a emoção é um movimento mecânico, nada mais do que uma mera resposta sensível a um estímulo que é o resultado de um coquetel químico. Esta abordagem compreende o comportamento em termos de simples resposta a um estímulo ou controle consciente sobre as ações motoras. Mais um fator dentro e fora da caixa preta.

— Então corremos o risco de a criança se transformar em marionete para manipulação, diz Matias.

— Não apenas crianças, acrescenta Cacilda, a técnica de "fazer as pessoas se sentirem para pensarem" é utilizada no mundo dos negócios com o *marketing* de experiências, e em campanhas políticas e eleitorais também.

— Em campanhas políticas? – pergunta Matias.

— Sim, isso é feito usando palavras que despertam fortes emoções (medo, admiração, indignação etc.). São palavras fortes que não correspondem necessariamente à realidade, mas que suscitam estados emocionais que predispõem o eleitor a agir de uma forma específica. É por isso que é tão importante aprender a se aproximar constantemente da realidade. Sentir não é pensar. O verdadeiro espírito crítico consiste em deixar-se medir pela realidade.

— No campo da educação, o objetivo do behaviorista seria "entusiasmar para motivar o aprendizado", diz Matias, que recorda uma das frases do primeiro *folder* que encon-

trou no escritório de sua mãe: – "Usamos as emoções para promover o aprendizado".
– Sim, usamos um vídeo em uma sala de aula, por exemplo. Os estímulos do vídeo desencadearão uma reação química que produzirá surpresa com a novidade e a motivação para aprender.
Matias pensa em tecnologias rápidas como a *Flipped Classroom*, gamificação ou ensino pela realidade virtual, que são vendidas como elementos motivacionais para o aprendizado.
– Na escola de Pepe utilizam a realidade virtual no ensino.
– Realidade virtual?
– Sim. Com óculos especiais, o aluno tem uma experiência virtual tridimensional.
– Lembra-me a experiência dos gatinhos Held e Hein, que se deixam transportar sem tocar o chão. Estavam inadaptados à realidade. Você se lembra?
– Sim, porque eles não tinham experimentado a realidade corporal. Bem, os defensores da realidade virtual dizem que ela imerge o usuário em um cenário realista no qual ele ou ela é o protagonista ativo de uma história de aprendizagem. Mas é verdade que não há experiência corpórea.
– Se continuarmos assim, vamos acabar reinventando o teatro. Agora –continua Cacilda –compare o método socrático de diálogo, no qual a centelha se acende quando o aluno debate consigo sobre o que o professor disse com os

métodos nos quais ele está conectado o dia inteiro, na esteira de estímulos externos frequentes e intermitentes.

Matias fica em silêncio, paralisado.

Depois de um minuto, Cacilda continua:

— No primeiro caso, a criança está convencida do que está aprendendo, compreende e interioriza a informação livremente. No segundo caso, está sendo manipulada, ou é marionete para manipulação.

— Mas a criança pode ficar para sempre na esfera da surpresa? — Matias pergunta, pensando em Pepe — Refiro-me esperar a cada dia uma novidade. É possível ficar "flipado" o dia todo? Após um estímulo de certa intensidade, não mais ficará surpreso. E será necessário aumentar ainda mais a intensidade e a novidade a fim de continuar a ser surpreendido, e assim por diante.

— Essa esfera cria uma dependência do estímulo externo.

— Como é criada esta dependência? — pergunta Matias.

— Os estímulos geram descargas de dopamina no cérebro da criança, que produzem um prazer efêmero para o qual ela é atraída e do qual ela logo se torna dependente. A criança, saturada pelos estímulos cada vez mais rápidos e intensos, torna-se monótona e sem graça. E acaba oscilando tristemente entre estados de tédio e ansiedade.

— A tristeza de Pepe, confirma Matias.

— ... e se acostuma a uma velocidade que não existe no mundo lento, no mundo cotidiano, conclui Cacilda.

– E então ele toma consciência da situação e deixa o estímulo excessivo de lado – supõe Matias com a esperança sincera de encontrar uma solução que possa tirar Pepe do circuito.

– A criança dificilmente perceberá ou será capaz de abandonar o estímulo por conta própria, porque depende dela, responde Cacilda. Ela precisa de um educador que seja capaz de fazer um diagnóstico preciso e ajudá-la a readaptar-se à lenta realidade.

Matias tenta entender o que significa ter um *tablet* para realizar trabalhos escolares. "A ideia de que uma criança pode ser educada para usar uma tecnologia viciante de uma maneira responsável enquanto a segura em suas mãos... Na prática, ninguém a ensina, por que na maioria das vezes está sozinha com o aparelho? Não é esse naturalismo, não deriva da ideia de que a criança traz em si a semente do que precisa para se educar, não é a ideia de 'aprender fazendo'?" – ele se pergunta. "A tecnologia não pode ensinar a uma criança como usar a tecnologia... Assim como uma criança não pode aprender a dirigir dirigindo. Primeiro, é preciso ter desenvolvido qualidades que o preparem para poder realizar esse tipo de atividade de forma responsável. Portanto, é necessário conhecimento, não só técnico, mas também conhecimento do que a atividade envolve para compreender o contexto. E então, e só então, você pode tomar medidas. Não se pode 'aprender fazendo', isso não faz sentido".

Matias pensa novamente sobre a educação emocional e como ele poderia ajudar seu irmão. Como ele quer um claro "sim" ou "não", insiste:

– A educação emocional não pode ajudar em um caso como este?
– Depende. Qual é o objetivo específico da educação emocional a que você se refere, Matias? Se o objetivo é modular as emoções das crianças, como mera técnica de autodiagnóstico e autorregulação, então é outra forma de behaviorismo ou de voluntarismo. A educação emocional, assim abordada, torna-se um dos muitos recursos que compõem o arsenal implantado pelo behaviorismo e pelo voluntarismo moderno. E a tecnologia é a ferramenta ideal para realizar este empreendimento.
– Por que o voluntarismo? – pergunta Matias.
– É voluntarismo se a educação emocional for reduzida a uma espécie de técnica de autotreinamento na qual a criança só tem que aprender a ser uma boa pessoa. Aprende a calibrar sua situação emocional e a autorregulá-la. A autorregulamentação requer metacognição.
– O que é metacognição?
– Estar ciente do que você sente. Estar atento às emoções. Essa autoconsciência gera um sentimento sobre a emoção, que resulta em sua modulação.
– Mas não é bom que a criança seja autorregulada? A temperança não é boa? O que isso tem a ver com o voluntarismo? - Matias enche Cacilda de perguntas.
– A temperança é boa, mas a autorregulação em si mesma, que não contempla o fim da ação, não faz sentido. É um voluntarismo que não leva a uma reflexão sobre os fins ou sobre as tendências vitais.

– Por exemplo?

– Bem, voltemos ao adolescente que sente alegria ao ver um ato de violência masculina. Será que a solução se resume a autorregular sua alegria? O problema não é a emoção que ele sente. Qual é o problema subjacente, Matias?

– O seu ponto de vista sobre as mulheres.

– Isso, Matias. O seu problema não é o que sente quando vê a cena da violência, é muito mais profundo. Você entende por que é errado se concentrar na emoção? A emoção indica o que está acontecendo, mas a solução não está na esfera emocional.

– Concentra-se no sintoma, mas não se identifica a causa, enfatiza Matias com olhos arregalados.

– Isso mesmo. Para o behaviorismo, a causa é mecânica. Ele reduz a emoção a um padrão de respostas químicas e neuronais produzidas pelo cérebro quando detecta a presença de um estímulo emocional.

– Ora, a educação baseada na neurociência está em voga, diz Matias. Dizem que é preciso saber como funciona o cérebro para educar bem e efetivamente.

– É verdade que as informações sobre como o cérebro funciona podem ser úteis, mas temos que estar cientes dos limites da educação baseada na neurociência.

– Quais os limites? – pergunta Matias.

– Eu posso pensar em dois. Primeiro, deve-se ter muito cuidado para não cair nos neuromitos que mencionei há algumas semanas: o mito do enriquecimento, o mito dos três primeiros anos, entre outros. Você se lembra que dissemos que a psicologia experimental era o traje de gala da Nova Educação do século XX?

— Sim, responde Matias. Serviu para validar suas intuições românticas.

— Bem, quando introduzimos ideias neurocientíficas no campo da educação sem rigor, corremos o risco de que a educação baseada na neurociência acabe sendo o traje de gala da Nova Educação do século XXI. A mesma velha história está sendo repetida cem anos depois, você nunca ouviu a frase: "A neurociência diz isto"? Quantas vezes eu já ouvi isso para validar uma ideia educacional!

— Para validar as intuições de quem?

— Das empresas que lucram com o negócio de superestimulação, a começar pelas empresas de tecnologia.

— E qual é o outro limite, pergunta ele intrigado.

— É preciso ter cuidado com o mecanicismo que às vezes pode estar presente na abordagem da educação baseada na neurociência.

— Poderia me lembrar novamente o que é mecanicismo, por favor?

— Mecanicismo é uma abordagem que considera o sujeito como desprovido de movimento ou desejo próprio, ou é capaz de fazê-lo, mas sem um fim para sua ação. De acordo com esta abordagem, o sujeito só pode ser movido de fora.

— Por que você diz que temos de ser cuidadosos com o mecanicismo que às vezes pode estar presente na abordagem da educação baseada na neurociência? – Matias pergunta com insistência.

– Tenha em mente que a educação baseada na neurociência tende a ser mecanicista quando não presta atenção aos motivos, propósitos, objetivos e livre-arbítrio do aluno. Corremos então o risco de reduzir o alcance do comportamento humano e de entender as respostas químicas e neurais do cérebro. Se não há mente, ou princípio intangível que esteja no comando de nosso comportamento, acabamos vendo o comportamento do aluno como o resultado de nosso comportamento como um mero conjunto de reações químicas em cadeia.

– Ação e reação. Como os cães de Pávlov que salivam quando recebem um certo estímulo, – sintetiza Matias, que se sente mais confiante ao ser capaz de encaixar as peças por conta própria.

Matias medita por um momento e depois volta ao seu raciocínio:

– O que eu não entendo é como os mecanicistas podem ver o ser humano como um conjunto de reações químicas em cadeia. O ser humano é muito mais do que isso, porque está consciente do que faz. E a autoconsciência é algo intangível!

– Sim, é. Mas tenha em mente que, segundo os mecanicistas, a autoconsciência de alguém é "criada" pela matéria, derivada dela. É algo material, mecânico.

– Você concorda com isso?

– Parece-me difícil defender essa posição. Como disse Thomas Henry Huxley, "que algo tão extraordinário como um estado de consciência possa ser o resultado do movimento do tecido nervoso é tão inexplicável quanto a aparência do gênio quando Aladin esfrega sua lâmpada". A filosofia clássica difere do mecanicismo precisamente por isso.

— Em quê? — pergunta Matias, que quer saber mais.

— Para a filosofia clássica, a emoção não é uma mera resposta resultante de um processo essencialmente químico. Temos livre-arbítrio, agimos com base em motivos. Os motivos são o fim, mas também a causa da ação. Portanto, as emoções não são meramente a causa de nossas ações, mas servem para nos fornecer informações valiosas sobre nós mesmos, elas dão origem a uma avaliação de nós mesmos em relação à realidade.

Matias se lembra novamente de Pepe e sua tristeza. A busca das causas dessa tristeza nas reações químicas de seu cérebro não o levaria muito longe. Ela responderia ao "o quê" e ao "como", mas não ao "por quê" ou ao "para quê". Não se pode abordar a questão de sua tristeza sem saber quais são seus desejos e aspirações, sem conhecer em detalhes o ambiente virtual no qual está imerso todos os dias e sem entender como seus desejos são canalizados para este ambiente virtual. É um esforço absurdo e fútil.

Ele se lembra do título de uma palestra que apareceu em um cartaz na sala dos professores: "Recuperando a ilusão da educação". Está ciente de que a ilusão, o entusiasmo..., tudo isso não pode ser recuperado em uma conversa de quarenta minutos. Refere-se à vida e ao projeto educativo de uma família. É a abordagem educacional significativa que fornece ilusão à tarefa de educar. A ilusão é uma consequência, não pode ser a força motriz.

— Certa vez, ouvi em uma conferência que a educação emocional favorece o pensamento crítico. Não entendo o que uma coisa tem a ver com a outra, comenta Matias em tom de interrogação.

— Para aqueles que argumentam que "sentir é pensar", esta associação faz um certo sentido. Para eles, a educação emocional lhes permite essencialmente modular as emoções e, portanto, pensar, de forma subjetiva. Eles o chamam de "aprender a pensar" porque entendem o pensamento crítico como "aquilo que meu eu subjetivo põe em questão". Sua régua não é a realidade, mas seu eu subjetivo. E como existem milhões de subjetividades, o pensamento crítico acaba sendo diferente para todos. Este é outro legado do romantismo.

— É impossível dialogar racionalmente, tentando chegar a um acordo sobre o que acontece, sobre o que a realidade nos oferece, argumenta Matias, lembrando uma das ideias tão difundidas nas redes: "toda opinião é respeitável".

— E acabamos confundindo o julgamento das pessoas com o julgamento das ideias, acrescenta Cacilda, e todos acabam transformando um diálogo sobre a realidade em um debate e um ataque pessoal. O diálogo é abordado a partir da única perspectiva de suscetibilidade pessoal. Temos que garantir que esta dinâmica não interfira na educação de nossos filhos. É tóxico e contraproducente para a educação.

Matias pensa em como essa dinâmica está permeando todas as áreas. Ele pensa nos *bots*, nos *haters* nas redes e na necessidade que todos nós sentimos de sermos aceitos e o medo que sentimos de rejeição. Ele tenta vislumbrar as consequências de confundir o julgamento das pessoas com o julgamento de ideias na esfera educacional. Imagina uma sala de aula transformada em uma página do *Twitter*, na qual o professor explica seu assunto em uma tela, a que os alunos respondem com sua opinião ou expressando continuamente sua indignação. Imagina o professor aspirando a tornar o ensino de sua matéria viralizado ou aceitável por todos. Imagina um prêmio para o melhor professor, com base na popularidade de professores nas redes sociais ou em seus canais no *YouTube*.

– É fundamental distinguir entre discernir a verdade e julgar as pessoas, diz Cacilda. "Todos têm direito às suas próprias opiniões, mas não a seus próprios fatos", diz Patrick Moynihan. E ter direito às próprias opiniões não implica que se esteja certo todas as vezes que se emite a própria opinião.

– E o que significa o pensamento crítico para a abordagem clássica? – pergunta Matias.

– Para a abordagem clássica, o pensamento crítico só é possível se houver um critério que lhe permita discernir. E os critérios são certezas que se referem à existência de uma realidade que existe objetivamente. Você se lembra dos filósofos céticos?

– Sim, aqueles que duvidavam de tudo, não é mesmo?

– Sim, porque sua dúvida sistemática nunca lhes permitiu chegar a qualquer conclusão, pois rejeitaram a possibilidade de certeza. Se não há certeza, não há critério. Se não há critério, não pode haver pensamento crítico.

Matias reflete sobre as ideias apresentadas por Cacilda.

– Montessori falou pouco sobre a importância das emoções, aponta Cacilda.

– E então?

– Bem, na medida em que a criança montessoriana é capaz de ter uma apreciação justa da realidade, de reconhecer o que é certo e o que é errado, então o foco deixa de ser a regulamentação emocional, porque esta é uma consequência lógica da padronização. Tal abordagem da regulação emocional também se encontra em Aristóteles: "Portanto, devemos ser educados de alguma forma diretamente desde a infância, como diz Platão, para que possamos nos alegrar e sofrer com as coisas que são devidas, pois esta é a educação correta".

– Com as "coisas certas"? Essa frase soa behaviorista. Quem decide o que está certo e o que está errado? – retruca Matias.

– O que ele quer dizer é que a criança tem uma apreciação justa da realidade. Ela sabe como apreciar a beleza, o verdadeiro ou o bom como tal, quando o encontra. Ela é capaz de reconhecer o que é pelo que é. A razão pela qual hoje há tanta ênfase no estado emocional é precisamente porque é cada vez mais difícil se ter uma apreciação justa da realidade.

– Não entendo, diz Matias.

— Obviamente, se houver águas-vivas na praia, deve-se colocar um aviso indicando que é preciso ter cuidado. Quando as pessoas deixam de considerar as águas-vivas como um perigo, então o aviso é retirado. Quando a percepção do perigo, do bem, do mal, da realidade é diferente, então as emoções são erráticas e deixam de ser um código comum de comunicação. Tornam-se então uma questão de gestão individual.

A cosmovisão clássica assume que a verdade, a bondade e a beleza existem objetivamente, não como resultado da subjetividade, ou do que se está vestindo, das modas. A educação sensorial em Montessori leva à fineza sensorial, o que nos permite perceber as nuances da realidade, sua beleza e sua dimensão estética, por exemplo.

— Mas nem todos reagem da mesma maneira à beleza, diz Matias.

— Não, Agostinho de Hipona se perguntava: "A beleza não se mostra a todos aqueles que fazem uso dos sentidos? Por que então não fala a todos da mesma maneira?" E respondeu: "As realidades criadas não respondem àqueles aos que perguntam, se não souberem julgar. [...] Elas falam com todos, mas são compreendidas apenas por aqueles que confrontam a voz que lhes vem do exterior com a verdade que está em seu interior".

— Com seu "mestre interior", sintetiza Matias.

— Sim, aqueles que têm esse diálogo consigo mesmos, como disse Platão. Saber julgar o que é belo como tal, o que é verdadeiro como tal, o que é bom como tal....

Matias recorda em voz alta sua prima Lisa:
— Meu primo gostou e ficou entusiasmado com a *Monster High*. Porque estava na moda.
— O que é *Monster High*? — Cacilda pergunta surpresa.
— São bonecas de vampiros hipersexualizadas que são vendidas em caixas em forma de caixão. Elas foram o presente de Natal mais popular anos atrás.
Matias olha para a expressão no rosto de sua interlocutora e vê que ela não vacila.
— Se tantos pais compraram aquela boneca para suas filhas, — Cacilda explica —, é porque consideram que a emoção, neste caso a ilusão de sua filha em ter a Monster, deve ser a força motriz por trás da decisão de compra. É uma forma romântica de abordar a educação, digamos assim.
— Romântica, por quê? — Matias pergunta.
— Porque é a ideia de que não se pode contrariar os sentimentos, que sentimentos e "como você se sente" são as regras. Na realidade, a ilusão que uma menina sente sobre a possibilidade de ter uma boneca que é um cadáver hipersexualizado é uma informação infinitamente valiosa no processo educacional.
— Por quê?
— Nesse caso, por exemplo, a excitação da menina diz aos pais o que está e não está no coração da filha: o que ela quer, o que ela entende ou não entende por beleza, como vê as mulheres, como se vê a si mesma. A emoção corretamente decifrada dá aos pais sensíveis muitas pistas para plantar ou

repensar a educação. O objetivo da educação não é apenas que a criança faça a coisa certa, mas que ela goste de fazer o bem; nem que saiba o que é verdade e o que não é, mas que goste de desvendar o que é verdade. Você vê como a educação é diferente desta maneira?

Matias acena com a cabeça.

– Educar é ajudar as pessoas a desejar beleza. E como você pode realmente conhecer a beleza se tudo o que sabe sobre ela é o que recebe da indústria da beleza? Como Iolanda disse a seu amante na ópera de Tchaikovsky, como se pode desejar ardentemente o que só se pode ver confusamente? Não se pode apreciar o que não se sabe. É por isso que Montessori propôs: "Semear boas ideias nas crianças, mesmo que elas não as entendam". Os anos as decifrarão e as farão desabrochar em seus corações.

33
O mistério do aquário

– Onde estão os peixes? Matias, venha cá! – José grita a Matias de seu quarto.

Matias acorda, assustado pelo chamado de seu amigo, e corre preocupado para o quarto de José.

– O que foi? Não grite tanto, você me deu um susto...!

– Acabei de acordar e não consigo ver o peixe aqui da cama. Veja se eles estão escondidos atrás das rochas no aquário.

Matias se aproxima do vidro e olha para o aquário de todos os ângulos. Nenhum sinal do peixe vermelho. Pávlov entra, como se sentisse que está sendo questionado.

– Pávlov, foi você? Mas não pode ser, o aquário é alto e suas pernas o derrubariam no chão se ele tivesse tentado pegá-los lá de cima, diz Matias.

– É um mistério, diz José. Mais profundo que Agatha Christie. Eu não entendo. Eles desapareceram. Eles estavam lá ontem à noite, eu os vi antes de adormecer, eu bati no vidro, como sempre faço. Eles estavam muito vivos, eles se movimentavam muito na água. Além disso, eu nunca vi peixes tão dinâmicos como esses.

– Um verdadeiro mistério, suspeita Matias enquanto olha para Pávlov. A propósito, estou preocupado com o Pepe. Dei-lhe um livro e ele não demonstrou o menor interesse.

– É um grande volume e seu irmão tem dez anos de idade, como você espera que ele leia? Ele não vai entender nada. Você acha que todas as crianças são capazes de ler isso?

– Eu sei que ele pode, o que acontece, – acrescenta Matias com tristeza –, é que com tanto *tablet*, não podemos fazê-lo gostar de ler.

– Isso é uma bobagem, eles leem muitos livros na internet. O que estou tentando lhe explicar é que se Pepe não é um leitor, você não pode desanimá-lo com uma leitura tão incômoda. Você tem que se adaptar a ele.

– O que você acha? Andersen escreveu para adultos ou para crianças?

– Sim, mas foi um tempo diferente, as coisas mudaram, Matias. Você está nostálgico pelo passado. Atualmente, os nativos digitais aprendem de uma maneira diferente. Eles têm que optar pela mídia audiovisual em vez da leitura. A leitura é muito lenta e as crianças ficam entediadas. Se você os faz ler, o que eu não sou contra, tem que ser algo fácil, agradável, ao alcance deles, não um grande volume como esse. Na verdade, Ana me explica que quando seus alunos fazem "brincadeiras" em salas de aula infantis, ela os faz mudarem de atividade a cada quinze minutos. Faz isso para que as crianças possam manter sua atenção em todos os momentos. As crianças não podem prestar atenção por mais de dez ou cinco minutos, é impossível.

Você não notou isso? O mesmo acontecerá com você na aula; se você não usar as telas, não há como chamar sua atenção.

Matias pondera em frente ao aquário vazio: "As crianças prestam menos atenção porque são superestimuladas, ou precisam ser superestimuladas porque prestam menos atenção? Amanhã terei que discutir isso com Cacilda, ou é um cão perseguindo sua própria cauda?"

– E o que interessava às crianças há cem anos não tem nada a ver com o que lhes interessa agora, diz José.

– Você conhece Quevedo?

– Ele é um autor espanhol, não é?

– Sim. Uma vez seus amigos o desafiaram a dizer à Rainha Isabel de Bourbon que ela era coxa. E quando conseguiu estar na presença dela, com dois maços de flores, um de cravos brancos e o outro de rosas vermelhas, disse: "Entre o cravo branco e a rosa vermelha, Vossa Majestade ESCOLHA"[3].

Um sorriso surgiu nos lábios de José.

Essa piada parece antiquada para você? O senso de humor não mudou muito ao longo dos séculos, José. É o que acontece com os clássicos, eles não saem de moda. Não são livros do momento, mas livros para qualquer momento.

– Esses autores são de outro século. As crianças ficam entediadas lendo-os. São do passado! Esses autores e suas obras estão mortos.

---

3 Em espanhol, a expressão "escoja", tradução de ESCOLHA, pronuncia-se "escorra" que se confunde com a pronúncia da frase "escoja = escolha" (NdE).

– Morrerão se deixarmos suas obras ganharem pó nas prateleiras e ninguém as ler. Mas se as lermos, se ajudarmos nossos alunos a descobri-los e desfrutá-las, os autores não morrerão, estarão vivos! Parte de nosso trabalho é esta, José, manter vivo o conhecimento que outros nos deixaram.

34
Onde estão os peixes?

A aprendizagem, prazerosa ou esgotante?
Atenção sustentada vs. fascinação passiva
Conhecer como atividade interna

– Desculpe, Cacilda, lamenta Matias, quase sem fôlego. Chegar atrasado está começando a se tornar um de meus maus hábitos. Desde aquela época em que fui à biblioteca, tenho continuado a pesquisa. E quando leio, é como se o tempo estivesse parado. Não sei que horas são e chego atrasado em todos os lugares.

– Não se preocupe, Matias, o tempo passa diferente para mim desde que me aposentei, ri Cacilda.

Matias senta-se na poltrona de veludo azul. Ele respira normalmente agora e percebe o que o faz sentir-se em casa na casa de sua professora: nunca há pressa. Tudo é lento, sereno, calmo e sem pressa. Por outro lado, em seu apartamento, nos corredores da faculdade, na rua, nas redes sociais... há interrupções constantes, a mente não pode operar em seu próprio ritmo, o tempo é sempre escasso e a pressa e o frenesi do imediato e do urgente não permitem parar e considerar o que é importante e atemporal. Matias percebe a biblioteca de sua faculdade e a sala de estar da Cacilda como dois refúgios onde o tempo fica parado para que sua mente possa meditar sem obstáculos.

— Pode me dizer sobre o que você leu?

— Sim, é claro, — responde Matias —. No outro dia, José me explicou que as crianças da escola onde Ana trabalha não conseguem prestar atenção por muito tempo. Portanto, elas têm que ser estimuladas com frequência para manter sua atenção e para evitar que se aborreçam. Então me perguntei: as crianças prestam menos atenção porque são superestimuladas, ou precisam ser superestimuladas porque não prestam atenção?

A fisionomia de Cacilda torna-se animada e uma expressão ilumina seus olhos com uma luz especial. Ela sente uma grande satisfação em ver como Matias sabe identificar as perguntas certas e apropriadas; percebe que ele está assumindo o controle de seu aprendizado. Não querendo estragar o despertar de Matias, permanece em silêncio.

— Ana diz que quando as crianças fazem bagunça, a forçam a mudar as atividades a cada quinze minutos para que possam manter sua atenção ao longo do tempo, observa Matias.

— E a que conclusão você chegou?

— Deparei-me com os trabalhos de Mihaly Csik.... Que sobrenome! Csikszentmihalyi, sobre o *flow* (fluxo). Meu professor de filosofia no ensino médio tinha me falado desse autor e fiquei impressionado. Muito interessante.

— Ah, sim?

— Sim, – responde Matias, sem saber se Cacilda conhece ou não a teoria do autor. – Ele define *flow* ou "experiência ótima" como um "estado no qual uma pessoa se encontra completamente absorvida em uma atividade para seu próprio prazer e deleite, durante o qual o tempo voa e ações, pensamentos e movimentos se sucedem sem pausas". Isso me faz lembrar de Pepe quando íamos à praia quando éramos crianças. Ele pegava um copo cheio d'água do mar e ficava levando para a areia para um buraco que ele havia cavado a poucos metros de distância. Ele caminhava lentamente, com um nível de concentração impressionante, sem deixar cair uma única gota d'água. Ia e voltava dezenas de vezes, sem se cansar. Poderia cair um raio na praia, ele nem notaria.

— Esse é o estado de *flow* de que o autor fala. É isso que você sente quando está fazendo uma pesquisa, disse-lhe Cacilda com um sorriso.

Matias acena com a cabeça e percebe que isso é também o que acontece em suas conversas com sua professora.

— Acontece comigo também no chuveiro – acrescenta Matias, embora duvide que esteja demonstrando confiança excessiva em sua interlocutora.

— Ocorre-me também no chuveiro, sorri Cacilda. É aí que tenho meus maiores momentos de inspiração. Eu penso em algo profundo e as ideias fluem.

— De acordo com este autor – continua Matias, que evita falar seu sobrenome –, para entrar neste estado de *flow*, é preciso encontrar um equilíbrio entre a capacidade e a dificuldade da tarefa. Em outras palavras: se a tarefa é muito mais complicada que a habilidade, o aluno se sente ansioso; se a habilidade é muito maior que a dificuldade da tarefa, o aluno se sente entediado.

O prazer de Matias em explicar o conceito é visível. Cacilda olha com orgulho para seu aluno. Ela não quer elogiá-lo, pois o reforço externo só iria interferir na excitação que Matias sente ao entender e explicar o que ele mesmo descobriu.

— E quando a dificuldade e a habilidade são ambas baixas, o estudante se sente apático, assegura Matias, pensando no rosto apático de Pepe enquanto ele clica aleatoriamente em seu aplicativo para juntar pedaços de uma bicicleta ou faz um "recorta e cola" de datas na Wikipédia. — Por outro lado, quando a dificuldade e a habilidade são altas e equilibradas, o aprendiz entra num estado de *flow*, gosta de trabalhar, gosta de fazer um esforço! Isto é incrível porque tem aplicações concretas em sala de aula.

— É mesmo? — pergunta Cacilda, feliz em confirmar que os padrões foram invertidos. Ela agora faz as perguntas e Matias as responde.

— Tenho chegado à conclusão de que tem que haver uma correspondência entre a dificuldade da tarefa e a capacidade do aluno, diz Matias. — Pode parecer óbvio, mas às vezes assumimos que os estudantes só prestam atenção se algo for fácil. E o oposto é verdadeiro.

– Você sabe que Aristóteles já mencionou este estado de fluxo milhares de anos atrás?
– É mesmo? – pergunta Matias, surpreso com a relevância de um autor milenar.
– Sim, ele disse que o prazer é uma "atividade natural sem impedimentos".

"Atividade natural sem impedimentos", repete Matias, consciente de que este é um conceito de profundidade infinita.

– Como a leitura durante o tempo livre, conclui Matias.
– Sim, a leitura ajuda a recuperar o prazer da concentração, o que só é possível na intimidade, em quietude e calma. É por isso que o trabalho cooperativo não pode se tornar um dos eixos da educação, pois a aprendizagem não ocorre em um ambiente barulhento, requer calma e silêncio. E é por isso que a instrução direta tem que ser adaptada ao ritmo do aluno. A leitura pessoal é sempre feita no ritmo do leitor. Lemos em nosso próprio ritmo, modulando a velocidade, internalizamos o que assimilamos e compreendemos por nós mesmos. Isto é diferente da informação desenfreada e nervosa que nos bombardeia, nos entorpece e nos transforma em presas irrefletidas.

O silêncio irrompe novamente. Matias já aprendeu a lidar com os momentos de pausa que a conversa reflexiva provoca.

– Você sabia que o estado do fluxo descrito por Csikszentmihalyi é essencialmente o mesmo que Montessori chamou de normalização? – pergunta Cacilda.

— Não sabia disso.

— E é por isso que as crianças trabalham por três horas seguidas pela manhã em uma sala de aula Montessori.

— Três horas? Ana e José diriam que isso é impossível, diz Matias, surpreso.

— Tão impossível como para você estar num estado de concentração tal na biblioteca que perde a noção do tempo, diz Cacilda com um sorriso irônico. Você pode ver por si mesmo se observar uma sala de aula Montessori. Eu vi com meus próprios olhos. Pense que o material Montessori é projetado para que a criança possa escolher o material que, por um lado, se encaixa em suas habilidades e, por outro, é um desafio para ela. O método Montessori foi projetado para atingir um equilíbrio perfeito entre dificuldade e capacidade. As crianças escolhem atividades que as desafiam e, quando dominam a atividade, passam a uma mais difícil. Em geral, as crianças tendem a buscar desafios, é natural para elas. Bem, a educação mecanicista, behaviorista ou voluntarista diria o contrário.

— Por quê? — Matias pergunta com seu interesse habitual.

— Porque a educação mecanicista ou behaviorista não acredita que a criança seja capaz de buscar desafios. Para ela, a criança é preguiçosa. *O voluntarismo entende o esforço como um ato frio e mecânico da vontade.* Essas correntes não acreditam no poder do espantar-se, em que a criança carrega dentro de si um motor que a leva a interessar-se pela realidade, pelo mundo. Tal educação pressupõe que a causa do aprendizado é exclusivamente externa. Se você notar, quando um defensor do behaviorismo fala sobre a cultura do esforço, ele diz que ela tem que ser "incutida".

– É como "a letra com sangue entra", diz Matias, lembrando Amâncio.

– A Nova Educação nasceu como uma reação a esta visão mecanicista e redutora do ser humano. Em outras palavras, o desencanto com a visão negativa do mecanicismo foi o que deu asas à Nova Educação, até os dias de hoje. Você se lembra dos dois polos extremos explicados por Herbart?

– Sim, responde Matias, por um lado, há a ideia de que a criança é completamente moldável e, por outro, que a criança carrega dentro de si a semente de sua educação. Behaviorismo e naturalismo.

– É isso mesmo. *Pois o perigo estaria em ir de um extremo a outro, de querer controlar a criança, abandoná-la a si mesma.*

– Abandoná-la a si mesma?

– Sim, ou seja, que a criança constrói aprendendo sozinha, que não precisa de diretrizes, que aprende por pura descoberta. É a ideia de que ela traz em si a semente de sua própria educação, que se educa a si mesma. Isso é abandono. E então lhe dizemos que pode fazer tudo sem esforço. E isso é impossível. Deixar-se medir pela realidade requer sempre esforço. Mas o que não é levado em conta é que este esforço pode ser prazeroso. Os pedagogos da Nova Educação se opuseram ao esforço, que eles associaram à imobilidade da velha escola, à alegria que eles associaram à atividade externa realizada nas Novas Escolas.

– Opõem o esforço com alegria e a imobilidade com atividade. Hummm... – Matias arranha sua cabeça.

– Sim, até mesmo Claparède faz uma observação muito interessante a este respeito.

– Quem é Claparède, não me lembro, já existem tantos nomes que estou um pouco perdido.

– Não se preocupe. Ele é um dos pedagogos que participaram da fundação do movimento Nova Educação. Ele fundou o Instituto Jean-Jacques Rousseau, você se lembra?

Matias acena com a cabeça. Cacilda continua:

– Em consonância com o anti-intelectualismo de Rousseau, Claparède propôs diminuir o conteúdo, eliminando disciplinas, dispensando as avaliações... para, concluiu, eliminar o cansaço causado pelos esforços dos alunos. Ele chegou ao ponto de sonhar, num tom distópico, com "uma injeção antifadiga, capaz de impedir que os estudantes se distraiam e se cansem de estudar".

– A ideia de curar a desatenção das crianças com pílulas... Acabei de ter arrepios.

– Sim, essa é uma ideia muito forte, parece algo do *Admirável mundo novo* de Aldous Huxley.

– Isso não é behaviorismo? – espanta-se Matias. Quero dizer, não é perigoso tentar resolver questões relacionadas ao aprendizado e à motivação com produtos químicos? Não é estranho ou descontextualizado que um dos fundadores do movimento da Nova Educação se entregasse a este tipo de fanatismo?

– Sim, é tão estranho e descontextualizado quanto a loucura da Nova Educação por telas.
– Isso é verdade. Lembro-me daquelas crianças que encontramos no Rio dos Salgueiros, que estavam em silêncio enquanto olhavam passivamente para seus *tablets*, observa Matias.
– Os estímulos frequentes e intermitentes das tecnologias servem para manter artificialmente a atenção de nossas crianças na aprendizagem. Esses estímulos geram descargas de dopamina no cérebro da criança, que produzem um prazer efêmero ao qual a criança se acostuma e do qual logo vai depender, explica Cacilda.
– E como esta abordagem behaviorista se encaixa num movimento como a Nova Educação, que defende a espontaneidade da criança?
– É o traço behaviorista de Rousseau, para quem "sentir é pensar". A espontaneidade romântica é indeterminada, não racional. Lembre-se de que o romantismo é o reino do acaso. Montessori criticou a Nova Educação porque considerou que esta corrente reduzia a criança a "carne animada". Ela preferiu a idéia da criança como um "espírito encarnado". Você sabe o que Montessori disse sobre as propostas de Claparède?
– Não, responde Matias curiosamente.
– Primeiro, ela discorda de sua proposta de encurtar as horas de estudo, de reduzir o currículo, de evitar exercícios escritos. Discorda ainda da proposta das Novas Escolas de eliminar matérias do currículo, como Geometria, Gramática

e grande parte da Matemática, para substituí-las por jogos e vida ao ar livre. Ela fala da importância da cultura e da possibilidade de encontrar prazer na atividade intelectual.

– A tendência de diminuir o currículo do conteúdo acadêmico é muito atual, salienta Matias.

– Montessori afirma, ironicamente, que tudo isso aponta para "uma nova ciência chamada *ignorabimus*".

– *Ignorabimus*?

– Sim, significa "não saberemos" ou "ignoraremos sempre". E o que Montessori pensa da ideia de Claparède sobre a injeção antifadiga?

– A idéia de Claparède sobre a injeção antifadiga? – insiste Matias.

– Diz que nem as máquinas nem a química podem resolver problemas que pertencem ao âmbito da liberdade humana. Ela via behaviorismo nessa proposta.

– Obviamente. Herbart já disse que uma das limitações da capacidade do aluno de aprender é sua liberdade, diz Matias com facilidade.

– Exatamente. Educar é um risco, e sempre será, porque o aluno é um ser livre. Os behavioristas não estão preparados para entender isso.

– E Montessori, como lida com a questão da fadiga e da falta de atenção? – pergunta ao jovem.

– Fala sobre a alegria de aprender. Ela crê que é possível desfrutar de fazer um esforço. Para ela, não há contradição entre prazer e esforço, porque ela entende o prazer como

Aristóteles o entendia, uma "atividade natural, livre de obstáculos". Para Montessori, uma criança que é capaz de trabalhar sem interrupção e com total atenção é uma criança normalizada. Ela pode trabalhar por três horas.

– Você pode explicar essa questão da normalização de novo? A palavra é terrível, mas lembro que o significado era revelador.

– Sim. Normalizar significa "dominar a si mesmo, alcançando um estado de fluxo de trabalho sem interrupções ou distrações". A criança normalizada é capaz de superar o que ela define como "falsa fadiga", porque quando seu trabalho perseverante se torna um hábito, então tem vontade de trabalhar com paciência, tenacidade, disciplina interior, ordem.

– O que é falsa fadiga?

– Quando uma criança está trabalhando livremente, há sempre um momento de caos no início de sua atividade, durante o qual a criança não encontra um trabalho que se adapte à sua capacidade. Após a primeira meia hora, a criança encontra uma atividade que se encaixa em suas capacidades e começa a trabalhar, concentrada e silenciosa. É essa primeira meia hora de caos que Montessori chama de falsa fadiga.

– Em minha casa, chamo-lhe hora do DVD. Quando Pepe diz que está entediado, minha mãe fica inquieta e pega um DVD.

– Bem, se ela esperasse mais meia hora, supondo que Pepe tivesse um ambiente preparado onde houvesse atividades que combinassem com suas habilidades, ele se ocuparia com algo interessante e deixaria de dizer que estava entediado. E isso aconteceria sem a necessidade de atividades extravagantes que cativam artificialmente sua atenção. O que acontece é que muitos pais ou professores da primeira infância pensam que a criança precisa ser entretida "de fora" para poder se concentrar.

– Então interromper uma atividade a cada quinze minutos não faz nenhum sentido! – Matias se dá conta.

– Quando você percebe que a criança média pode prestar atenção por três horas a cada vez, é uma reviravolta de 180 graus em nosso entendimento da educação... e da criança.

– Talvez seja por isso que acreditamos que a tecnologia é tão útil na educação? - Matias pondera em voz alta.

– Sim. Pensamos que as crianças dependem de estímulos externos para aprender. Que elas sempre precisam de novidade para se interessar por algo e prestar atenção. O espanto ou a atenção constante não é o mesmo que o fascínio passivo diante de estímulos frequentes e artificiais. De fato, estímulos artificiais que não se adaptam aos ritmos internos das crianças impedem que elas entrem neste estado de fluxo, que se concentrem. Elas então se tornam inquietas, nervosas.... E acabam como peixes vermelhos.

– O quê?

– Os peixes vermelhos. Você já notou a rapidez com que os peixes vermelhos viram suas cabeças? Eles fazem movimentos bruscos. É por isso que eles normalmente colocam tampas em cima dos aquários.

— Tampas? — pergunta Matias, intrigado e comovido pela necessidade de resolver o mistério do desaparecimento dos animais de estimação de seu amigo.
— Sim, tampas, porque às vezes elas saltam do aquário.
Cacilda olha para o rosto pálido de Matias e acrescenta:
— Não cometem suicídio, só assumem que se saltarem cairão de novo na água.
Matias imagina Pávlov salivando sob o olhar vulnerável dos dois animais aquáticos no chão do quarto de Joseph. "Impossível resistir", ele pensa com indulgência, "ele os comeu".
Matias opta por não explicar o que aconteceu a Cacilda. É irrelevante e ele tem medo de perder o fio condutor da conversa. Ele reflete sobre a definição de prazer de Aristóteles e seus olhos se arregalam. Acha isso muito profundo e se surpreende que uma ideia com mais de dois mil anos ainda possa ser relevante e ter uma aplicação tão concreta na sala de aula. "Agora isso é uma inovação", pensa ele. Como ele quer entender melhor, presumindo sua profundidade, pergunta:
— Quando Aristóteles fala de uma atividade natural sem impedimentos, o que quer dizer com atividade e com impedimentos? A que obstáculos ele quer se referir com isso?
— É preciso saber que "atividade" tem significados diferentes, dependendo da corrente educacional de que estamos falando, responde Cacilda de uma forma não muito direta.
— Você está se referindo ao behaviorismo, idealismo e realismo? — Matias faz uma pergunta fácil, pois está familiarizado com estes termos.

– Exatamente. O behaviorismo confunde o bem com a imobilidade e o mal com a atividade. Para ele, a atividade espontânea é ruim.

– Obviamente, porque impede o controle externo que o educador quer exercer a fim de moldar o aluno, conclui Matias.

– Por outro lado, a Nova Educação, inspirada no idealismo e no romantismo, rejeita a visão mecanicista da educação, que impõe uma disciplina externa centrada na imobilidade. Para a Nova Educação, a atividade é boa. Mas *a Nova Educação não se detém na reflexão sobre a finalidade dessa atividade.* Para Dewey, Ferrière ou Claparède, qualquer atividade espontânea é boa. Já que a liberdade é indeterminação, não é importante insistir na finalidade dessa atividade.

– E para a visão realista ou clássica?

– *Para a visão clássica, o que caracteriza a atividade é sua espontaneidade racional.* E considera que o conhecimento é uma atividade. É uma atividade vital para os seres humanos.

– O conhecimento como atividade? Nunca havia pensado nisso antes, admite Matias, surpreso. Costumava opor conhecimento a atividade. De fato, na escola, tendemos a contrastar "aprender fazendo" e competências – o que eles chamam de abordagem de competência – com conhecimento. Como se a ação e a competência fossem a parte ativa e o conhecimento a parte passiva.

– Sim, isso porque tendemos a opor as opiniões dos construtivistas às dos idealistas. Para os idealistas, o conhecimento é entendido em termos de construção subjetiva, e os construtivistas dizem que esta construção se dá mediante a atividade. Os behavioristas, por outro lado, o entendem em termos de elementos externos a serem colocados em uma caixa preta. Na realidade, saber não é colocar algo em uma caixa, nem construir algo subjetivamente pela atividade.

– O que é então?

– *Para a visão clássica, aquilo que se aprende é porque nos é ensinado, se o compreendemos, também o descobrimos. Para a visão clássica, aprender não é apenas uma atividade externa, mas uma atividade interna. Conhecer é crescer.* Quando se aprende, se realiza o que se aprendeu, se experimenta. Mas o que é aprendido continua a existir, o que muda não é o conhecimento, mas o aprendiz que compreendeu o que foi aprendido. O aprendiz muda. Ele é diferente antes e depois de aprender alguma coisa. A mudança que interessa na visão clássica não é a mudança do mundo ou a militância social na qual criança deve se ajustar a um projeto social externo a ela, não é a atividade proposta por pedagogos como Dewey, por exemplo. É a mudança nas pessoas que conhecem, é a mudança interna que ocorre na pessoa. *O objetivo da educação não é mudar o mundo, é transformar aquele que aprende.* Se quem aprende melhorar, o mundo, sem dúvida, melhorará, mas isso acontecerá como acréscimo.

Matias lembra uma frase de uma das canções de Michael Jackson: *If you want to make the world a better place, take a look at yourself, and make a change* (*Se você quer fazer do mundo um lugar melhor, olhe para si mesmo e faça uma mudança*). Cacilda continua:

– A obra-prima da educação é o próprio aluno, Matias. O aluno aprende e, ao aprender, constrói sua personalidade. Quando há um reconhecimento e uma compreensão pessoal e participativa do que é conhecido, e não estou me referindo a um acúmulo bruto de informações descontextualizadas, o estudante não é o mesmo antes e depois de ter aprendido. *Conhecer é uma atividade interna que transforma aquele que aprende.*
– Obviamente. O mecanicista, o idealista ou romântico e a visão realista ou clássica da educação são três formas radicalmente diferentes de entender a educação, aponta Matias à Cacilda.

Matias lembrando-se novamente da metáfora do *iceberg*. Pensa na visão educacional de seu pai, de sua mãe, de José, de Ana, da escola que frequentou, da escola que Pepe frequenta agora, da escola onde está fazendo seu estágio, e da escola onde gostaria de trabalhar. "Como o panorama educacional mudaria se pais e escolas estivessem cientes das tendências que sustentam os métodos usados em sala de aula com seus alunos e seus filhos!". Ele pensa nos folders das escolas que seus pais visitaram no dia aberto, nos métodos utilizados pelas escolas que aspiram a fazer parte dos *rankings* elaborados com base nos critérios atuais, no *marketing* educacional que é dirigido aos pais em termos de novidade e tendências educacionais. Ele está ciente de quantos conflitos poderiam ser evitados se as pessoas envolvidas na educação dos alunos compartilhassem a mesma visão. Recorda a experiência que teve em sua própria casa, de todos os conflitos entre seus professores e seus pais. Pensa no corpo docente e em todas as discordâncias entre os professores e a direção da escola onde ele está fazendo seu estágio.

– É tão difícil conseguir que todos concordem, lamenta.

– O que você acha que prevalece, Matias: a liberdade acadêmica do professor, o projeto educativo da escola, ou os critérios dos pais? Ou talvez devêssemos confiar tudo a um pacto educativo utópico, quando sabemos que é uma solução tão nostálgica quanto inalcançável?

Matias fica em silêncio. Cacilda continua.

– Embora possa não parecer, essas questões são relativamente fáceis de resolver se houver espaço para a pluralidade e liberdade educacional, e se as escolas forem claras e transparentes na escolha de sua própria visão educacional. Dessa forma, eles atraem pais e professores que compartilham sua abordagem.

– Não entendo bem, diz Matias.

– Imagine um professor inspirado no ensino realista em uma escola que utiliza métodos derivados do idealismo, sob o guarda-chuva de um *ethos* escolar de estilo clássico, frequentado por filhos de pais behavioristas. Ou imagine os pais buscando uma educação clássica para seus filhos, matriculando-os em uma escola construtivista com professores que defendem o voluntarismo. Que bagunça, pobres crianças! Por isso – conclui Cacilda – é tão importante que tanto as escolas quanto seus diretores entendam quais são as principais tendências educacionais com suas respectivas raízes, a fim de poder fazer uma escolha explícita. E é fundamental que as metodologias e o *marketing* educacional de cada escola sejam coerentes com o que é anunciado no programa.

– Por exemplo? – pergunta Matias.

– Por exemplo, se uma escola afirma defender o princípio de subsidiariedade, afirmando que os pais são os educadores primários, ela deve ter mecanismos para dar voz aos pais quando se trata de tomar decisões educacionais importantes, ou decisões que modificam sua filosofia.

– E seus métodos devem estar alinhados com sua filosofia, acrescenta Matias.

– Obviamente. Seus métodos, seu sistema de gestão e sua liderança, também. Se uma escola diz que educa para o uso responsável das telas, seria incoerente introduzi-las em idade precoce, ou mostrar filmes comerciais em sala de aula durante o horário escolar. Se uma escola diz estar comprometida com o ensino de idiomas, não é suficiente que o nome da escola esteja em inglês; ela deve ter professores nativos que ensinem nesses idiomas. Se uma escola diz que o aluno é o protagonista de seu aprendizado, não deve empregar professores com mentalidade de comando e controle. Se uma escola oferece educação Montessori, não deve incorporar inteligência emocional ou estímulo precoce. Se uma escola afirma oferecer educação clássica, não faz sentido para ela incorporar pedagogias construtivistas em seu projeto. A coerência é a chave para o exercício correto da liberdade educacional. Se uma escola vende que faz alguma coisa e acontece que na prática faz exatamente o contrário, é lógico que os pais se sentirão desapontados depois de terem escolhido aquela escola. A coerência é fundamental para a eficácia educacional; sem ela, não há unidade educacional.

— Unidade educacional? — Matias lembra-se dos trípticos das três escolas que seus pais estão considerando para Pepe.

— Sim. Caso contrário, as escolas acabarão com três cabeças, como os dragões nos pesadelos mais arrepiantes.

— Três cabeças?

— Sim. *O que eles querem fazer, o que fazem e o que dizem fazer.* E esse dragão de três cabeças acaba sendo o pior dos pesadelos dos pais.

35
A profecia que se cumpre

Didática vs. conteúdo
Os algoritmos podem educar?
O assombro

Cacilda e Matias, junto com Pávlov, se encontraram no Rio dos Salgueiros pela última vez antes das férias de verão. Matias e José estavam indo para o interior em dez dias para passar o mês de julho com suas respectivas famílias. Mas dois dias antes de partirem, Matias teria uma entrevista em uma escola para seu estágio de terceiro ano. Queria ver Cacilda para se despedir e reunir algumas ideias para sua entrevista.

A temperatura quente é agradável. Há uma brisa suave e o som da água apressada do rio acariciando as pedras enquanto desce com determinação. Matias e Cacilda caminham sem falar, deslumbrados pela luz que ocasionalmente penetra através das folhas das árvores ao longo de seu caminho. Cacilda nota uma certa inquietação em seu jovem aluno. Sentindo que Matias quer falar sobre algo específico, espera.

— Eu tenho uma entrevista amanhã, menciona Matias sem preâmbulo.

— Você já está procurando um emprego em seu segundo ano?

— Não, não, estou procurando uma escola para fazer meu estágio no próximo ano.

— É mesmo? —pergunta Cacilda com interesse.

— Sim, estou. E parece que o diretor pergunta a todos os candidatos sobre um assunto específico.

— Que assunto? — Cacilda está interessada.

— Ele lhes pergunta que importância eles dão à didática.

Há uma pausa.

— Cacilda, como você definiria a didática?

— Didática é o campo da pedagogia que se preocupa com técnicas e métodos de ensino. Está interessado em todos os métodos sobre os quais falamos nas últimas semanas, como o método fonético, o método global, a sala de aula invertida (*Flipped Classroom*), o aprendizado pela descoberta e muitos outros.

— Insistem que a didática é muito importante para o corpo docente. Que sem ela, o professor não sabe transmitir, ensinar, e que o aluno não pode aprender.

— Você está certo, é importante, responde Cacilda laconicamente.

Cacilda se detém para ouvir o som de um pica-pau. Olha para sua esquerda, procurando o animal, mas não o vê. Continua com sua explicação:

— Não sei se você está ciente disso, mas as leis educacionais que seguem uma após outra em todos os países são lutas para impor uma visão específica do ser humano. E essa visão se manifesta na desconfiança que alguns têm em relação à didática ou ao conhecimento. Ou pela importância exagerada que dão a um ou a outro.

– Não entendo bem o que você quer dizer, diz Matias em busca de esclarecimento.

– Sim. Por um lado, há os educadores racionalistas que defendem a importância da razão em si, defendem a avaliação objetiva e acusam os educadores românticos (eles os chamam de pedagogos) de contribuir para uma degeneração do conhecimento porque dão demasiada importância à experiência. Nesta categoria há também os voluntaristas, que defendem o esforço como um ato frio e mecânico da vontade. Acima de tudo, o dever! Por outro lado, há os defensores da Nova Educação, inspirados no idealismo e no romantismo, que argumentam que o conhecimento separado de sua raiz sensível gerou a própria negação da educação. Eles defendem o papel das emoções, porque, para eles, "sentir é pensar". Defendem a abordagem de competência porque dão prioridade à experiência. Defendem a imaginação produtiva. E abominam a avaliação porque consideram que o aprendizado, sendo subjetivo, não é mensurável. O primeiro defende "saber para ensinar" e o segundo defende "saber ensinar".

Matias se detém para pensar e tenta sintetizar a explicação de sua professora.

– "Saber para ensinar" representa aqueles que dão importância ao conteúdo. Por exemplo, para ensinar matemática, é preciso saber muito sobre matemática. E "saber ensinar" representa aqueles que dão muita importância à didática. Por exemplo, para ensinar história, usam o método de trabalho com projeto ou trabalho cooperativo. Eles estão interessados em saber como os estudantes aprendem.

— É isso mesmo. Educadores racionalistas tendem a dar mais importância ao conhecimento, enquanto educadores construtivistas tendem a dar mais importância à didática.

— Não estamos novamente em dois extremos?

— Na verdade, tanto "saber para ensinar" como "saber ensinar" são importantes. Para ensinar bem, é tão importante dominar o assunto quanto saber como transmiti-lo. O fato é que didática, métodos e técnicas nunca podem negar a importância do conhecimento. A didática por si só não pode cumprir o propósito da educação se o professor não tiver um conhecimento profundo e amplo do que ele ou ela está transmitindo. Além disso, a didática estará sempre ligada a uma visão filosófica.

— Ligada a uma visão filosófica? — pergunta Matias.

— Sim. As visões filosóficas referem-se às grandes perguntas que tentamos responder em todas as nossas conversas, Matias. A didática utilizada em uma sala de aula fornece aos pais informações sobre as tendências filosóficas e educacionais que inspiram a escola de seus filhos.

— As grandes questões, repete Matias.

A caminhada continua, acompanhada por um daqueles silêncios cada vez mais frequentes. Matias se lembra da documentação na mesa do escritório de sua mãe, dos ideais e métodos utilizados por aquelas escolas. Ele faz uma viagem mental através de todas as conversas com sua professora e relembra as grandes perguntas de que falaram: Podemos conhecer a realidade? Como a letra entra? O que dá sentido à aprendizagem? Como se acende a centelha de interesse? Qual é o motor do conhecimento? Qual é o papel da inteligência, da vontade, das emoções ou das sensações na aprendizagem? A realidade é construída ou descoberta?

– Responder a esse tipo de perguntas, continua Cacilda, permite-nos abordar o ensino da perspectiva de seu protagonista, sua razão de ser: o estudante. Saber muito sobre didática, mas saber pouco sobre o que estamos falando, ou saber pouco sobre a pessoa com quem estamos falando, é como escrever um ensaio com estilo, mas não saber nada sobre o que está sendo escrito e sobre o leitor a quem o livro é dirigido. Não é coincidência que a didática tende cada vez mais a usurpar o lugar da filosofia da educação.

– Tenho a sensação, diz Matias, de que a filosofia da educação é um campo que é visto como... não sei. Parece que falar sobre isso é um pouco esnobe, pretensioso, elitista, que é entediante, teórico, inútil? Talvez seja a marca do anti--intelectualismo que Rousseau nos deixou?

– Não há dúvidas sobre isso. A oposição entre teoria e prática é um problema real. A teoria e a experiência educacional não podem ser inimigos ou estranhos que não falam uns com os outros. Eles têm que iniciar um diálogo caminhando de mãos dadas. A didática é importante, mas devemos resistir à tentação do didatismo.

— Didatismo? — pergunta Matias intrigado.

— Sim, o didatismo leva a abordar a educação apenas em termos de técnicas e manifestações externas que se prendem ao "como" e ao "o quê". Se você pensar sobre isso, deter-se apenas nas perguntas é uma forma de behaviorismo. É preciso também olhar para cima e perguntar-se sobre os motivos e os fins da educação, pois isso permite responder ao "por quê" e ao "para quê" da educação.

— O "por quê" e o "para quê" são perguntas formuladas pelos sábios.

— Ou pelos que aspiram à sabedoria. A filosofia da educação não é um luxo, algo reservado exclusivamente a meia dúzia de eruditos.

— Sabedoria é entendida hoje como algo elitista, responde Matias.

— A postura de ser sábio não é a mesma que sabedoria. Quanto mais sábio você for, mais humilde será.

— E por que isso acontece?

— Porque se está mais consciente das questões para as quais não se tem resposta. Como disse Sócrates: "Sei que nada sei". Essa frase não pode ser interpretada como um pedido de desculpas pela ignorância; Sócrates era um realista e acreditava profundamente no poder da educação. A sabedoria é um dom sagrado, ao qual toda educação deve visar.

A didática é importante, mas é uma serva fiel. Honramos o servo e esquecemos o dom. E assim estamos, perplexos e rendidos ao ativismo pedagógico, buscando incessantemente a última novidade em cada esquina.

— Estaremos, nós, confundindo meios e fins, talvez? – pergunta Matias.

— Veja, Matias, a decadência é quase sempre o resultado da confusão entre fins e meios.

— A confusão entre fins e meios? Você pode me dar alguns exemplos para ilustrar isso?

— Sim. Por exemplo, quando o poder é o fim, há decadência política, quando a riqueza é o fim, há decadência econômica. Há alguns dias, eu te expliquei que a emoção é um indicador, não um fim. Porque tomar a emoção como um fim é típico da decadência psicológica.

— E comentamos também que quando o hábito ou a repetição é um fim, caímos no ritualismo.

- Sim. Porque quando a didática é o fim e não o meio, recaímos na decadência pedagógica. E quando o espanto, que deveria estar a serviço da inteligência, torna-se um fim e insistimos em colocar o fator surpresa no centro da sala de aula, então existe a decadência educacional.

"Quando o objetivo do processo de aprendizagem é que o aluno fique o dia todo conectado", pensa Matias.

— Há decadência educacional, porque a educação é reduzida a um processo contínuo de geração de novidade, conclui Cacilda.

Matias gosta da explicação de Cacilda, mas sente-se triste, pois sabe que não poderá responder satisfatoriamente à pergunta da entrevista de amanhã. Ainda lhe falta o conhecimento e a fluência para poder fazê-lo bem. Ele imagina um aspirante a professor na casa dos vinte anos, conversando com um diretor sobre a importância da sabedoria e a razão de ser da educação, e ele não se vê bem nesse papel. Faria papel de tolo.

"Farei o que puder para sair disso", diz ele para si mesmo.

Pávlov está saltitando à procura de uma presa no rio onde a água é rasa, à procura de presas aquáticas. "Pobre Pávlov", pensa Matias, "os únicos peixes que ele pesca são os que ele encontra no chão em casa, tenho que trazê-lo ao rio com mais frequência".

Matias lembra-se de uma dúvida que havia surgido alguns dias antes e se atreve a perguntar:

— Na última vez que conversamos, você disse que as crianças estão sempre à procura de desafios, que é algo natural para elas. Ontem à noite eu estava pensando sobre essa ideia. E eu me perguntei: Não é uma visão naturalista? Isso não é o equivalente a dizer que eles carregam dentro de si a semente de sua educação?

— Você está confundindo os níveis ontológico e epistemológico. Lembra-se desses dois níveis muito diferentes? Uma coisa é dizer que a criança "deseja saber por natureza" e outra bem diferente é dizer que a semente da educação está nela e, portanto, que sabe as coisas antes de aprendê-las. Aristóteles não é um naturalista. Ele começa um de seus livros afirmando que "todos os homens, por natureza, desejam conhecer". O que nos leva a saber? Inteligência ou vontade? Ou interesse derivado de necessidades básicas? Ou emoções? É a pessoa inteira que sabe com sua inteligência, sua vontade e suas emoções. O espanto não toma nada como certo, nos leva a questionar, a buscar explicações, a identificar causas, a encontrar o significado oculto. O espanto nos traz de volta às grandes questões: por quê, para quê? Não se aprende se não se admira com a realidade por si mesmo, se só se está interessado nela como meio para resolver necessidades ou problemas específicos. O espanto é o começo da filosofia, do amor à sabedoria. A sabedoria não é algo reservado exclusivamente a um pequeno grupo de pessoas eruditas. A busca de sabedoria é algo ao alcance daqueles que fazem perguntas com um genuíno desejo de saber. Somente a sabedoria pode filtrar o conhecimento e o conhecimento pode filtrar a informação. Sem sabedoria, nossos alunos correm o risco de se afogar em um mar de informações desarticuladas.

Matias pensa na atenção de seus alunos, capturados nas redes, e na sua própria!

– Há tantas notícias falsas hoje! – Matias exclama. Há jovens que acreditam em tudo. Outro dia saiu a notícia de que alguns homens haviam divulgado a informação de que era o "dia do estupro".

– Que dia? – pergunta Cacilda, incrédula.

– Do estupro. Era um embuste que circulava nas redes. Bem, era um embuste sobre um embuste, que dizia que o estupro era permitido por vinte e quatro horas. Muitos acreditavam e as forças de segurança tiveram que esclarecer que era uma notícia falsa, que não havia tal bobagem e que ninguém tinha dito isso.

— E se a escola insiste em ser uma réplica do que há no mundo e deixa de aspirar a ser um verdadeiro templo do conhecimento, continuaremos a nos perder neste caminho e chegará o dia em que os alunos, manipulados, serão incapazes de discriminar entre o que sabem e o que não sabem. Então, temo que teremos que voltar a explicar àqueles que não estão em condições de ouvir que a água molha e o fogo queima.

— A falsa notícia é uma epidemia, sim, diz Matias.

— E então nos sentiremos obrigados a nos render a um grupo exclusivo e reduzido que realizará a tarefa de filtrar informações e conhecimentos quando essa tarefa deveria estar nas mãos do leitor, a começar por nossos alunos.

— Rendição a qual grupo?

— À elite do conhecimento. Isso vem acontecendo há alguns anos. Aqueles que controlam as plataformas tecnológicas nas quais a atenção de nossos alunos está presa. Eles decidem o que vale a pena ler e o que não vale. Eles decidem o que é verdade e o que não é e impõem seus critérios por meio de algoritmos. Nossos alunos conhecem o mundo pelas redes sociais e aprendem em sala de aula com algoritmos desenvolvidos por uma indústria controlada pela elite. Os algoritmos são instruções sequenciais programadas para filtrar, com base nas preferências, por meio do que eles chamam de "conteúdo que atenda aos interesses do usuário".

— Então? – interroga Matias com interesse.

— O principal problema com os algoritmos que filtram ou censuram é que eles enfraquecem o impulso pelo qual o mestre interior permite reconhecer o que é verdadeiro e o que não é. A censura é um conceito profundamente behaviorista. Ela decide e controla o que pode ou não pode, merece ou não merece ser lido ou ouvido. Não leva em conta a dignidade do interlocutor. Não convence nem dá razões, mas manipula o pensamento do leitor por meio das informações que torna ou não torna disponíveis. Uma vez que a mente tenha desistido de pensar, é dotada de conteúdo audiovisual capaz de despertar emoções fortes muito específicas. Então o destinatário, para quem "sentir é pensar", está à mercê da narrativa oficial.

— Como podemos falar de um espírito crítico neste contexto? – diz Matias, pensativo.

— É impossível, diz Cacilda.

— Mas algumas escolas que utilizam aplicativos com algoritmos argumentam que isso permite uma educação personalizada, responde Matias, que está muito consciente de um dos folders que estava na mesa de sua mãe.

— Como dissemos antes, educação personalizada não é o mesmo que educação individualizada. O aprendizado personalizado ocorre quando há reconhecimento pessoal e participativo. Uma educação que depende de algoritmos programados para as massas por engenheiros altamente qualificados tende a ser comportamental, não pessoal e participativa, porque eles entendem o aluno como uma caixa preta. "Tal e tal estímulo entra", depois "tal e tal resultado sai". Se o aluno acerta, ele recebe uma recompensa; se ele não acerta, não recebe. Diante da tela, a criança é como um assessório, reagindo a estímulos frequentes e intermitentes. Os aplicativos educacionais não têm a sensibilidade e a paixão do professor, não estão interessados no que está acontecendo no coração e na mente do aluno. A sensibilidade é uma qualidade humana, não uma qualidade tecnológica.

– Olho para meu irmão e percebo que acompanhar o ritmo imposto pela tecnologia é tentador, porque é fácil. É passivo e sem nuances. É o mundo binário do verdadeiro ou falso.

– Nenhum algoritmo deve substituir a capacidade de discernir e julgar sabiamente ou substituir o que caracteriza o ser humano: sua natureza racional, sua abertura à realidade, seu desejo de saber. Deixar isso acontecer é particularmente anti-educacional. Não podemos deixar a racionalidade, a sede de conhecimento e a abertura à realidade de nossos alunos adormecerem.

– Bem, isso está acontecendo agora, infelizmente. Na verdade, as empresas de tecnologia dão certificados a professores que compartilham seus planos, patrocinam uma grande parte dos congressos educacionais e compram publicidade na mídia para que a mídia seja solidária com sua abordagem.

– A escola, como primeiro e último espaço de liberdade, deve marcar as linhas vermelhas que não podem ser atravessadas. Deve permanecer firme e lutar para manter a lógica econômica das plataformas tecnológicas e seus algoritmos fora de suas salas de aula. Não podemos permitir que as leis do mercado, as empresas e as exigências do mercado de trabalho ditem o que vale a pena e o que não vale aprender. Não podemos permitir que a mente de nossos alunos seja programada para servir interesses comerciais. Não podemos deixar que sua capacidade de raciocinar, de contemplar, de refletir, de julgar e de discernir a atrofie.

– Além disso, há as modas, acrescenta Matias.

– As escolas não podem se render à ditadura da moda. A educação deve ser baseada em evidências, não em eventos. A educação não é verdadeira porque é inovadora, é inovadora porque é verdadeira.

– Por ser verdadeira?

– Sim, a educação é verdadeira quando dá as respostas certas às grandes perguntas sobre o ser humano, a criança, o jovem... Mas para obter as respostas certas, você tem que fazer as perguntas certas! Nem o ser humano nem seus objetivos mudam sempre que há uma mudança nas circunstâncias culturais ou tecnológicas ou uma nova era filosófica. O educador pode decidir que quer ver o mundo de uma forma ou de outra, mas essa visão de mundo não vai mudar como é o aluno.

Matias sente uma mistura curiosa de espanto e desânimo.

— Mas fazer tudo isso para ir contra a maré. Você corre o risco de ficar sozinho, supõe Matias, lembrando o aviso que sua professora lhe havia dado quando ele começou a falar com ela algumas semanas antes: "Quero que você saiba que depois de falar comigo por algumas semanas... pode voltar para o mundo da educação sentindo-se muito só".

A profecia de Cacilda se tornou realidade, Matias tem uma nova perspectiva, ele entrou numa dimensão que lhe permite compreender mais claramente a educação, que dá sentido ao seu trabalho. Mas ele está agora a anos-luz de poder ter uma conversa significativa sobre questões educacionais com José, com Ana, ou com seus colegas na escola. Há um abismo de distância entre ele e todos eles. Ele estremece só de pensar na entrevista de amanhã.

— Ir contra a corrente não é algo fácil e confortável, mas é possível. Como os salmões que nadam rio acima, diz sua professora, olhando para o rio. Acima de tudo, Matias, nunca desista de ampliar os horizontes da razão de seus alunos, para que eles possam ir além de seus impulsos ou de seus interesses imediatos. Ajude-os a descobrir a realidade com todas as suas nuances, porque eles não podem apreciar o que não conhecem. Não desista de deixar falar o mestre interior de cada um de seus alunos, para que, "após ter convivido com o problema por muito tempo e de ter intimidade com ele, subitamente, como a luz saltando da centelha, a verdade surja na alma de cada um deles", como sustenta Platão. *Não se educa em massa, mas se educa uma pessoa de cada vez. A educação é uma atividade interior que transforma aquele que aprende.*

"Educa-se uma pessoa de cada vez", diz Matias, que está ciente do tempo exclusivo que Cacilda dedicou a ele nas últimas semanas. Como posso lhe agradecer? "Impossível", pensa ele, "não se trata apenas de incutir conhecimento, ou educar para aprender fazendo, porque os professores não ensinam apenas coisas, ou apenas como fazer as coisas... nós mudamos vidas, e isso não tem preço". Ele recorda as palavras de sua professora: "Conhecer é crescer". Quando alguém aprende, apropria-se do que aprende, experimenta-o. O que é aprendido continua a existir, o que muda não é o conhecimento, mas o estudante que compreendeu o que foi aprendido. O estudante muda. Ele é diferente antes e depois de aprender alguma coisa. Matias percebe que agora ele não é o mesmo que era antes das conversas com sua professora.

Subitamente, entende que *a razão de ser, a obra-prima da educação é o aluno*, e seu peito está cheio de sentimentos de alívio e alegria. "O que acontecer na entrevista de amanhã não é decisivo", pensa. Ele caminha em silêncio com Cacilda, e sente imensa gratidão, respeito e admiração pela grandeza e beleza da missão, da aventura, que o espera ao dobrar a esquina: ser professor.

Agradecimentos

Gostaria de agradecer especialmente ao Professor de Filosofia, Dr. José Ignacio Murillo, por sua generosa disposição em resolver inúmeras dúvidas sobre questões que se encontram nos capítulos mais filosóficos do livro. A ideia deste livro surgiu cerca de um ano após a tese de doutorado que defendi em junho de 2018, a qual o Dr. Murillo teve a gentileza e a paciência de orientar por quatro anos. Essa tese foi publicada sob o título *Montessori ante o legado pedagógico de Rousseau*. *Conversas com minha professora* é uma tentativa de tornar os resultados de minhas pesquisas no campo da teoria educacional disponíveis ao público em geral. Nesse sentido, gostaria de agradecer à Planeta, especialmente a Virginia Galán e Ana Rosa Semprún, por dar voz à Cacilda e Matias pelo selo Espasa. Agradeço também ao professor de Sociologia da Educação, Dr. Ignasi de Bofarull, por suas valiosas sugestões sobre o texto, bem como a Màrius Carol, por seu prólogo cativante.

Obrigada a Domingo, Estrella, Montse e Gabriel por seus comentários e impressões sobre o primeiro rascunho do livro.

Gostaria também de agradecer a meu marido, Domingo, e nossos filhos, Alicia, Gabriel, Nicolás e Juliette, por sua paciência infinita enquanto estava dando vida a Cacilda. Agradeço por participarem, cada um à sua maneira, do fio narrativo da história.

Finalmente, agradeço a você, caro leitor, cara leitora, por sua confiança. E por continuar me lendo, mesmo quando discordam de mim... ou de Cacilda.

Bibliografia

CAPÍTULO 3
A educabilidade em Johann Friedrich Herbart

Herbart, J. F. (1904). *Outlines of educational doctrine*. (Trad. A. Lange). Nova York: The Macmillan Co.

– (1982). *Pädagogische schriften. Dritter band: Pädagogisch-didaktische Schriften*. Stuttgart: Walter Asmus.

Hilgenheger, N. (1993). Johann Friedrich Herbart (1776-1841). *Quarterly Review of Comparative Education (Unesco: International Bureau of Education)*, 23(3-4), 649-664.

O livre-arbítrio

Aristóteles (1875). *Metafísica*. Madri: Biblioteca Filosófica. – (2001). *Ética a Nicómaco*. (Trad. Martínez). Madri: Alianza Editorial.

CAPÍTULO 5

Maritain, J. (1969). *Pour une philosophie de l'éducation*. Paris: Fayard.

Pávlov, Ivan Petrovich (2012). En *Encyclopædia Britannica On-line*. Recuperado de https://archive.is/20120628221243/http://wwwa.britannica.com/eb/article-5560#selection-743.1-749.53

Skinner, B. F. (1965). *Science and human behavior*. Nova York: The Free Press.

Watson, J. B. (1930). *Behaviorism*. Chicago: University of Chicago Press.

CAPÍTULO 6

Kirschner, P. A., Sweller, J., Clark, R. E. (2006). «Why minimal guidance during instruction does not work: An analysis of the failure of constructivist, discovery, problem-based, experiential, and inquiry-based teaching». *Journal of Educational Psychology*, 41, 75-86.

Mayer, R. E. (2004). «Should there be a three-strikes rule against pure discovery learning?». *American Psychologist*, 59, 14-19.

Bryant, J., Dorn, E., Kihn, P., Krawitz, M., Mourshed, M., Sarakatsannis, J. (2017). *Drivers of student performance: Insights from North America*. In: https://www.mckinsey.com/~/media/mckinsey/industries/public%20and%20social%20sector/our%20insights/drivers%20of%20student%20performance%20insights%20from%20north%20america/drivers-of-student-performance-insights-from-nor- th-america.pdf

CAPÍTULOS 8, 9 e 10

O estímulo precoce e a teoria da organização neurológica

American Academy for Cerebral Palsy (1965). *Statement of Executive Committee*. Fev.15.

American Academy of Pediatrics (1965). Executive Board Statement. *American Academy of Pediatrics Newsletter,* 16(11), 1-6.

– (1968). «Joint Statement: The Doman-Delacato treatment of neurologically handicapped children». *Neurology,* 18(12), 1214-1216.

– (1998). «Learning disabilities, dyslexia, and vision: A subject review». *Pediatrics,* 102(5), 1217-1219.

– (1999). «The treatment of neurologically impaired children using pat- terning». *Pediatrics,* 104(5), 1149-1151.

American Academy of Pediatrics, Committee on Children With Disabilities (1982). «The Doman-Delacato treatment of neurologically handicapped children». *Pediatrics,* 70, 810-812.

American Academy of Physical Medicine and Rehabilitation (1967). «Statement on Doman-Delacato treatment of neurologically handicapped children».

Browder, D. M. & Cooperduffy, K. (2003). «Evidence-based practices for students with severe disabilities and the requirement for accountability in No Child Left Behind». *The Journal of Special Education,* 37, 157-163.

Canadian Association for Retarded Children (1965). Institutes for the Achievement of Human Potential. *Mental Retardation (Canada),* outono, 27-28.

Chapanis, N. P. (1982). «The patterning method of therapy: a critique». En P. Black (Ed.) *Brain dysfunction in children: etiology, diagnosis, and management* (pp. 265-280). Nova York: Raven Press.

Christakis, D. A., Ramirez, J. S. B., Ramirez, J. M. (2012). «Overstimulation of newborn mice leads to behavioral differences and deficits in cognitive performance». *Scientific Reports*, 2, 246.

Cohen, H. J., Birch, H. G., Taft, L. T. (1970). «Some considerations for evaluating the Doman-Delacato «Patterning» Method». *Pediatrics*, 45(2), 302-314.

Crain, W. (2000). *Theories of Development: Concepts and Applications*. 4.a ed. Upper Saddle River. NJ: Prentice Hall.

Doman, C. h. (1968). *The Diagnosis and Treatment of Speech and Reading problems*. Springfield. IL: Thomas.

Doman, G. (1974). *What To Do About Your Brain-Injured Child*. Nova York: Doubleday.

Doman, G. Doman, D. (1964). *How to Teach Your Baby to Read*. Nova York: Random House.

Doman, G., Doman, J. (2006). *How Smart Is Your Baby?* Nova York: Square One.

Doman, G., Doman, J., Aisen, S. e Institutes for the achievement of human Potential (1979). *How to teach your baby math*. Nova York: Simon and Schuster.

Doman, F. J., Spitz, E. B., Zucman, E., Delacato, C. H., Doman, G. (1960). «Children with severe brain injuries». *Journal of the American Medical Association*, 174, 257-262.

Holm, V. A. (1983). «A western version of the Doman-Delacato treatment of patterning for developmental disabilities». *West Journal Medical*, 139(4), 553-556.

Hyatt, K. J. (2007). «Brain gym® building stronger brains or wishful thin- king?». *Remedial Special Education*, 28, 117-124.

L'Ecuyer, C. (2015). «La estimulación temprana fundamentada en el método Doman en la Educación Infantil en España: bases teóricas, legado y futuro». *ENSAYOS, Revista de la Facultad de Educación de Albacete*, 30(2).

Sociedad Española de Fisioterapia en Pediatría (SEFIP). «Fisioterapia en pediatría y evidencia del método Doman Delacato» [sem data, citado em 6 nov. de 2015].

Sparrow, S. e Zigler, E. (1978). «Evaluation of a patterning treatment for retarded children». *Pediatrics*, 62(2), 137-150.

United Cerebral Palsy Association of Texas. «The Doman-Delacato treatment of neurologically handicapped children». *Information Bullettin* [boletim informativo, sem data].

Vergara Díaz, G., Martínez Galán, M., Martínez-Sahuquillo Amuedo, M. E. e Echevarria Ruiz de Vargas, C. (2011). «Eficacia del método de los Institutos para el Logro del Potencial Humano (Doman--Delacato) en pacientes con parálisis cerebral infantil». *Rehabilitación*, 45(3), 256-260.

Os neuromitos (o mito dos três primeiros anos)

Dekker S., Lee N. C. e Howard-Jones, P. A. (2012). «Neuromyths in education: Prevalence and predictors of misconceptions among teachers». *Frontiers in Psychology*, 3, 429.

Deligiannidi, K. e Howard-Jones, P. A. (2015). «The neuroscience literacy of teachers in Greece». *Social and Behavioral Sciences*, 174, 3909-3915.

Ferrero, M., Garaizar, P. e Vadillo, M. (2016). «Neuromyths in education: Prevalence among Spanish teachers and an exploration of cross-cultural variation». *Frontiers in Human Neuroscience*, 10, 496.

Gleichgerrcht, E., Lira Luttges, B., Salvarezza, F. e Campos, A. L. (2015). «Educational neuromyths among teachers in Latin America». *Mind, Brain, and Education*, 9(3), 170-178.

Goswami, U. (2006). «Neuroscience and education: From research to practice». *Nature Reviews Neuroscience*, 7, 406-413.

Howard-Jones, P. (2007). «Neuroscience and Education: Issues and Opportunities, Commentary by the Teacher and Learning Research Programme». London: Economic and Social Research Council, TLRP.

– (2009). «Skepticism is not enough». *Cortex*, 45, 550-551.

– (2014). «Neuroscience and education: Myths and messages». *Nature Reviews Neuroscience*, 15, 817-824.

L'Ecuyer, C. (2015). *Educar en la realidad*. Barcelona: Plataforma

– (2019). «El uso de las tecnologías digitales en la primera infancia: entre eslóganes y recomendaciones pediátricas». *Lectura digital en la primera infancia*. CERLALC (Unesco).

Organization for Economic Cooperation and Development (OECD). (2002). *Understanding the Brain: Towards a New Learning Science*. Paris: OECD.

Pei, X., Howard-Jones, P. A., Zhang, S., Liu, X., Jin, Y. (2015). «Teachers' understanding about the brain in East China». *Social and Behavioral Sciences,* 194, 3681-3688.

Siegel, J. D. (2001). «Towards an interpersonal neurobiology of the developing mind: attachment relationships, «mindsight» and neural integration». *Infant Mental Health Journal,* 22, 67-94.

A educação sensorial em Montessori

Kramer, R. (2019). *Maria Montessori: Biografía de una innovadora de la pedagogía*. Madri: SM.

L'Ecuyer, C. (2019). «La educación de la dimensión sensorial: Un enfoque montessoriano». *Eufonía: Didáctica de la música,* 81, 28-37.

L'Ecuyer, C., Bernacer, J. e Güell, F. (2020). «Four pillars of the Montessori Method and their support by current neuroscience». *Mind, Brain and Education,* 14(4), 322-334.

Montessori, M. (1912). *The Montessori method*. (Trad. A. Everett George). Nova York: Frederick A. Stokes Company.

– (1914). *Dr Montessori's own handbook*. Nueva York: Frederick A. Stokes Company.

– (1917a). *Spontaneous activity in education*. (Trad. F. Simmonds). Nova York: Frederick A. Stokes Company.

– (1917b). *The Montessori elementary material*. Nova York: Frederick A. Stokes Company.

– (1921). *Manuale di pedagogia scientifica*. Napoli: Morano.

– (2015). *El niño: El secreto de la infancia*. Amsterdam: Pierson-Publishing Company.

Standing, E. M. (1998). *La revolución Montessori en la educación*. México: Siglo XXI Editores.

O menino de Aveyron

Frith, U. (1989). *Autism: Explaning the enigma*. Oxford: Blackwell Scientific Publications.

Itard, J. (1801). *De l'éducation d'un homme sauvage*. Paris: Goujon fils, Imprimeur-Libraire.

Períodos sensíveis vs. críticos

De Vries, G. J., Fields, C. T., Peters, N. V., Whylings, J., Paul, M. J. (2014). «Sensitive periods for hormonal programming of the brain». En S. L. Andersen & D. S. Pine (Eds.). *The Neurobiology of Childhood* (Springer, pp. 79-108). Berlim: Springer.

De Vries, H. (1904). *Species and varieties: Their origin by mutation*. Chicago: The Open Court Publishing Co.

L'Ecuyer, C., Bernacer, J. e Güell, F. (2020). «Four pillars of the Montessori Method and their support by current neuroscience». *Mind Brain and Education*, 14(4), 322-334.

Montessori, M. (2015). *El niño: El secreto de la infancia*. Amsterdã: Pierson-Publishing Company.

O mito do enriquecimento

Dekker S., Lee N.C. e Howard-Jones P. J. (2012). «Neuromyths in education: Prevalence and predictors of misconceptions among teachers». *Frontiers in Psychology*, 3, 429.

Deligiannidi, K. e oward-Jones, P. A. (2015). «The neuroscience literacy of teachers in Greece». *Social and Behavioral Sciences*, 174, 3909-3915.

Ferrero, M., Garaizar, P. y Vadillo, M. (2016). «Neuromyths in education: Prevalence among Spanish teachers and an exploration of cross-cultural variation». *Frontiers in Human Neuroscience,* 10, 496.

Gleichgerrcht, E., Lira Luttges, B., Salvarezza, F. Campos, A. L. (2015). «Educational neuromyths among teachers in Latin America». *Mind, Brain, and Education,* 9(3), 170-178.

Goswami, U. (2006). «Neuroscience and education: From research to practice». *Nature Reviews Neuroscience,* 7, 406-413.

Howard-Jones, P. (2007). *Neuroscience and Education: Issues and Opportunities, Commentary by the Teacher and Learning Research Programme.* London: Economic and Social Research Council, TLRP.

– (2009). «Skepticism is not enough». *Cortex,* 45, 550-551.

– (2014). «Neuroscience and education: Myths and messages». *Nature Reviews Neuroscience,* 15, 817-824.

L'Ecuyer, C. (2015). *Educar en la realidad.* Barcelona: Plataforma. [trad.: Educar na realidade. São Paulo, Fons Sapientiae, 2018].

Organization for Economic Cooperation and Development (OECD). (2002). *Understanding the brain: towards a new learning science.* Paris: OECD.

Pei, X., Howard-Jones, P. A., Zhang, S., Liu, X., e Jin, Y. (2015). «'Teachers' understanding about the brain in East China». *Social and Behavioral Sciences,* 194, 3681-3688.

Siegel, J. D. (2001). «Towards an interpersonal neurobiology of the developing mind: attachment relationships, "mindsight" and neural integration». *Infant Mental Health Journal,* 22, 67-94.

A importância da mentalidade científica na educação

Huxley, A. (2006). *Brave new world revisited.* Londres: Harper Perennial Modern Classics.

Weale, S. (2018). «Ofsted warns teachers against «gimmicks» such as Brain Gym». *The guardian. In*: https://www.theguardian.com/education/2018/dec/04/ofsted-teachers-gimmicks-brain-gym-schools

O professor como fator diferencial no êxito de um sistema educativo

Barber, M., e Moursherd, M. (2007). *How the world's best-performing school systems came out on top.* Recuperado de la web de McKinsey & Company.

CAPÍTULOS 12 e 14

O realismo

Aristóteles (1875). *Metafísica.* Madrid: Biblioteca Filosofica.

– (1978). *Acerca del alma* (Trad. T. Calvo Martínez). Madri: Biblioteca Básica Gredos.

– (1999). *Ética a Nicómaco*. (M. Araujo y J. Marías, Ed.). Madri: Centro de Estudios Políticos y Constitucionales.

Keller, H. (2003). *The story of my life*. Nova York: Random House.

Maritain, J. (1969). *Pour une philosophie de l'éducation*. Paris: Fayard.

Montessori, M. (1917). *Spontaneous activity in education*. (Trad. F. Simmonds). Nueva York: Frederick A. Stokes Company.

Murillo, J. I. (1998). *Operación, hábito y reflexión. El conocimiento como clave antropológica en Tomás de Aquino*. Pamplona: Eunsa.

Murillo, J. I. (2017). «Conocimiento humano y conocimiento animal». *Naturaleza y libertad,* 48(3), 649-664.

Pávlov, I. (2008). «Expériences sur les singes et critique des conceptions de Koehler». *In*: *Œuvres choisies* (Éditions en Langues Étrangères, Moscou), 615 ss., citado por Prieto López, L. (2008). *El hombre y el animal. Nuevas fronteras de la antropología,* p. 474. Madri: BAC.

Polo, L. (2018). *Lecciones de Ética. Ética. Hacia una versión moderna de los temas clásicos*. *In*: *Obras Completas de Leonardo Polo*. Vol. XI, pp. 174-175. Pamplona: Eunsa.

Razran, G. (1961). Raphael's «idealess» behavior. *Journal of Comparative and Physiological Psychology,* 54(4), 366-367.

Séguin, É. (1847). *Jacob Rodrigues Pereire, premier instituteur des sourds et muets en France (1744-1780)*. Paris: J.-B. Baillière.

Tomás de Aquino (1953). *Questiones disputatae de veritate*. (Trad. J. V. McGlynn). Chicago: Henry Regnery Co.

O racionalismo

Descartes, R. (1637). *Discours de la méthode*. Leyde: De l'imprimerie Ian Maire.

O empirismo

Locke, J. (1801). *The conduct of the understanding*. Londres: William Baynes.

– (2015). *An essay concerning human understanding*. (The University of Adelaide Library, Ed.). South Australia: eBooks@Adelaide.

O idealismo

Copleston, F. (2001). *Historia de la filosofía III: De la filosofía kantiana al idealismo*. Barcelona: Ariel.

Fichte, J. G. (1999). *La doctrina de la ciencia 1811*. Madri: Akal.

Vega, M. A. (1995). «Traducciones menores. Hölderlin-Schelling--Hegel. El más antiguo programa sistemático del idealismo alemán», *Hyeronimus Complutensis*, 1, 117-120.

O Romantismo

Berlin, I. (1999). *Las raíces del Romanticismo: Conferencias A. W. Mellon en Bellas Artes, 1965.* (Trad. Silvina Marí). Madri: Taurus.

Halpin, D. (2007). *Romanticism and Education: Love, Heroism and Imagination in Pedagogy.* Londres: Bloomsbury.

Taylor, C. (1992). *Grandeur et misère de la Modernité.* Monreal: Éditions Bellarmin.

– (2001). *Sources of the Self: The making of modern identity.* Massachuse- tts: Harvard University Press.

Outros

Herbart, J. F. (1982). *Pädagogische schriften. Dritter band: Pädagogisch-didaktische Schriften.* Stuttgart: Walter Asmus.

L'Ecuyer, C. (2011). *Educar en el asombro.* Barcelona: Plataforma. [trad.: Educar na curiosidade. São Paulo, Fons Sapientiae, 2015].

— (2014). «The Wonder Approach to Learning». *Frontiers in Human Neuroscience,* 8, 764.

CAPÍTULOS 16 e 17

Jean-Jacques Rousseau

Beiser, F. C. (2003). «Romanticism». *In*: R. Curren (ed.), *A Companion to the Philosophy of Education* (p. 130-142). Cornwall: Blackwell Publishing.

Berlin, I. (1999). *Las raíces del Romanticismo. Conferencias A. W. Mellon en Bellas Artes.* (Trad. Silvina Marí) (H. Hardy, ed.). Madri: Taurus.

Karier, C. J. (2006). «Nineteenth-century romantic and neo-romantic thought and some disturbing twentieth-century applications». *In*: J. Willinsky (Ed.), *The educational legacy of Romanticism* (págs. 93-114). Waterloo: Wilfrid Laurier University Press.

Rosenberg, A. (2006). «Rousseaus *Émile*: The nature and purpose of education». *In*: J. Willinsky (ed.), *The educational legacy of Romanticism* (pp. 11-27). Waterloo: Wilfrid Laurier University Press.

ROUSSEAU, J.-J. (1762a). *Émile, ou de l'éducation (I)*. Amsterdam: Jean Néaulme, Libraire.

— (1762b). *Émile, ou de l'éducation (II)*. La Haye: Jean Néaulme, Libraire.

— (1764). «Lettre à Philibert Cramer». *In*: *Correspondance complète* (p. 22).

— (1959). «Carta del 26 de enero de 1762 dirigida a Chrétien-Guillaume de Lamoignon de Malesherbes». *In*: B. Gagnebin & M. Raymond (Ed.), *Oeuvre complètes*. Vol. 1, (p. 1141). Paris: Gallimard.

— (2002). *Discours sur l'économie politique*. Paris: Vrin Éditeur.

— (2004). *Discours sur les sciences et les arts*. Paris: Le Livre de Poche.

– (2010). *Emile or on education: Includes Emile and Sophie, or The solitaries.* (Trad. A. D. Bloom). (R. D. Masters, C. Kelly, y A. D. Bloom, Eds.). Hanover, NH: University Press of New England.

– (2012). *Du contrat social ou principes du droit politique.* Roubaix: GF Flammarion.

– (2018). *Discours sur l'origine et les fondements de l'inégalité parmi les hommes.* Paris: Librio.

Séguin, É. (1866). *Idiocy: And its treatment by the physiological method.* Nueva York: William Wood & Co.

Timpf, K. (2015). Professor: If You Read To Your Kids, You're 'Unfairly Disadvantaging' Others. *National Review. In*: https://www.nationalreview.com/2015/05/professor-if-you-read-your-kids-youre-unfairly-disadvantaging-others-katherine-timpf

Voltaire. (2018). «Lettre de Voltaire à M. J.-J. Rousseau». En *Discours sur l'origine et les fondements de l'inégalité parmi les Hommes* (pp. 87-89). Paris: Éditions J'ai Lu.

Sobre o projeto de educação nacional apresentado por Maximilien Robespierre

Le Peletier de Saint-Fargeau, Louis-Michel (1989). «Plan d'éducation nationale». *In: Enfance,* tomo 42, n. 4. pp. 91-119.

Sobre a relação entre Montessori e Mussolini

Kramer, R. (2019). *Maria Montessori: Biografía de una innovadora de la pedagogía*. Madrid: SM.

Kolly, B. (2020). «L'internationalisation montessorienne selon la stratégie du double gain: diffraction et problématiques de diffusion». *In*: R. Hofstetter, J. Droux, & Christian, M. (Eds.), *Construire la paix par l'éducation: réseaux et mouvements internationaux au XXe siècle. Genève au coeur d'une utopie* (pp. 123-148). Genebra: Alphil - Presses Universitaires Suisse.

L'Ecuyer, C. (2020). *Montessori ante el legado pedagógico de Rousseau*. Polonia: Amazon.

Johann Pestalozzi

Mckenna, F. R. (1995). *Philosophical theories of education*, Lanham: University Press of America.

Pestalozzi, J. H. (1889). *Ceomo Gertrudis enseña a sus hijos*. (Trad. J. T. Sepúlveda). Madrid: Biblioteca de la Familia y de la Escuela.

– (1988). *Cartas sobre educación infantil*. (J. M. Quintana, Ed.). Madri: Tecnos.

Soëtard, M. (1994). «Johan Heinrich Pestalozzi (1746-1827)». *Perspectives: Revue trimestrielle d'éducation comparée*, 24(1-2), 299-313.

– (2001). *Qu'est-ce que la pédagogie. Le pédagogue au risque de la philosophie.* Issy-les-Moulineaux: ESF éditeur.

Friedrich Froebel

Froebel, F. (2003). *La educación del hombre.* (Trad. J. Abelardo Núñez). (edição digital). Editorial del Cardo.

CAPÍTULOS 19 e 20

As Novas Escolas

Ferrière, A. (1911a). «Les écoles nouvelles: l'Angleterre et l'Allemagne». *Revue illustrée,* (25 septiembre), 611-631.

– (1911b). «Les écoles nouvelles: l'Angleterre et l'Allemagne». *Revue illustrée,* 18 (10 octubre), 656-670.

Ferrière, A. (1911c). «Les écoles nouvelles: La Suisse et la France». *Revue illustrée,* 18-19 (25 octubre), 691-696.

Stewart, W. A. C. (1972). *Progressives and radicals in English education 1750-1970.* Londres: The Macmillan Press.

Os primórdios da Nova Educação (o BIEN, o BIE e a LIEN) e sua inspiração rousseauista

Arquivos da Revista *Pour l'Ère nouvelle,* disponíveis em: http://www.unicaen.fr/recherche/mrsh/pen

Bovet, P. (1932). *Vingt ans de vie. L'Institut J.J. Rousseau de 1912 à 1932*. Neuchâtel: Delachaux & Niestlé.

Boyd, W., Rawson, W. (1965). *The story of the new education*. Heinemann éditeur (1926). «Le Congrès de Locarno». *Pour l'Ère nouvelle*, (23), 147-149.

Gerber, R. e Czaka, V. (1989). Archives Institut J.-J. Rousseau, Universidad de Ginebra. *In*:: https://www.unige.ch/archives/aijjr/files/1215/3676/4096/R_Gerber_corrige_1.pdf

Gutierrez, L. (2011a). «État de la recherche sur l'histoire du mouvement de l'éducation nouvelle en France». *Carrefours de l'éducation*, 1(31), 105-136.

– (2011b). «Les premières années du Groupe Français d'Éducation Nouvelle (1921-1940)». *Recherches et Educations*, 4 março, 27-39.

Helmchen, J. (1995). «L'éducation nouvelle francophone et la *Reformp*ä*dagogik* allemande: Deux «histoires»?». *In*: *L'éducation nouvelle et les enjeux de son histoire: Actes du colloque international des Archives Jean-Jacques Rousseau* (pp. 1-29). Neuchâtel: Peter Lang. Hofstetter, R. (2004). «The construction of a New Science by means of an institute and its communication media: the institute of educational sciences in Geneva (1912-1948)». *Paedagogica Historica*, 40(5-6), 657-683.

– (2010). *Genève: creuset des sciences de l'éducation (fin du XIXe siècle - première moitié du XXe siècle)*. París: Librairie Droz.

– (2012). «Rousseau, le Copernic de la pédagogie? Un héritage revendiqué et controversé au sein même de l'Institut Rousseau (1912-2012)». *Educació i Història: Revista d'Història de l'Educació*, 19, 71-96.

Lawson, M. D. (1981). «The New Education Fellowship: The formative years». *Journal of Educational Administration and History*, 13(2), 24-28.

Perregaux, C., Rieben, L., Magnin, C. (1997). *«Une école où les enfants veulent ce qu'ils font»: la Maison des Petits, hier et aujourd'hui. Histoire de l'éducation*. Lausanne: Éditions des Sentiers.

Ovide Decroly

Decroly, O. (1924). «Expériences d'éducation nouvelle à La Haye». *Pour l'Ère nouvelle*, 12, 62-65.

– (2007). *La función de la globalización y la enseñanza y otros ensayos*. Madri: Biblioteca Nueva.

Dubreucq, F. (1992). «Profiles of educators: Jean-Ovide Decroly, 1871- 1931». Oficina Internacional de Educación de la Unesco. *Prospects: Quarterly Review of Education*, XXII, 3, 379-399.

Van Gorp, A., Simon, F., De Paepe, M. (2017). «Frictions and fractions in the new education fellowship, 1920s-1930s: Montessori(ans) vs. Decroly(ans)». *History of Education & Childrens Literature*, 12(1), 251-270.

A teosofia e a antroposofia aplicadas à educação

Ensor, B. (1921). «Le problème de l'éducation dans l'ère nouvelle». *Premier congrès international de la Société Thésophique* (págs. 4-10). Paris: Publications Théosophiques.

Steiner, R. (1998). *La educación del niño a la luz de la antroposofía.* México: Antroposófica.

– (2018). *Conferencias sobre pedagogía Waldorf.* Serie número 37. Madri: Biblioteca Nueva.

Wagnon, S. (2017). «Les théosophes et l'organisation internationale de l'éducation nouvelle (1911-1921)». *REHMLAC+*, 9 (mayo--noviembre), 146-180.

Zech, M. (2019). «Los septenios como herramienta heurística o por qué funciona la pedagogía Waldorf». Waldorf Resources. Recuperado de: https://www.waldorf-resources.org/es/una-sola-vista/los-septenios-como-herramienta-heuristica-o-por-que-funciona-la-pedagogia-waldorf

A relação entre Montessori e o movimento da Nova Educação

Bovet, P. (1932). *Vingt ans de vie. L'Institut J.-J. Rousseau de 1912 à 1932.* Neuchâtel: Delachaux & Niestlé.

Hofstetter, R. (2010). *Genève: creuset des sciences de l'éducation (fin du XIXe siècle - première moitié du XXe siècle).* Paris: Librairie Droz.

Kolly, B. (2020). «L'internationalisation montessorienne selon la stratégie du double gain: diffraction et problématiques de diffusion». *In*: R. Hofstetter, J. Droux, & M. Christian (eds.), *Construire la paix par l'éducation: réseaux et mouvements internationaux au Xxe siècle. Genève au coeur d'une utopie* (pp. 123-148). Genève: Alphil - Presses Universitaires Suisse.

L'Ecuyer, C. (2020). *Montessori ante el legado pedagógico de Rousseau.* Polonia: Amazon.

– (2020). «La perspective montessorienne face au mouvement de l'Éducation nouvelle dans la francophonie européenne du début du XXe siècle». *European Review of History: Revue européenne d'histoire,* 27(5), 651-682.

Montessori, M. (1912a). *Les Case dei bambini. La méthode de la pédagogie scientifique appliquée à l'éducation des tout petits.* (Trad. abrégée avec l'autorisation de l'auteur par Mme H. Gailloud, prefacio de P. Bovet). (Collection). Neuchêtel: Delachaux et Niestlé.

Perregaux, C., Rieben, L., Magnin, C. (1997). *«Une école où les enfants veulent ce qu'ils font»: la Maison des Petits, hier et aujourd'hui. Histoire de l'éducation.* Lausanne: Éditions des Sentiers.

De Giorgi, F., Pironi, T., Rocca, G. *et al.* (2018). «Maria Montessori e le sue reti di relazioni». *Annali di storia dell'educazione.* Vol. 25. Schole.

Outros

Leonardo da Vinci (1999). *Cuadernos de notas.* Madri: Edimat.

CAPÍTULO 23

Ausubel, D. P. (2002). *Adquisición y retención del conocimiento: una perspectiva cognitiva.* Barcelona: Paidós.

De Giorgi, F. (2016). *Prefacio de F. De Giorgi en Dios y el niño y otros escritos inéditos.* (Trad. M. Pons Irazalazábal). (F. De Giorgi, ed.). Barcelona: Herder.

– (2018a). «Maria Montessori tra modernisti, antimodernisti e gesuiti». *Annali di storia dell'educazione,* 25, 27-73.

Fuchs, T. (2017). *Ecology of the Brain: The phenomenology and biology of the embodied mind.* Oxford.

Held, R. y hein, A. (1963). «Movement-produced stimulation in the deve- lopment of visually guided behavior». *Journal of Comparative and Physiological Psychology,* 56(5), 872-876.

La Civiltà Cattolica (1908). «Il primo Congresso delle donne italiane». *La Civiltà Cattolica,* 59(2), 513-532.

– (1919). «La «Casa dei Bambini» della Montessori e l'autoeducazione». *La Civiltà Cattolica,* 70(2), 219-229, 430-436.

Montessori, M. (1917). *Spontaneous activity in education.* (Trad. F. Simmonds. Nueva York: Frederick A. Stokes Company.

Murillo, J. I. (2020). «The Education of Desire: Moderation or Reinforcement?». *In: Desire and Human Flourishing* (págs. 121-134). Cham: Springer.

Piaget, J. (2007). *La psicología del niño*. Madri: Morata.

Siegel, J. D. (2001). «Towards an interpersonal neurobiology of the develo- ping mind: attachment relationships, "mindsight" and neural integration». *Infant Mental Health Journal*, 22, 67-94.

Tomás de Aquino (1953). *Questiones Disputatae de Veritate*. (Trad. J. V. McGlynn). Chicago: Henry Regnery Company.

Vygotsky, L. S. (1978). *Mind in Society*. Londres: Harvard University Press.

CAPÍTULO 24

Augostinho de Hipona (1990). *The teacher, the free choice of the will, grace and free will*. (Trad. Russell, R. P.). In: *The Fathers of the Church* (pág. 323). Washington D. C.: The Catholic University of America Press.

Eliot, T. S. (1994). *Poesías reunidas 1909-1962*. Madrid: Alianza Editorial.

Herbart, J. F. (1982). *Pädagogische schriften. Dritter band: Pädagogisch--didaktische Schriften*. Stuttgart: Walter Asmus.

Lukacs, J. (2013). *Últimas voluntades: Memorias de un historiador*. Madri: Turner.

Orwell, George (2014). *1984*. (Trad. Miguel Temprano García). Barcelona: Lumen.

Platão (1993). *Cartas*. Madri: Akal.

CAPÍTULOS 26 e 27

Arendt, H. (1977). «The crisis in education». *Between Past and Future: Eight Exercises in Political Thought*. Londres: Penguin.

Berube, M. R. (1994). *American school reform: Progressive, equity, and excellence movements, 1883-1993*. Westport: Praeger Publishers. DeWey, J. (1916).

Democracy and education: An introduction to the philosophy of education. Nueva York: Macmillan.

Dewey, J., Dewey, E. (1915). *Schools of tomorrow*. Nova York: E. P. Dutton & Co.

Ferrière, A. (1922). *L'École active (Forum)*. Neuchâtel et Genève: Dela- chaux & Niestle.

Heard Kilpatrick, W. (1914). *The Montessori system examined*. Cambridge: The Riberside Press Cambridge.

– (1929). *The project method*. Nova York: Teachers College. L'Ecuyer, C., Murillo, J. I. (2020). «El enfoque teleológico de la educación Montessori y sus implicaciones». *Revista Española de Pedagogía*, 78 (277), 499-517.

OECD. (2015). *Students, Computers and Learning: Making the connection*. OECD Publishing.

Pestalozzi, J. (2006). *La carta de Stans y otros escritos*. PPU. Powell, A. (2007). *How Sputnik changed U.S. education*. Recuperado de https://

news.harvard.edu/gazette/story/2007/10/how-sputnik-chan- ged-u--s-education

Stoops, J. A. (1987). «Maria Montessori: an intellectual portrait». *In*: AMS (Ed.), *Convention of the American Montessori Society.* (Boston, MA, Octubre 30-Noviembre 1, 1987). Boston.

CAPÍTULO 28

Adams, M., Bouchard, E., Cooper, H. *et al.* (2000). «Teaching children to read: An evidence-based assessment of the scientific research literature on reading and its implication for reading instruction». Recuperado de: https://www.nichd.nih.gov/sites/default/files/publications/pubs/nrp/ Documents/report.pdf

Australian Government: Department of Education Sciene and Training (2005). *Teaching reading. Report and recommendations: National inquiry into the teaching of literacy.* Commonwealth of Australia.

Cologon, K., Cupples, L., Wyver, S. (2011). «Effects of targeted reading instruction on phonological awareness and phonic decoding in children with Down syndrome». *American Journal on Intellectual and Developmental Disabilities,* 116(2), 111-29.

Ehri, L. C., Nunes, S. R., Stahl, S. A., Willows, D. M. (2001). «Systematic Phonics Instruction Helps Students Learn to Read: Evidence from the National Reading Panel's Meta-Analysis». *Review of Educational Research,* 71(3), 393-447.

Grazzini, C. (2004). «The four planes of development». *The NAMTA Journal*, 29(1), 27-61.

Leonardo da Vinci (1999). *Cuadernos de notas*. Madrid: Edimat.

Liberman, I. Y., Liberman, A. M. (1991). «Whole Language vs. Code Emphasis: Underlying Assumptions and Their Implications for Reading Instruction». *Haskins Laboratories Status Report on Speech Research*, SR-107/108, 181-194.

Montessori, M. (1948). *The discovery of the child*. (Trad. Mary Johnstone). Adyar: Mandras.

– (1963). «L'uomo dai duo linguaggi». *Vita dell'infanzia*, 12*(5)*.

Ordine, N. (2013). *La utilidad de lo inútil*. Barcelona: Acantilado.

Rayner, K., Foorman, B. R., Perfetti, C. A., Pesetsky, D., Seidenberg, M. S. (2001). «How Psychological Science Informs the Teaching of Reading». *Psychological Science in the Public Interest*, 2(2), 31-74.

Rose, J. (2006). *Independent review of the teaching of early reading*. Department for Education and Skills. UK.

CAPÍTULO 31

A teoria das inteligências múltiplas

Gardner, H. (1983). *Frames of mind: The theory of multiple intelligences*. Nova York: Basic Books.

Klein, P.D. (1997). «Multiplying the problems of intelligence by eight: A critique of Gardner's theory». *Canadian Journal of Education*, 22(4), 337-394.

Levin, H. M. (1994). «Commentary: Multiple intelligence theory and everyday practices». *Teachers College Record*, 95(4), 570-575.

Multiple Intelligences: a response to Gardner». *Intelligence*, 34, 507-510.

Visser, B. A., Ashton, M. C., Vernon, P. A. (2006). «Beyond g: Putting multiple intelligences theory to the test». *Intelligence*, 34, 487-502. Visser, B. A., Ashton, M. C., Philip, A. V. (2006). «G and the measurement of Multiple Intelligences: a response to Gardner». Intelligence, 34, 507-510.

Waterhouse, L. (2006). «Inadequate evidence for multiple intelligence, Mozart Effect, and emotional intelligence theories». *Educational Psychologist*, 41(4), 247-255.

A teoria dos estilos de aprendizagem

DeLigiannidi, K., Howard-Jones, P. A. (2015). «The neuroscience literacy of teachers in Greece». *Social and Behavioral Sciences*, 174, 3909-3915.

Ferrero, M., Garaizar, P., Vadillo, M. (2016). «Neuromyths in education: Prevalence among Spanish teachers and an exploration of cross-cultural variation». *Frontiers in Human Neuroscience*, 10, 496.

Gleichgerrcht, E., Lira Luttges, B., Salvarezza, F., Campos, A. L. (2015). «Educational neuromyths among teachers in Latin America». *Mind, Brain, and Education*, 9(3), 170-178.

Goswami, U. (2006). «Neuroscience and education: From research to practice». *Nature Reviews Neuroscience*, 7, 406-413.

Howard-Jones, P. (2007). *Neuroscience and Education: Issues and Opportunities, Commentary by the Teacher and Learning Research Programme*. Londres: Economic and Social Research Council, TLRP.
– (2009). «Skepticism is not enough». *Cortex*, 45, 550-551.

– (2014). «Neuroscience and education: Myths and messages». *Nature Reviews Neuroscience*, 15, 817-824.

Newton, P. M. (2015). «The Learning Styles Myth is Thriving in Higher Education». *Frontiers in Psychology*, 6, 1908.

Newton, P. M., Miah, M. (2017). «Evidence-Based Higher Education - Is the Learning Styles "Myth" Important?». *Frontiers in Psycology*, 8, 444.

Organization for Economic Cooperation and Development (OECD) (2002). *Understanding the Brain: Towards a New Learning Science*. Paris: OECD.

Pei, X., Howard-Jones, P. A., Zhang, S., Liu, X., Jin, Y. (2015). «Teachers' understanding about the brain in East China». *Social and Behavioral Sciences*, 194, 3681-3688.

Pashler, H., McDaniel, M., Rohrer, D., Bjork, R. (2008). «Learning Styles». *Psychological Science in the Public Interest*, 9(3), 105-119.

Rohrer, D., Pashler, H. (2012). «Learning styles: where's the evidence?». *Medical Education*, 46(7), 634-635.

CAPÍTULO 32

O apego

Ainsworth, M. D. S. (1967). *Infancy in Uganda: Infant Care and the Growth of Attachment*. Baltimore, MD: Johns Hopkins University Press.

– (1969). Objects relations, attachment and dependency. *Child Development*, 40, 969-1025.

Ainsworth, M. D. S., Blehar, M. C., Waters, E., Wall, S. (1978). *Patterns of Attachment: A Psychological Study of the Strange Situation*. Hillsdale, NJ: Erlbaum.

Bowlby, J. (1952). *Maternal care and mental health*. Genebra: WHO.

A educação emocional

Aristóteles (2001). *Ética a Nicómaco*. (Trad. Martínez). Madri: Alianza Editorial.

Arnold, M. B. (1960). *Emotion and personality. Vol. I: Psychological aspects; v. II: Neurological and physiological aspects.* Nova York: Columbia University Press (publicado en español por Losada, Buenos Aires).

Damasio, A. (2001). «Fundamental feelings». *Nature,* 413, octubre.

Huxley, T. H., Youmans, W. J. (1868). *The Elements of Physiology and Hygiene: A Text-book for Educational Institutions.* Nova York: Appleton & Co.

Murillo, J. I. (2012). «Ética, felicidad y neurociencia». In: *Tu cerebro lo es todo.* Barcelona: Plataforma.

Orón Semper, J. V. (2016). «Adolescent Emotional Maturation through Divergent Models of Brain Organization». *Frontiers in Psychology,* 7:1263.

A educação sensorial

Agostinho de Hipona (1988). *Confesiones.* Madrid: BAC.

Montessori, M. (1917). *Spontaneous activity in education.* (Trad. F. Simmonds). Nova York: Frederick A. Stokes Company.

CAPÍTULO 34

O esforço, esgotante ou prazeroso

Claparède, É. (1905). *Psychologie de l'Enfant et Pédagogie expérimentale*. Genebra: Kündig.

– (1912). *Un Institut des Sciences de l'Education et les besoins auxquels il répond*. Genebra: Kündig.

Montessori, M. (1917). *Spontaneous activity in education*. (Trad. F. Simmonds). Nova York: Frederick A. Stokes Company.

– (2007). *The formation of man*. (Trad. A. M. Joosten). Ámsterdam: Montessori-Pierson Publishing Co.

O flow

Aristóteles (1999). *Ética a Nicómaco*. (M. Araujo y J. Marías, ed.). Madri: Centro de Estudios Políticos y Constitucionales.

Csikszentmihalyi, M. (1975). *Beyond Boredom and Anxiety*. Jossey-Bass: San Francisco, CA.

– (1990). *Flow: The Psychology of Optimal Experience*. Nova York: Harper and Row.

L'Ecuyer, C., Murillo, J. I. (2020). «El enfoque teleológico de la educación Montessori y sus implicaciones». *Revista Española de Pedagogía*, 78 (277), 499-517.

CAPÍTULO 35

Aristóteles (1975). *Metafísica*. V. 10. Madri: Biblioteca Filosoófica.

El Español (2021). El día 24 de abril no es el Día international de la violación: la policía alerta del último bulo de TikTok. *El Espanõl. In*: https://www.elespanol.com/espana/20210423/no-dia-internacional--violacion-policia-alerta-tiktok/575943846_0.html

Lukacs, J. (2013). *Últimas voluntades: Memorias de un historiador*. Madri: Turner.

Platão (1993). *Cartas*. Madri: Akal.

– (2003). *Diálogos*. Obra completa. Vol. I. Madrid: Gredos.

Quinn, D. (2002). *Iris Exiled*. Maryland: University Press of America.

Souëtard, M. (2001). *Qu'est-ce que la pédagogie. Le pédagogue au risque de la philosophie*. Issy-les-Moulineaux: ESF éditeur.

– (1968). «Doman-Delacato treatment of neurologically handicapped children». *Archives of Physical Medicine and Rehabilitation*, 49, 183-186.

American Academy of Neurology (1967). «Joint Executive Board State- ment: The Doman-Delacato treatment of neurologically handicapped children». *Neurology*, 637.

CATHERINE L´ECUYER

Educar na *realidade*

É necessário educar nossos filhos "na realidade", tendo em conta o século atual, com vários dilemas educacionais com os quais os nossos pais não se deparavam. Um desses dilemas tem a ver com o uso frenético das novas tecnologias que faz com que tenhamos a sensação de estar a reboque desses acontecimentos. Educar na realidade é educar as crianças no sentido da curiosidade, em tudo o que as rodeia. A curiosidade é o desejo de conhecimento, e o que desperta essa curiosidade é a beleza. A beleza da realidade. Portanto, nossos filhos devem estar rodeados de realidade. Educar na realidade é educar nossos filhos e nossos alunos com realismo, e o ponto de partida da educação deve ser a natureza da criança. Como educar no mundo atual, na beleza da realidade e levando em conta a natureza das crianças? Que lugar devem ou podem ocupar as novas tecnologias na procura da perfeição de que é capaz a natureza das crianças e dos jovens? Estas perguntas são o prisma a partir do qual a autora, Catherine L´Ecuyer, aborda as novas tecnologias, neste livro. "A obra de Catherine baseia-se em estudos de todo o mundo para defender um acesso limitado aos computadores nas salas de aula, como forma de evitar que as crianças sofram de um défice de realidade. Sem um conhecimento adequado da realidade, os alunos carecem de critérios congruentes tanto na sua vida quotidiana como no aspecto digital."

224 páginas| 14 x 21 cm

Fons Sapientiae

CATHERINE L'ECUYER
Educar na *curiosidade*

A criança como protagonista da sua educação

"Mamãe, por que não chove pra cima?",
"Por que as abelhas não fabricam doce de leite?",
"Por que as formigas não são preguiçosas?".

Quando nossos filhos olham pela fechadura de longe, só podem apreciar um tímido raio de luz. À medida que se aproximam da porta, o que veem cresce, até que, algum dia, com a testa apoiada na fechadura, estarão contemplando a Beleza do universo. Educar na curiosidade é uma filosofia de vida, uma forma de ver o mundo que amplia os horizontes a razão porque se nega a permanecer no minimalismo da vulgaridade.

Educar na Curiosidade é repensar a aprendizagem como uma viagem que nasce no interior da pessoa, uma aventura maravilhosa facilitada por um pensamento profundo que reivindica a natureza da criança, como respeito pela sua inocência, seu ritmo, seu senso de mistério e sua sede de beleza.

00 páginas | 14x21 cm